高等教育"十三五"规划教材

U0610240

大学体育教程

DAXUE TIYU JIAOCHENG

主　编　王　彤
副主编　王小芳　江　哲

北京出版集团公司
北京出版社

图书在版编目（CIP）数据

大学体育教程 / 王彤主编. —北京：北京出版社，
2015.8（2018 重印）

ISBN 978-7-200-11597-0

Ⅰ.①大… Ⅱ.①王… Ⅲ.①体育—高等学校—教材
Ⅳ.① G807.4

中国版本图书馆 CIP 数据核字（2015）第 219235 号

大学体育教程

DAXUE TIYU JIAOCHENG

主　编：王　彤
出　版：北京出版集团公司
　　　　北 京 出 版 社
地　址：北京北三环中路 6 号
邮　编：100120
网　址：www.bph.com.cn
总发行：北京出版集团公司
经　销：新华书店
印　刷：定州市新华印刷有限公司
版　次：2015 年 8 第 1 版　2018 年 7 月修订　2019 年 1 月第 5 次印刷
开　本：787 毫米 ×1092 毫米　1/16
印　张：21
字　数：403 千字
书　号：ISBN 978-7-200-11597-0
定　价：45.00 元

质量监督电话：010-82899187　010-58572750　010-58572393

前　言

　　健康的身体是大学生出色完成大学阶段紧张学习任务的保证，更是大学生走上工作岗位后能胜任繁重工作的基础。当前，"健康第一"已经深入人心，成为体育课程编制和教材编写的指导思想。但是，如何使"健康第一"生活化，提高生活质量和生命质量，使受教育者成为社会、国家有用之才是我们应该倍加关注的。本教材以提高学生的运动能力为宗旨，其目的在于：有效地增强学生的体质，培养学生自觉锻炼身体的能力，使学生养成终身锻炼的习惯，对学生进行道德品质和非智力因素教育。因此，本教材在理论和实践上都具有重要的意义。

　　针对今天学生体育意识淡薄、身体素质下降、运动技能差等问题，教育部颁发了新的《国家学生体质健康标准》，重点强调学生体育运动技能学习的方法和终身锻炼习惯的养成及终身体育意识的培养。围绕这一思路，以重视"体育基础知识的传授和基本技能的训练"为主，本教材共分为三部分：第一部分为体育理论学习篇，第二部分为运动技能教学篇，第三部分为新兴体育发展篇。与以往教材相比，本教材主要有以下几大特色：

　　1.教材课后有习题，使课内、课外相衔接，扩大了落实课程目标的空间。

　　2.每个运动项目都有实图相配合，实现了内容与目标的对应，对教师和学生使用教材起到了启示性的作用。如在篮球项目"投篮"的内容中，指出了投篮的正确姿势，并配有练习提示、练习方法、纠错指导等，这些都非常有利于学生的学习。

　　3.教材中，每个项目都加有运动损伤及预防方面的内容，让学生了解运动损伤和疾病的危害，知道简单的运动损伤和疾病的处理方法及预防措施。

　　4.教材内容难度适中，既可作为普通高校公共体育课程教材，又可作为终身体育锻炼的工具书。

　　本教材是山西师范大学2015年度校级教材建设项目的初期成果。为保证教材的准确性和适用性，在编写的过程中，编者翻阅了大量的体育著作及相关文献，书中引用了一些文献著作中的资料和图片，在此一并表示感谢。因为作者水平所限，存在不妥之处在所难免，敬请广大读者批评指正，以利于我们再版时修改、补充、完善。

编　者

目 录

体育理论学习篇

运动技能教学篇

新兴体育发展篇

体育理论学习篇

第一章　大学体育概述

第一节　体育的起源与发展

　　体育作为人类文化的重要组成部分，是随着人类社会的发展而逐渐形成和发展起来的。据史学家和考古学家的研究，人类早在原始时代就把走、跑、跳跃、投掷、攀登、爬越等作为最基本的生产劳动和日常生活的技能、本领传授给下一代，这是人类教学的萌芽，也是体育活动的萌芽。体育的发展与教育、军事、科学技术的发展，以及人们的宗教活动、休闲娱乐活动有着密切的关系。必须指出，体育在其整个历史发展过程中，是受一定的政治经济所制约，并为一定的政治经济服务的。体育的发展大致经历了以下三个时期：原始的体育萌芽时期、自觉从事体育时期、形成与完善体育制度时期。经过这三个时期，逐步形成了现代的体育体系，其中，竞技体育的发展更是推动现代体育发展的主要动力。

　　在我国，"体育"一词有两种解释。如在《现代汉语词典》中，对"体育"一词是这样解释的：（1）以发展体力、增强体质为主要任务的教育，通过参加各种运动来实现，在活动的过程中以锻炼人的身体为目的。（2）指体育运动。锻炼身体增强体质的各种活动，包括田径、体操、球类、游泳、武术、登山、射击、滑冰、滑雪、举重、摔跤、击剑、自行车等各种项目。"体育"一词具有两种解释的证据还可以从其翻译上找到，即"体育"一词有 physical education 和 sport（sports）两种不同的翻译，例如，国家体育总局的英文全称为"General Administration of Sport of China"；《中国学校体育》杂志的英文刊名为"China School Physical Education"。

　　在古希腊，游戏、角力、体操等曾被列为教育内容。17～18世纪，西方的教育中也加进了打猎、游泳、爬山、赛跑、跳跃等活动，只是尚无统一的名称。18世纪末，德国的 J. C. F. 古茨穆茨曾把这些活动分类、综合，统称为"体操"。进入19世纪，一方面是德国形成了新的体操体系，并广泛传播于欧美各国；另一方面是相继出现了多种新的运动项目。在学校也逐渐开展了超出原来体操范围的更多的运动项目，建立起"体育是以身体活动为手段的教育"这一新概念。于是，在相当长的一段时间里，"体操"和"体育"两个词并存，相互混用，比较混乱，直到20世纪初才逐渐在世界范围内统一称为"体育"。

　　我国体育历史悠久，但"体育"却是一个外来词。它最早见于20世纪初的清末，当时，我国有大批留学生东渡日本求学，仅1901至1906年间，就有1.3万余人。其中，学体育的就有很多。回国后，他们将"体育"一词引进中国。

　　在我国，"体育"一词最早见于1904年，在湖北幼稚园开办章程中提到对幼儿进行全面教育时说："保全身体之健旺，体育发达基地。"在1905年《湖南蒙养院教课说略》

上也提到："体育功夫，体操发达其表，乐歌发达其里。"

在我国，最早创办的体育团体是 1906 年上海的"沪西士商体育会"。1907 年我国著名女革命家秋瑾在绍兴也创办了体育会。同年，清皇朝学部的奏折中也开始有"体育"这个词。辛亥革命以后，"体育"一词就逐渐运用开来。

1762 年，卢梭在法国出版了《爱弥尔》一书。他使用"体育"一词来描述对爱弥尔进行的身体的养护、培养和训练等身体教育过程。这本书由于激烈地批判了当时的教会教育，而在世界上引起很大反响，因此"体育"一词也在世界各国流传开来。从这里我们可以清楚地看到，"体育"一词的最初产生是源自于"教育"一词，它最早的含义是指教育体系中的一个专门领域。到 19 世纪，世界上教育发达的国家都普遍使用了"体育"一词。而我国由于闭关自守，直到 19 世纪中叶，德国和瑞典的体操传入我国，随后清政府才在兴办的"洋学堂"中设置了"体操课"。1902 年左右，一些在日本留学的学生从日本传来了"体育"这一术语。随着西方文化不断涌入我国，学校体育的内容也从单一的体操向多元化发展，课堂上出现了篮球、田径、足球等。许多有识之士提出不能把"学校体育课"称作"体操课"了，必须理清概念层次。1923 年，在《中小学课程纲要草案》中，正式把"体操课"改为"体育课"。

从此，"体育"一词成了标记学校中身体教育的专门术语。

"体育"一词在含义上也有一个演化的过程。它刚传入我国时，是指身体的教育，是作为教育的一部分出现的，作为一种与维持和发展身体的各种活动有关联的教育过程，与国际上理解的体育（phycial education）是一致的。随着社会的进步和体育事业的不断发展，其目的和内容都大大超出了原来"体育"的范畴，体育的概念也出现了"广义"与"狭义"之分。当用于广义时，一般是指体育运动，其中包括了体育教育、竞技运动和身体锻炼三个方面；用于狭义时，一般是指体育教育。近年来，不少学者对体育的概念提出了一些解释，但比较趋于一致的解释为：体育是以身体活动为媒介，以谋求个体身心健康、全面发展为直接目的，并以培养完善的社会公民为终极目标的一种社会文化现象或教育过程。体育的这一定义既说明了它的本质属性，又指出了它的归属范畴，同时也把自身从与其邻近或相似的社会现象中区别出来。但是，体育的概念并非是一成不变的，随着社会的发展和进步，人们对体育的认识也将有所发展。

第二节　高校体育的地位与目标

一、高校体育的地位

高校体育是高等教育的重要组成部分，是实现高校高素质人才培养目标中不可缺少的一个方面。高校体育在帮助学生掌握体育知识、技能与能力，促进身心健康发展，不断提高健康水平，实现高等教育目标方面发挥着独特的作用。高校体育作为学校体育与社会教育的交叉点和结合部，既是全民健身的基础，也是国家体育事业发展的战略重点。《全国普通高等学校体育课程教学指导纲要》明确指出："高校体育课程是大学生以身体练习为主要手段，通过合理的体育教育和科学的体育锻炼过程，达到增强体质、增进健康和提高体育素养为主要目标的公共必修课程；是学校课程体系的重要组成部分；是高校学校体育工作的中心环节；是寓促进身心和谐发展、思想品德教育、文化科学教育、生活与体育技能教育于身体活动并有机结合的教育过程；是实施素质教育和培养全面发展的人才的重要途径。"

二、高校体育的目标

高校体育作为全民健身的基础，在人才培养中发挥着独特的作用。

（一）增强体质、增进健康

"增强体质、增进健康"是体育最主要的功能，体育以身体运动为基本表现形式，由它构成的体育锻炼过程，给各器官系统一定强度和量的刺激，使身体在形态结构、生理机能和生物化学等方面发生一系列适应性反应。这种"适应性反应"能对机体产生积极的影响，有利于促进健康和增强体质。

1. 有效地促进身体正常生长、发育

大学生身体可塑性很强，根据他们的生理特点，选择合适的体育锻炼内容，掌握适宜的运动负荷，坚持经常锻炼，能有效地促进大学生的正常生长、发育。例如，体育锻炼可以使骨骼的血液供应充分，骨细胞生长能力增强，身高增长加快，肌纤维变粗，体重、胸围、肩宽、臂围和腿围都会变化，还可以使血液循环得到改善，提高心血管及各器官系统的功能。对于个别学生身体的某些畸形（如脊柱侧弯、驼背、平足等），也可以用特定的锻炼手段加以矫正，有助于学生塑造健壮、匀称的体形。

2. 促进身心全面发展

目前在校大学生的年龄一般处在 17 ~ 22 岁，生理上急剧变化，主要表现在身体形态、身体机能、身体素质等方面向成人化方向发展并基本定型。随着生理上的急剧变化，大学生的心理也随着变化起来。研究发现，目前在校大学生的生理发展超前，心理发展滞后，在这个时期加强大学生体育教育，通过大学体育的课堂教学、课余锻炼和运动竞赛，能够促进大学生身体的正常发育，从而增强体质、强健体魄，全面提高学生的体能和对环境的适应能力，促进其身心健康、全面发展。这样不仅能够保证大学生在校期间身心健康的学习需要，而且也为大学生的终身健康奠定了基础。

（二）奠定学生终身体育锻炼的基础

在体育锻炼过程中，学生可以复习巩固体育课的教学内容，从而促进体育课教学质量的提高；还可以参加自己所喜爱的活动，体验到成功的喜悦，对锻炼效果产生满足感，逐渐培养兴趣，形成爱好，养成锻炼习惯。体育锻炼往往由学生自主参与，因此，特别有助于培养学生的能力。体育锻炼可以使学生自学、自练、自评能力，组织、裁判、交往能力，运动能力得到发展，可以为未来社会培养出许多体育骨干。按作息制度安排的早操、课间操、班级体育锻炼等，是学校课外体育锻炼基本的、重要的组成部分，是学生每天学习生活中必不可少的内容，长期如此坚持锻炼，持之以恒，又会促进学生养成良好的锻炼习惯。

学校体育是终身体育的组成部分，是打基础的阶段。课外体育锻炼在培养学生体育兴趣和能力、让学生养成锻炼习惯等方面有着重要的作用，能为终身体育奠定良好的基础。高校体育在激发学生参加体育锻炼的兴趣、使学生掌握体育卫生的基本知识和科学锻炼身体的方法、提高学生的体育文化素养、培养学生良好的锻炼习惯与卫生习惯等方面均发挥着重要的作用。

（三）加强校园精神文明建设

高校体育是大学生文化娱乐活动的组成部分，是一种外向型的文化活动，可以使学生热情乐观、精力充沛、学习生活充满生机与活力。高校体育锻炼内容丰富、具体现实、直观形象，很符合学生的身心特点，易被学生理解接受，也能使其取得较好的效果。高校体育在陶冶学生的情操、锻炼学生的意志、培养学生的爱国主义和集体主义精神、增强学生的组织纪律性、提高学生的思想品质等方面发挥着重要的作用。例如，小型多样的游戏活动可以使学生团结友爱、互相帮助，树立集体主义意识，胜不骄、败不馁；班级乃至全校统一的课外体育锻炼，可以使学生服从指挥、遵守纪律；各种身体练习可以培养学生不怕困难、坚忍顽强、积极进取等思想意志品质；各种竞赛可以培养学生诚实的品质、公正和良好的竞争意识，优化竞争环境，为校园内各式各样的其他竞赛活动的开展提供良好的示范作用。高校体育对加强学生思想品德教育，促进校园精神文明建设都具有重大意义。

第三节　高校体育教育的理念

21世纪是"教育的世纪"，教育对世界发展的作用越来越重要。高校体育教育作为培养高端人才的特殊教育层次，必然需要科学教育理念的指导。教育理念的变革是教育改革的先导。高校体育教育理念是高校体育教育发展的理论基础，构建高校体育教育理念是适应时代发展的需要，也是高校体育自身发展的需要。

一、现代化的高校体育教育精英理念

精英理念与高校体育教育发展逻辑起点的有机契合，使其成为高校体育教育的经典理念。随着高校体育教育现代化的发展，其内涵发生了深刻的变化，蕴含了现代化的因素。现代化的价值观、人才观、质量观是高校体育教育精英理念新的范畴。

（一）价值观

价值观是一个涵盖教育价值、功能与目的的综合体，是定位高校体育教育的内在尺度。高校体育教育的精英理念实质是一种价值选择，是现代化基础之上的教育价值指向。高校体育教育与科技发展的密切关系决定了高校体育教育为经济服务的社会功能。其目的也是一致的，就是促进整个社会发展的现代化，培养现代化的高级专门人才。

（二）人才观

高校体育教育精英理念的最终目的是培养"现代化的人"。人的现代化的实质就是人通过教育这种实践活动方式追求人自身现代化的过程，是人追求其价值理想和人性本质或类本质的实现过程。反过来，从高等教育的现代化来看，人是教育现代化的主体，人是教育现代化的目的。什么样的人才算是现代化的人，怎样培养现代化的人，是高等教育现代化需要解决的主要问题，这就需要首先确立适合现代化发展需要的人才观。

（三）质量观

质量观是决定高校体育教育质量的前提，是高校体育教育精英理念的内涵所在。高质量的高校体育教育，是在先进质量观指导下所获得的。质量是我国高等教育发展永恒的主题。20世纪七八十年代，我国高等教育系统地进入整体发展阶段，也就是教育系统量的扩张与质的优化并重，规模、质量、结构、效益协调统一的整体发展阶段。这为高校体育教育的现代化提供了良好的契机。因此，我国高校体育教育一贯比较重视质量，特别是人才培养的质量，精英理念已成为我国高校体育教育培养的主导理念。

当前，高等教育已进入大众化阶段，对高校体育教育的发展产生了一定的冲击。适当的规模发展是必要的，但实现现代化的发展要求，决定了我国高校体育教育的主旨只能是质量，它不会因数量的递增而发生改变。构建现代化的高校体育教育精英理念，就应以现代化的质量观为主导，坚持现代化的发展方向，以现代化的质量标准保证高校体育教育精英理念的实现。

二、个性化的高校体育教育人才理念

个性化的高校体育教育培养的是具有个性特征的人才，个性化的人才理念是构建高校体育教育理念的内在逻辑要求。

（一）道德与伦理指向的回归

在知识经济时代，"科技的进步导致了其在创造和破坏方面所蕴藏的可能性空前增长，更高层次的价值伦理和道德规范就显得尤为重要"。人们在饱尝科技进步成果的同时，也经历了以牺牲人类社会长远发展为代价的惨痛教训。高校体育教育在造就科技发展所需要的高层次、创新性人才的同时，也必须面对社会化负面效应的影响，协调社会与人的发展，解决深层次的价值伦理矛盾，发展个性化的高校体育教育，以人为本，实现人类社会的可持续发展。因此，道德规范与价值伦理的强烈要求，是高校体育教育个性化发展的内在驱动，是构建高校体育教育人才理念的内因。

（二）个性发展与全面发展相统一

"发展个性的教育首先就是使个性的各种差异达到综合平衡的特殊教育。"个性教育不等同于简单的个别教育，教育的社会化规定了教育发展的社会属性。因此，个性教育中包含着趋同性，是社会化基础之上的个性化，教育培养的是社会发展所需要的人。个性发展中的趋同性与社会性，也是保证教育效果得以实现的基本条件，否则教育个性化就无章可循，而社会发展需要的是全面发展的人，是个性化与全面化相统一的人。

（三）网络时代语境下个性化的高校体育教育人才理念

网络时代高校体育教育需要更新旧的教育理念，彰显人文交互的教育氛围，展现高校体育教育的特色，培养全面发展的、具有独立人格与个性的学生。网络在对高校体育个性化教育起推动作用的同时，也带来了一些消极影响。网络的非中心性存在使得高校体育教育个性化出现弱化甚至于泛化，其根本原因是在虚拟网络里缺失人文交互的氛围。因此，网络时代高校体育教育要适应和遵循个性化发展的趋势与要求，就要确立人文交互的时代语境，重新定位和构建新的教育理念，以新的人才理念促进高校体育教育个性化的完善与发展。

第二章 体育与健康概述

第一节 体育概述

体育是社会主义现代化建设事业的重要组成部分，对增强人民体质、培养良好的道德品质和心理素质具有重要的作用，在改革开放的新形势下，体育更显示出它的特殊功效。本章主要讲述以下内容：体育是一种社会现象，体育手段的形成，体育的概念，体育的功能，体育科学的发展和体育科学体系，体育战略和体育体制。对本章的学习，可使同学们加深对体育的认识。

一、体育的概念

体育是指在人类社会发展过程中，根据生产和生活的需要，遵循人体身心的发展规律，以身体练习为基本手段，为增强体质、提高运动技术水平、进行思想品德教育、丰富社会文化生活而进行的一种有目的、有意识、有组织的社会活动，是伴随人类社会的发展而逐步建立和发展起来的一个专门的科学领域。体育的概念有广义和狭义之分。

广义的概念：体育是根据人类生存和社会生活的需要，依据人体生长、发育、动作形成和机体机能提高的规律，以各项运动为基本手段，以发展身体、增强体质、提高运动技术水平、丰富社会文化生活、为发展经济和政治服务为目的的身体运动，通常简称为体育运动。

狭义的概念：体育是教育的组成部分，是全面发展身体，增强体质，传授体育知识、技术、技能，培养道德品质与意志品质的有目的、有计划、有组织的教育过程，即体育教育。

体育的概念，无论是广义的还是狭义的，都强调它以各种运动为基本手段，是发展身体、增强体质的教育过程，这就反映了这一事物的本来属性，即体育的本质。

二、体育的功能

体育的功能，包括健身、娱乐、教育、政治、经济、交流等。

（一）健身功能

体育运动能改善和提高中枢神经系统的工作能力；体育运动能促进机体的生长发育，提高运动系统的技能；体育运动能使内脏器官的机能得到提高；体育运动可以提高人体的适应能力；体育运动可以防病治病，提高人体免疫能力。

（二）娱乐功能

体育所具有的娱乐功能，主要通过两方面表现出来：一是体育本身所特有的魅力，二是人们参加体育运动所获得的乐趣。

（三）教育功能

体育所具有的教育功能，有两个方面的含义：一是具有典型意义的学校基本教育，二是具有泛指意义的社会教育。

（四）政治功能

体育的政治功能，一方面可体现在国际交往的舞台上；另一方面，体育能促进大至一个国家、一个民族，小至一个集体的内部的安定团结。

（五）经济功能

体育是人的活动，特别是体育成为一种很多社会成员参加的经常性活动后，总是在一定物质消费的基础上进行的，必然要消耗一定的人力、物力和财力。因此，与体育活动相关的服装、器材、装备和体育场地设施等就会随之而产生，体育服务等社会经济行业就必然出现。

（六）交流功能

体育运动能增强人与人之间的交流和交往，增进人与人之间的相互了解，改善人际关系。国际的体育交往，还能够促进国家与国家之间、不同民族之间的相互了解和相互信任，有利于人类社会的和平与发展。

第二节　健康概述

一、健康的概念

健康是一个综合概念，人类对健康的认识随着社会的进步和医学科学的发展而逐步深化。长期以来，由于受生物学模式的影响，健康被单纯地解释为无病、无残、无伤，这种概念至今仍有广泛的影响。随着医学模式由单纯的"生物医学"向"生物—心理—社会医学"演变，越来越多的研究表明，人的健康与疾病不单纯受生物因素（细菌、寄生虫等病原微生物或基因遗传）的影响，而且还受心理、社会、环境及个人生活方式的影响。人们对健康和疾病的认识有了根本变化，健康的概念随之不断更新、扩展。

1948 年，世界卫生组织（WHO）提出"健康不仅是没有疾病或不虚弱，而且是身体的、心理的和社会适应方面的完美状态"的三维健康观。这一概念将健康划分为生理、心理及社会三个方面，改变了以往健康仅指无疾病的单一概念，这是人们对健康认识的一次飞跃。1978 年，世界卫生组织又对健康做出新的定义，即"健康不仅是没有疾病，而且包括躯体健康、心理健康、社会适应性良好和道德健康"。根据世界卫生组织对"健康"的定义，人们对健康做出了如下的诠释：

（一）生理健康

生理健康指人体的结构和生理功能的正常。人体生理功能指以结构为基础、以维持人体生命活动为目的，协调一致、复杂而高级的运动形式。早期医学对疾病和健康的看法，更多的是强调自然界对人体生理和病理的影响。

应该承认，引起生理性疾病的自然因素和抑制因素及自然界的生态平衡等因素（包括受阳光、空气、水、气候与季节的影响）永远存在。如果就目前自然环境的恶化状况看，更多因素仍朝着不利于人类生存的方向发展，环境恶化趋势令人担忧。

（二）心理健康

心理健康是生理健康的发展。如何才能确定心理活动的正常与否，心理学家提出三条判断原则。

1. 心理与环境的同一性：指心理所反映的客观现实，无论在形式还是内容上都应同外部环境保持一致。

2. 心理与行为的整体性：指一个人的认识、情感、意识、体验等心理活动和行为在自身是一个完整和协调的统一体，心理现象自身具有完整性。

3. 人格的稳定性：指一个人在长期的生活经历过程中形成独特的个性心理特征，具有相对的稳定性。

（三）社会适应能力

社会适应主要指人在社会生活中的角色适应，包括职业角色、家庭角色及在工作、家庭、学习、娱乐、社交中的角色转换与人际关系等方面的适应。社会适应良好，不仅要生理健康、心理健康和道德健康，而且要具有较强的社会交往能力、工作能力和广博的文化科学知识；要不仅能胜任个人在社会生活中的各种角色，而且能创造性地贡献于社会，达到自我成就和自我实现的目的。全面适应健康是健康的最高境界，缺乏角色意识、发生角色错位是社会适应健康不良的表现。

社会适应对健康的影响因素是综合性的，主要来自社会环境因素，具体包括社会为人类日常生活提供的衣、食、住、行等物质条件还有社会制度、文化传统、经济发展及与之有关的其他因素的影响。基于上述诸多原因，仅就局部而言，饮食营养、居住条件、医疗措施、家庭状况、卫生习惯、生活方式和行为规范等，都应被视为影响个体健康的因素。

从整体考虑，知识经济时代，不但人们获取知识的方式和途径在悄然发生变化，而且生活节奏加快、人际关系变得复杂，导致在竞争日益激烈的社会中，伴随各种不同价值取向而产生的迷惘、困惑、抑郁、孤独与失望情绪，都将在现代人的生活中弥漫。在当今这样的时代背景下，人们为适应社会环境所做的努力，势必要以获得合理的社会定位概念与能力为主，即学会选择适合法则，处理好个人和社会遵循条件之间的矛盾，包括对健康文化、健康观念、健康行为、健康生产和健康管理等知识的了解与遵循。

（四）道德健康

道德是一个民族的历史所赐，可简单解释为人的思想品德和人格的自我完善，是一个社会文明发展的基石，是一种"使人向善"的规范与提升。根据党在社会主义初级阶段的历史任务，当前和今后一个时期，我国将在全民族牢固树立建设有中国特色社会主义的共同理想和正确的世界观、人生观、价值观，在全社会大力倡导"爱国守法、明礼诚信、团结友善、勤俭自强、敬业奉献"的基本道德规范，努力提高公民道德素质，促进人的全面发展，培养一代又一代有理想、有道德、有文化、有纪律的社会主义公民。

道德健康是人的一种"本质力量"，是提高公民文化修养水平和自身素质所不可缺少的基础，使个体思想、品质与行为趋于理想化。据世界卫生组织监测中心统计：结核病、流感、肺炎、糖尿病、脑血管病、冠心病等常见病的死亡率，与道德文化修养有着千丝万缕的联系。道德文化水准越高，则患这些疾病的死亡率越低。对个体道德水准与文化修养影响健康的认识，我国古代早有"君子坦荡荡，小人长戚戚"的说法。道德健康以生理健康、心理健康为基础，并高于生理健康、心理健康，是生理健康、心理健康的发展。道德健康的最高标准是"无私利他"，基本标准是"为己利他"，不健康的表现是"损人利己"或"损人又不利己"，这样的结果也就无健康可言了。

二、影响健康的因素

影响健康的因素有很多，一般来说主要分以下几个方面：

（一）行为和生活方式因素

行为和生活方式因素是指因自身不良行为和生活方式，直接或间接给健康带来的不利影响。如糖尿病、高血压、冠心病、结肠癌、前列腺癌、乳腺癌、肥胖症、性传播疾病、精神性疾病、自杀等均与行为和生活方式有关。

1. 行为因素

行为是影响健康的重要因素，几乎所有影响健康因素的作用都与行为有关。例如，吸烟与肺癌、慢性阻塞性肺病、缺血性心脏病及其他心血管疾病密切相关。酗酒、吸毒、婚外性行为等不良行为也严重危害人类健康。

2. 生活方式

生活方式和不良行为导致了慢性非传染性疾病及性病、艾滋病的迅速增加。近年来我国恶性肿瘤、脑血管病和心血管病已占总死亡原因的61%。据美国调查，只要有效地控制行为危险因素，如不合理饮食、缺乏体育锻炼、吸烟、酗酒和滥用药物等，就能减少40%～70%的早死、1/3的急性疾病、2/3的慢性疾病。

（二）环境因素

强调人体与自然环境和社会环境的统一，强调健康、环境与人类发展问题不可分割。

1. 自然环境

保持自然环境与人类的和谐，对维护、促进健康有着十分重要的意义。若破坏了人与自然的和谐，人类社会就会遭到大自然的报复。

2. 社会环境

社会环境包括社会制度、法律、经济、文化、教育、人口、民族、职业等，社会制度确定了与健康相关的政策、法律、法规等。

（三）生物学因素

遗传—— 据调查，目前全国出生婴儿缺陷总发生率为 13.7%，其中严重智力低下者每年有 200 万人。遗传还与高血压、糖尿病、肿瘤等疾病的发生有关。

（四）卫生医疗服务因素

卫生医疗服务因素指社会卫生医疗设施和制度的完善状况。

影响健康的四个因素中，环境因素起重要作用，其次为生活方式、卫生医疗服务，遗传因素虽影响较小，但一旦出现遗传病，则不可逆转。这四个因素彼此又有相互依存的关系。

第三节　体育与健康的关系

一、体育锻炼可以促进生长发育、增进身体健康

（一）体育锻炼能提高人体的吸氧能力，从而促进人体的新陈代谢和解毒过程

体育锻炼可促进全身血液循环，使肌肉得到充分的营养，提高肌肉的代谢能力，使肌纤维变粗，使肌肉发达、结实、匀称而有力。

（二）体育锻炼可促使大脑清醒，提高学习效率

体育锻炼能增加大脑的供血，改善大脑血糖和氧的供应情况，促进脑细胞的新陈代谢，提高大脑皮质的活动能力，提高神经活动的兴奋性、灵敏性和反应性，提高对某些自主神经和脏器活动的自控能力。

（三）体育锻炼能提高机体免疫功能，提高机体抗御疾病的能力

体育锻炼能促进胃肠蠕动、消化液分泌，有助于机体的消化吸收，可预防和治疗习惯性便秘、消化不良等疾病。有研究表明，经常运动的人不易生病且长寿。

二、体育锻炼可促使人的心理健康发展

（一）培养良好的意志品质

体育锻炼，无论是有组织地或个人单独地进行，对培养和锻炼良好的意识品质都有着积极的作用。坚持体育锻炼，需要具有自觉性和自制力。长期从事体育锻炼的人都有体会，如果没有克服困难的毅力和持之以恒的精神是不可能坚持长久的。在体育锻炼中，

需要完成一定的身体练习和承受一定的运动负荷，如果没有自觉性、坚持性及果断性，是不可能做到的。

（二）调节人的情绪，提高人的精神

良好的情绪主要是指整个心理状态的稳定和平衡，这种状态有利于保持和促进整个有机体的稳定。从事体育锻炼，可以调节情绪，并在中枢神经系统支配下，对有机体内部的各个方面的关系进行相应的调整和平衡，这对情绪和精神也会有良好的改善作用，尤其对爱好体育的人，这种作用更为显著。

（三）体育锻炼可以促进个性培养，陶冶情操

体育锻炼可以帮助学生克服种种生理和心理上的障碍，培养其勇敢、果断、吃苦耐劳等优良品质。体育锻炼可调节人的一些不健康的情绪和心理，如消沉、沮丧、紧张等。体育竞赛运动，特别是一些团体运动，有利于培养学生团结协作、诚实、守纪、力争上游、胜不骄、败不馁的优良品质和作风。

三、体育锻炼可提高人适应社会的能力

（一）提高人体适应环境的能力

有体育锻炼基础的人对外界环境适应能力强的基本原因有两点：一是长期进行体育锻炼，增进了健康，强壮了体格，身体的各个组织系统在中枢神经支配下，承受外界刺激和协调各组织系统的能力得到增强；二是从事体育锻炼，往往是在各种外界环境和条件下进行的，因而可使机体得到锻炼、适应能力不断提高。

（二）促进社会交往和增进友谊

体育锻炼是一种社会活动，人们在体育运动过程中，不仅能够锻炼身体，而且在各种锻炼活动中可以促进社会交往和增进友谊。所以，"健康"是体育的终极目的。在体育教学中贯彻"健康第一"的指导思想已经确立，要培养学生终生锻炼的意识和习惯，以达到培养学生"德、智、体"全面发展的目的。

第三章　学生体质健康标准与评价

第一节　体质概述

一、体质的概念

体质是人体的质量，它是在遗传性和获得性基础上表现出来的人体形态结构、生理功能和心理因素的综合的相对稳定的特征。"体质"所包含的范畴，或者说，当需要评价一个人的体质水平时，应从以下几方面综合考虑：1.身体的发育水平，包括体格、体型、体姿、营养状况和身体成分等方面。2.身体的功能水平，包括机体的新陈代谢状况和各器官、系统的效能等。3.身体的素质及运动能力水平，包括速度、力量、耐力、灵敏度、协调性，还有走、跑、跳、投、攀越等身体的基本活动能力。4.心理的发育水平，包括智力、情感、行为、感知、个性、性格、意志等方面。5.适应能力，包括对自然环境、社会环境、各种生活紧张事件的适应能力，对疾病和其他有碍健康的不良应激原的抵抗能力，等等。

二、影响体质的主要因素

（一）遗传与体质

所谓遗传，是指亲代的特征通过遗传的物质传递给后代的过程。在出生后的生长过程中表现为：全部生长过程均受基因控制，但在对各特征控制上作用时弱；作用方式大部分是多效应的，少部分属单效应；控制生长速度与控制最终身高的基因是不同组的；不同组基因在生长的不同时期起作用；基因对生长的控制是通过它在染色体的不同排列实现的。人体的遗传性状是身心发展的前提条件。它对人的智力和体力的发展、对人体质的强弱，具有重大的影响。但是，遗传性状只为体质的发展提供了可能性，而体质强弱的现实性，则有赖于后天环境、营养和身体锻炼等。

（二）环境与体质

1.营养：在许多人群中，从出生到5岁是儿童受到营养不良和传染病双重威胁的时期。然而，营养不良往往从胎儿时期已经开始了。儿童营养不良对体质的影响特别敏感的第二个阶段是青春期。热量的需要量增加和青春期的突增、生长发育速度加快是一致的。此时，缺乏足够的营养和热量，可引起突增的幅度减少，可使开始突增的年龄推迟。这不仅反映出青春期的营养缺乏，而且也反映了青春期之前积累的营养不足。另外，营养对免疫功能也有重要影响。胎儿发育中的胸腺淋巴系统对多数营养素的缺乏都比较敏感。胎儿期维生素 B6 缺乏会使出生后胸腺及脾淋巴组织发育不全，对 BCG 免疫接种的反应明显减弱。维生素 B12 在胸腺淋巴系统迅速发育时需要量显著增加，维生素 B12 缺乏对出生免疫缺陷有直接影响。

2. 社会经济发展水平和物质文明：它很大程度上决定了物质生活水平和营养状况、文化和教育水平、医疗卫生条件等。不同社会经济阶层的人群身高、体重均有明显差异，高等职业阶层与从事体力劳动的工人阶层家庭的儿童身高、体重均有明显差异。

3. 劳动条件：劳动的性质和条件对人们的体质强弱有着深刻的影响。

4. 自然环境和生态平衡。

三、体质的评价方法

体质的评价是根据一定的目的，选择有效的项目内容，用可靠、准确的方法和测量工具，对人体进行测量，并依据所得的数据，按照一定的标准来评定体质状况的过程。它包含测定和评价两个紧密的环节。体质状况评价的内容一般包括身体形态、机能、身体素质和运动能力等方面，如下表。

体质测试内容

类别	项目
身体形态	身高、体重、胸围
身体机能	血压、脉搏、肺活量
身体素质与运动能力	50 米跑、立定跳远、台阶试验、1000 米跑（男）、800 米跑（女）、坐位体前屈、仰卧起坐（女）、握力体重指数

（一）身体形态评价

身体形态评价的方法可采用大学生身高、体重评价法。

（二）生理机能测定

1. 心血管系统机能试验

心血管系统机能试验中心率是主要的生理指标，心率通常以动脉单位时间内搏动的次数来代替，称脉率。它的准确性直接影响试验结果及评价结论。下面介绍运动前及运动后测量脉搏的一般规格要求。

（1）运动前相对安静脉率的测量。运动前的相对安静脉率是指准备活动前，在相对安静状态下测量的稳定脉率，包括卧位、坐位或立位的脉率。一般先让受试者取坐位保持安静状态数分钟，然后连续测量 3 次 30 秒钟的脉率。若 3 次测量结果相差不超过 2 次，即为稳定脉率；否则应让受试者再休息 3 ~ 5 分钟，然后重复测量，直到符合上述要求为止。待脉率稳定之后，再按规定测量安静的脉率，并换算成 1 分钟脉率。

（2）运动后即刻脉率的测定。用一般方法无法准确地测量运动时的心率，所以通常以运动后的即刻脉率代替运动时的心率。运动后的即刻脉率，必须在运动结束后 15

秒钟以内（包括测量时间）测量。通常测量 10 秒钟脉率，再换算成 1 分钟脉率。

2. 定量负荷试验

受试者经过定量负荷后，根据恢复期的脉率、血压等生理指标的不同变化，评定心血管系统机能状况的机能试验，统称为定量负荷试验。

定量负荷试验主要包括以下几个步骤：

（1）测定相对安静状态下的脉率与血压等生理指标。

（2）严格按规定要求做定量运动。

（3）测量运动后的即刻脉率或恢复期的脉率和血压。

（4）计算评定指数或描记指标曲线图，并根据评定标准予以评定。

例如：30 秒钟 30 次蹲起负荷试验。

仪器：秒表、节拍器（或事先录制好的录音带及收录机）。

方法与要求：令受试者静坐 3 ~ 5 分钟，测量 30 秒钟的稳定脉率，换算成 1 分钟的脉率（p1）记录。按口令（节拍器或录音节奏）做 30 秒钟 30 次蹲起动作，并测运动后 30 秒钟即刻脉率，再换算成 1 分钟脉率（p2）。蹲起动作由直立姿势开始，两足自然开立与肩同宽，两臂自然下垂，下蹲时必须全蹲，而且足跟不许离地，同时两臂前摆成前平举，起立时还原。休息 1 分钟后，再测 30 秒钟脉率并换算成 1 分钟脉率（p3）。

计算：评定指数 =[（p1+p2+p3）－200]/10

指数小于或等于 0 为优，1 ~ 5 为良，6 ~ 10 为中，11 ~ 15 为下，16 及以上为差。

3. 呼吸系统机能试验

（1）5 次肺活量试验。肺活量为一次呼吸时的最大通气量，它在一定程度上反映肺的通气功能水平。肺活量的大小，主要取决于呼吸肌的量、肺和胸廓的弹性等因素。

5 次肺活量试验主要用以测定呼吸肌的耐力。其方法是：受试者取立位，每 15 秒钟测量 1 次肺活量，共测 5 次。这 15 秒钟既包括吹气时间，也包括休息时间。因此，要在 75 秒钟之内测量 5 次肺活量。5 次测量结果基本接近或逐次增加为机能良好。反之，逐次下降，特别是最后两次显著下降为机能不良。

（2）定量负荷后 5 次肺活量试验。先测量安静时的肺活量，然后做定量运动（其负荷量应根据不同对象而定），运动后立即测量 1 ~ 5 分钟的每分钟肺活量，共测 5 次。负荷后的每分钟肺活量逐次增加或保持安静时水平为机能良好或正常。反之，负荷后的肺活量逐次下降，经 5 分钟仍不能恢复至安静时水平为机能不良。

（三）一般运动能力评价

一般运动能力主要包括走、跑、跳、投、攀登、爬越、支撑和平衡等简单的运动。它反映身体运动的一般能力，而不是专项技术或能力，是身体素质在一般人体运动中的某种反映。一般运动能力的发展同遗传、环境及后天的各种影响有密切的关系。以肌肉力量为例，青少年的发展一方面取决于遗传因素，另一方面更受到后天力量训练的影响。所以，青春期是一般运动能力迅速发展的阶段，应注意后天的训练工作。

一般运动能力的发展水平可以反映一个人的体质特征和身体素质水平，通常用《国家体育锻炼标准》《大学生体育合格标准》进行评价。

第二节 《国家学生体质健康标准》概述

《国家学生体质健康标准》是为了贯彻落实健康第一的指导思想，切实加强学校体育工作，促进学生积极参加体育锻炼、养成良好的锻炼习惯、提高体质健康水平而制定的。它是《国家体育锻炼标准》的有机组成部分，是《国家体育锻炼标准》在学校的具体实施，是国家对学生体质健康方面的基本要求，适用于全日制小学、初中、普通高中、中等职业学校和普通高等学校的在校学生。

一、《国家学生体质健康标准》的内涵

《国家学生体质健康标准》的内涵是测量学生体质健康状况和锻炼效果的评价标准，是国家对不同年龄段学生体质健康方面的基本要求，是学生体质健康的个体评价标准。健康的概念包括身体健康、心理健康和社会适应。《国家学生体质健康标准》涵盖的是与学校体育密切相关的学生身体健康范畴。为了界定它的内涵，又避免与三维的健康概念混淆，故将"体质"作为"健康"的定语以示其内涵。

二、《国家学生体质健康标准》测试的目的、意义

《国家学生体质健康标准》测试的目的是贯彻落实第三次全国教育工作会议提出的"学校教育要树立'健康第一'的指导思想"的精神，促进学生积极地参加体育锻炼，上好体育课，增强学生的体质和提高健康水平，把学生培养成为德、智、体、美全面发展的高素质人才。《国家学生体质健康标准》的测试，可以使学生清楚地了解自己的体质与健康状况，还可以帮助学生监测自己的体质与健康状况的变化程度。这些都有助于学生在新的一年里有目的地设定自己的锻炼目标，有针对性地选择锻炼策略，制订切实可行的锻炼计划。

三、《国家学生体质健康标准》的功能

《国家学生体质健康标准》名称的外延涉及它的激励和教育功能、反馈功能、引导和锻炼功能。

（一）激励和教育功能

《国家学生体质健康标准》是促进学生体质健康发展、激励学生积极进行身体锻炼的教育手段。所选用的指标可以反映与身体健康关系密切的身体成分、心血管系统功能、肌肉的力量和耐力及关节和肌肉的柔韧性等要素的基本状况。《国家学生体质健康标准》的实施将使学生和社会能够对影响身体健康的主要因素有一个更加明确的认识和理解，引导人们去积极追求身体的健康状态，实现学校体育教育的目标。《国家学生体质健康

标准》实施办法还规定，为达到合格以上等级的学生颁发证章，以激励学生对体育锻炼的内在积极性。

（二）反馈功能

《国家学生体质健康标准》是学生体质健康的个体评价标准，并规定了各校应将每年测试的数据按时上报至国家学生体质健康标准数据管理系统，该系统具有按各种要求进行统计、分析、检索的功能，并定期向社会公告。该系统为学生及其家长提供了在线查询和在线评估服务，向学生提供了个性化的身体健康诊断，使学生能够在准确地了解自己体质健康状况的基础上进行锻炼；该系统还可为各级政府机关、教育行政部门、学校提供翔实的统计和分析数据，使之了解学生的体质健康状况，及时采取科学的干预措施。

（三）引导和锻炼功能

新的《国家学生体质健康标准》增加了一些简便易行、锻炼效果较好的项目，并提高了部分锻炼项目指标的权重，对引导学生进行体育锻炼具有较强的实效性；同时，通过国家学生体质健康标准数据管理系统，学生还可以查询到针对性较强的运动处方，用于自身因地制宜地进行科学的体育锻炼，提高身体健康水平。

四、我国学生体质健康评价制度的演变和发展

新中国成立六十多年来，党和国家一直非常关心和重视广大学生的身体健康，原国家教委、原国家体委等有关部门从鼓励和推动学生积极参加体育锻炼、增强学生体质的目的出发，在不同时期先后制定了《劳卫制》《国家体育锻炼标准》《大学生体育合格标准》《中学生体育合格标准》《小学生体育合格标准》及初中毕业生升学体育考试办法等一系列制度，并于2002年开始在全国试行《学生体质健康标准》。这些制度的制定和实施，对于增强学生体质、促进我国学校体育工作具有积极作用，其突出地表现在以下三个方面。

1. 对于贯彻落实《体育法》《全民健身计划》和《学生体育工作条例》，促进和保证体育课教学，以及早操、课间操和课外活动的开展起到了重要的促进作用。

2. 有利于学生按照要求参加体育锻炼，促进学生身体素质的发展和自觉参加体育活动行为习惯的养成。

3. 通过这些标准的测试和评价，有效地促进了学校体育工作的展开，对于学校体育评价发挥了重要的作用，是学校体育总体评价的重要内容。

我国学生体质健康测量与评价制度的演变和发展，是与我国不同时期社会、经济、科技、文化和教育的发展水平相适应的，是与全国提高青少年的身体健康素质、满足国家对受教育者的全面发展和培养人才战略的基本要求相一致的。新的《国家学生体质健康标准》是在新的历史条件下，根据社会发展的变化要求，面对新的情况、新的问题所采取的积极措施。新中国成立以来，《劳卫制》《国家体育锻炼标准》《学生体质健康标准（试行方案）》的制定、颁布和实施，促进了学生体质健康测量与评价制度的发展

和完善，为制定新的标准积累了丰富的经验。了解这些标准的演变和发展，以及当时的社会背景，将有利于正确认识并实施新的《国家学生体质健康标准》。

（一）《劳卫制》

新中国的成立揭开了中国学校体育的新篇章。1950年8月，中国体育访问团赴苏联，全面考察和学习了苏联体育（包括学校体育）的经验，引进了《劳卫制》，从1951年开始在部分地区试行。1954年，在借鉴苏联经验的基础上，根据在部分地区试行的情况，政务院批准并发布了《劳卫制》暂行条例，经过试行和反复修改，于1958年由国务院正式公布实施《劳动卫国体育制度条例》及相关项目标准和测验规则，其第一条明确指出：《劳卫制》是国家根据社会主义建设事业的需要，对人民在体育锻炼上的基本要求而制定的，其目的在于鼓励人民积极参加体育锻炼，促进体育运动的广泛开展，提高运动技术水平，使人民身强力壮、意志坚强，更好地为社会主义建设和保卫祖国服务。《劳卫制》由预备级（少年级）、第一级和第二级三个级别组成，在一级和二级中还按照性别差异根据某一年龄段中体能的发展设置了男女若干个年龄组。在项目设置上，除了提高身体素质和机能的锻炼项目以外，《劳卫制》还设置了诸如射击、手榴弹掷远、行军、国防知识等内容，反映了当时巩固国家政权和建设祖国的社会需要。当时，学生的体质健康状况受到国家经济比较落后、学校卫生条件比较差及营养不足等因素的影响，亟待提高。因此，为改善学生的体质健康状况，在锻炼身体、建设和保卫祖国的热潮推动下，我国的《劳卫制》产生和发展起来了，并对学校体育教学工作产生了深刻的影响，促进了包括学生在内的群众体育运动的开展，对广大学生和成年人的体质健康起到了积极的作用。

但在实施的过程中也受到了多种不利因素的影响。例如，部分学校和地区受浮夸风的影响，在实施过程中急于求成，搞反复测试，突击达标，违反体育锻炼的客观规律，并冲击了正常的体育课教学；此外，三年严重困难导致了国家的财政经济困难，广大学生出现了营养不良、体质健康水平下降的情况，这些使得《劳卫制》的推行受到影响，被迫中断。此后，1964年《劳卫制》改名为《青少年体育锻炼标准》。

虽然《劳卫制》的实施轰轰烈烈、经历了坎坷与挫折，但它在特定的历史条件下，为改善和提高少年儿童的体质健康状况做出了不可磨灭的巨大贡献，开创了中华人民共和国成立以来国民体质健康促进事业的新纪元，也开创了学生体质健康评价工作的先河。

（二）《国家体育锻炼标准》

"文化大革命"结束后，体育在学校教育中的地位和作用得以重新确立。1975年5月，经国务院批准，国家体委公布了《国家体育锻炼标准》，要求在学校广泛实施。此后，又进行了几次修改，一直沿用至今。1995年开始施行的《中华人民共和国体育法》规定，学校必须实施《国家体育锻炼标准》，对学生在校期间每天用于体育活动的时间给予保证。

在这一时期，我国国民经济和各项事业都进入了良性发展的轨道，特别是1978年党的十一届三中全会做出了把工作中心转移到社会主义现代化建设上来和实行改革开放的战略决策，带来了国民经济的快速增长，同时特别重视受教育者应掌握充足的知识和技能，强调全面发展。在科学技术转化为生产力，提高劳动效率，使人民群众的生活水平得到了稳步的改善与提高的同时，也使人们从事体力劳动的机会不断减少，电视机、视盘机（VCD 机和 DVD 机）、计算机等的普及也导致学生身体活动时间不断减少，生活水平提高与体质健康水平下降的矛盾逐渐显现。社会对于学生的体质健康更加重视，从 1985 年开始，教育部、国家体育总局、原卫生部、国家民族事务委员、科学技术部等五部委（局）共同组织展开了全国性的学生体质健康调研，到 2005 年已经进行了 5 次，以全面了解我国学生的体质与健康状况及其变化趋势。

实施《国家体育锻炼标准》的目的是：鼓励和推动人民群众，特别是青少年、儿童积极参加体育锻炼，以增强体质，提高运动技术水平，培养共产主义道德品质，更好地为社会主义现代化建设和保卫祖国服务。《国家体育锻炼标准》面对全体人群，分四个组进行测验，分别是儿童组，9～12岁，相当于小学 3～6 年级；少年乙组，13～15岁，相当于初中；少年甲组，16～18岁，相当于高中；成年组，19岁以上，相当于大学。其测试内容主要是对身体素质项目进行测验，共分五大类，与《劳卫制》相比，删除了射击、手榴弹掷远、行军、听一般国防知识等内容。所选项目强调增强体质效果好，少而精，既能促进身体全面发展，又简便易行，便于测试记录成绩，并适当兼顾为提高运动技术水平打基础。主要由体育行政部门主管，具体实施时会同教育等有关部门进行，同时强调学校应当把体育锻炼标准的施行工作同体育课、课外体育活动紧密结合，并纳入学校工作计划。它的推行对促进全社会关注学校体育，督促学生积极地参加体育锻炼，保证身体正常发育，增强体质都起到了重要的作用。

（三）《学生体质健康标准（试行方案）》

进入 21 世纪以来，我国的综合国力有了极大的提高，人民的生活水平发生了翻天覆地的变化，越来越多的中国人开始享受科学技术和现代文明所带来的便捷、舒适的现代生活。现代文明在带给人们充分的物质享受的同时，也给人类的健康带了新的威胁。精神紧张、营养过剩、运动不足、环境污染等因素所引发的非传染性疾病在全球不断蔓延，处于"亚健康状态"的人群不断地扩大。对于学生来说，升学压力大、睡眠不足正成为影响他们身心健康的重要因素；生活水平的普遍改善，热量、脂肪等摄入过多及饮食结构的不尽合理，加之营养科学知识的宣传普及滞后，特别是沉重的课业压力使得学生余暇锻炼时间减少，导致了肥胖发生率的不断上升。2002 年学生体质健康监测结果显示，学生形态发育水平继续提高、营养状况继续改善、握力水平有所提高、几种常见疾病（低血红蛋白、龋齿等）的患病率继续下降；反映肺脏功能的肺活量测试继续呈现下降趋势；超重及肥胖学生明显增多，这已成为城市学生重要的健康问题。

为了解决这些问题，适应社会发展以及人们对健康的迫切需要和对生活质量的不断追求，必须从青少年儿童的健康抓起。因此，2002 年 7 月教育部、国家体育总局联合下发了《学生体质健康标准（试行方案）》，作为《国家体育锻炼标准》在学校的具体实施，并在第一条指出了它的目的和意义：贯彻《中共中央国务院关于深化教育改革全面推进素质教育的决定》提出的"学校教育要树立健康第一的指导思想，切实加强体育工作"的精神，促进学生积极参加体育锻炼，养成经常锻炼身体的习惯，提高自我保健能力和体质健康水平。

"健康体魄是青少年为祖国和人民服务的基本前提,是中华民族旺盛生命力的体现。"这是中共中央国务院在当前的历史条件下,从我国人才培养和可持续发展战略的高度出发,对青少年学生提出的基本希望和要求,也为研制《学生体质健康标准》确定了明确方向。同时,青少年学生的全面发展以及增进健康的问题已成为全世界所关注的热门话题。《学生体质健康标准(试行方案)》根据学生的生长发育规律,将测试对象按照年级分组,小学一、二年级为一组,小学三、四年级为一组,小学五、六年级为一组,初中和高中每年级为一组,大学为一组。该标准从身体形态、身体机能、身体素质等方面综合评定学生的体质健康状况,在测试内容中,选择了与学生身体的发展及身体健康素质关系最为密切的一些要素作为测试的内容。例如,新增加了"身高标准体重"这一指标,对学生身体的匀称进行评价,间接反映学生的营养状况,以引导学生及家长和全社会来关注少年儿童的身体形态和肥胖(或营养不良)状况。

在《学生体质健康标准》试行过程中,对于引导学生正确认识和了解自己的健康状况,有针对性地进行身体锻炼起到了非常积极的作用。但是随着时代的发展,人们对自身健康水平的要求越来越高,标准也需要不断发展完善,同时,这些标准在实施过程中也难免出现一些这样或那样的问题。例如,由于《学生体质健康标准(试行方案)》中部分项目的评分标准较低,原本是想激发学生锻炼的兴趣和积极性,但有的学生却因为不需要过多努力就能及格,锻炼的积极性反而下降;此外,为了较准确地对学生进行测试并减轻教师负担,《学生体质健康标准(试行方案)》没有过多选用可用于锻炼的项目和内容,而是提出通过体育课中丰富多彩的教学内容来促进学生积极锻炼,从而提高测试成绩,但由于部分学校对体育课教学内容缺乏明确的要求,这些在一定程度上也影响了学生的体质健康水平。2005年全国学生体质健康与健康调研结果表明:学生形态发育继续提高,营养状况继续改善,低血红蛋白等常见病检出率继续下降,握力水平有所提高;但同时也存在一些不可忽视的问题,包括肺活量水平继续呈下降趋势,速度、爆发力、力量耐力素质水平进一步下降,肥胖检出率继续上升,视力不良检出率仍然居高不下。为扭转这种不利局面,切实加强学校体育工作,改善学生体质健康水平,教育部和国家体育总局组织专家在广泛深入调查研究的基础上,对《学生体质健康标准》进行了完善和修改。

为落实《国家中长期教育改革和发展规划纲要(2010—2020年)》《国务院办公厅转发教育部等部门关于进一步加强学校体育工作若干意见的通知》(国办发〔2012〕53号)和《教育部关于印发〈学生体质健康监测评价办法〉等三个文件的通知》(教体艺〔2014〕3号)的有关要求,2014年教育部修订了《国家学生体质健康标准》(以下简称《标准》)。该《标准》是国家学校教育工作的基础性指导文件和教育质量基本标准,是评价学生综合素质、评估学校工作和衡量各地教育发展的重要依据,是《国家体育锻炼标准》在学校的具体实施,适用于全日制普通小学、初中、普通高中、中等职业学校、普通高等学校的学生。旨在着重提高《标准》应用的信度、效度和区分度,着重强化其激励教育、反馈调整和引导锻炼的功能,着重提高其教育监测和绩效评价的支撑能力。

第三节 《国家学生体质健康标准》测试方法

一、《国家学生体质健康标准》测试项目及评价指导

（一）测试项目

大学各年级均为必测三个项目，选测三个项目，合计需要测试六个项目。身高、体重、肺活量为必测项目。从1000米跑（男）、800米跑（女）、台阶试验中选测一项；从坐位体前屈、掷实心球、仰卧起坐（女）、引体向上（男）、握力体重指数中选测一项；从50米跑、立定跳远、跳绳、篮球运球、足球运球、排球垫球中选测一项。

（二）评价指标

《国家学生体质健康标准》中分别规定了从小学到大学的相应的评价指标，这些指标是根据《国家学生体质健康标准》中项目的测试值进行评价的。有的直接利用测试值进行查表评分，如立定跳远；有的需要进行计算，如肺活量体重指数和握力体重指数；此外，身高标准体重根据所测得的身高和体重查表进行评分。因此，在测试项目确定后，评价指标也就相应被确定。评价指标和测试项目都是相对应的，要想选什么评价指标，就必须选测相应的测试项目；同样，测试了相应的项目，就要选评对应的指标。

大学各年级的评价指标有五项：身高标准体重、肺活量体重指数两项为必评指标；选评指标有三项，分别是从1000米跑（男）、800米跑（女）、台阶试验中选评一项；从坐位体前屈、掷实心球、仰卧起坐（女）、引体向上（男）、握力体重指数中选评一项；从50米跑、立定跳远、跳绳、篮球运球、足球运球、排球垫球中选评一项。

二、《国家学生体质健康标准》测试操作方法

（一）身高

1.测试目的

测试学生身高，与体重测试相配合，评定学生的身体匀称度，评价学生生长发育的水平及营养状况。

2.场地器材

身高测量计。使用前应校对0点，以钢尺测量基准板平面至立柱前面红色刻线的高度是否为10.0厘米，误差不得大于0.1厘米。同时应检查立柱是否垂直，连接处是否紧密，有无晃动，零件有无松脱等情况并及时加以纠正。

3.测试方法

受试者赤足，立正姿势站在身高计的底板上（上肢自然下垂，足跟并拢，足尖分开

成60°角）。足跟、骶骨部及两肩胛区与立柱相接触，躯干自然挺直，头部正直，耳屏上缘与眼眶下缘呈水平位。测试人员站在受试者右侧，将水平压板轻轻沿立柱下滑，轻压于受试者头顶（图3-3-1）。测试人员读数时双眼应与压板水平面等高进行读数，记录员复述后进行记录。以厘米为单位，精确到小数点后一位。测试误差不得超过0.5厘米。

图3-3-1 身高测试

4. 注意事项

（1）身高计应选择平坦靠墙的地方放置，立柱的刻度尺应面向光源。

（2）严格掌握"三点靠立柱""两点呈水平"的测量姿势要求，测试人员读数时两眼一定与压板等高，两眼高于压板时要下蹲，低于压板时应垫高。

（3）水平压板与头部接触时，松紧要适度，头发蓬松者要压实，头顶的发辫、发结要放开，饰物要取下。

（4）读数完毕，立即将水平压板轻轻推向安全高度，以防碰坏。

（5）测量身高前，受试者应避免进行剧烈体育活动和体力劳动。

（二）体重

1. 测试目的

测试学生的体重，与身高测试相配合，评定学生的身体匀称度，评价学生生长发育的水平及营养状况。

2. 场地器材

杠杆秤或电子体重计。使用前需检验其准确度和灵敏度。准确度要求误差不超过0.1%，即每百千克误差小于0.1千克。检验方法是：以备用的10千克、20千克、30千克标准砝码（或用等重标定重物代替）分别进行称量，检查指标读数与标准砝码误差是否在允许范围。灵敏度的检验方法是：置100克重砝码，观察刻度尺变化，如果刻度抬高了3毫米或游标向远移动0.1千克而刻度尺维持水平位时，则达到要求。

3. 测试方法

图3-3-2 体重测试

测试时，应将测量秤放在平坦地面上，调整0点至刻度尺水平位。受试者赤足，男性受试者身着短裤；女性受试者身着短裤、短袖衫，站在秤台中央（图3-3-2）。测试人员放置适当砝码并移动游标至刻度尺平衡。读数以千克为单位，精确到小数点后一位。记录员复诵后将读数记录。测试误差不超过0.1千克。

4. 注意事项

（1）测量体重前受试者不得进行剧烈体育活动或体力劳动。

（2）受试者站在秤台中央，上下杠杆秤动作要轻。

（3）每次使用杠杆秤时均需校正。测试人员每次读数前都应校对砝码标重以避免差错。

（三）肺活量

1. 测试目的

测试学生的肺通气功能。

2. 场地器材

电子肺活量计。

3. 测试方法

房间通风良好；使用干燥的一次性口嘴（非一次性口嘴，则每换测试对象需消毒一次，每测一人时将口嘴向下倒出唾液并注意消毒后必须使其干燥）。肺活量计主机放置平稳桌面上，检查电源线及接口是否牢固，按工作键液晶屏显示"0"即表示机器进入工作状态，预热5分钟后测试为佳。

首先告知受试者不必紧张，并且要尽全力，以中等速度和力度吹气效果最好。令被测试者面对仪器站立、手持吹气口嘴，面对肺活量计站立，试吹1至2次，首先看仪表有无反应，还要试口嘴或鼻处是否漏气，调整口嘴和用鼻夹（或自己捏鼻孔）；学会深吸气（避免耸肩提气，应该像闻花式的慢吸气）。受试者进行一两次较平日深一些的呼吸动作后，更深地吸一口气，屏住气向口嘴处慢慢呼出至不能再呼为止，防止此时从口嘴处吸气，测试中不得中途二次吸气。吹气完毕后，液晶屏上最终显示的数字即为肺活量毫升值。每位受试者测3次，每次间隔15秒，记录3次数值，选取最大值作为测试结果（图3-3-3）。以毫升为单位，不保留小数。

图 3-3-3　肺活量测试

4. 注意事项

（1）电子肺活量计的计量部位的通畅和干燥是仪器准确的关键，吹气筒的导管必须在上方，以免口水或杂物堵住气道。

（2）每测试10人及测试完毕后用干棉球及时清理和擦干气筒内部。严禁用水、酒精等任何液体冲洗气筒内部。

（3）导气管存放时不能弯折。

（4）定期校对仪器。

（四）台阶试验

1. 测试目的

测试学生在定量负荷后心率变化情况，评价学生的心血管机能。

2. 场地器材

台阶或凳子、节拍器（或录音机及磁带）、秒表、台阶试验仪。

3. 测试方法

初中、高中和大学各年级男生用高 40 厘米台阶（或凳子），初中、高中和大学各年级女生及小学五、六年级男女生用高 35 厘米的台阶（或凳子）做踏台上、下运动。测试前测定安静时的脉搏，然后受试者做轻度的准备活动，主要是活动下肢关节。上、下台阶（或凳子）的频率是 30 次 / 分，因而节拍器的节律为 120 次 / 分（每上、下一次是四动）。受试者按节拍器的节律完成试验。

被测试者从预备姿势开始，完成以下动作：①被测试者一只脚踏在台阶上；②踏上台阶之后腿伸直成台上站立；③先踏台的脚先下地；④还原成预备姿势。用 2 秒上、下一次的速度（按节拍器的节律来做）连续做 3 分钟。做完后，保持静止休息状态，测量运动结束后的 1 分至 1 分半钟、2 分至 2 分半钟、3 分至 3 分半钟的 3 次脉搏数。并用下列公式求得评定指数，计算结果包含小数的，对小数点后的一位进行四舍五入，取整进行评分。

评定指数 = 踏台上、下运动的持续时间（秒）× 100 / 2 × 3 次测定脉搏的和

4. 注意事项

（1）心脏有病的学生不能参加测试。

（2）按 2 秒上、下一次的节律进行。当受试者跟不上节奏时应及时提醒，如果 3 次跟不上节奏应停止测试，以免发生伤害事故。

（3）上、下台阶时，膝、髋关节都应伸直。

（4）被测试者不可自己测量脉搏。

（5）如果受试者不能完成 3 分钟的负荷运动，以实际上、下台阶的持续时间进行计算，计算公式同上。

（五）50 米跑

1. 测试目的

测试学生速度、灵敏素质及神经系统灵活性的发展水平。

2. 场地器材

50 米直线跑道若干条，地面平坦，地质不限，跑道线要清楚。发令旗一面，口哨一个，秒表若干块（一道一表）。秒表使用前，应用标准秒表校正，每分钟误差不得超过 0.2 秒。标准秒表选定以北京时间为准，每小时误差不超过 0.3 秒。

3. 测试方法

受试者至少两人一组测试。站立起跑，受试者听到"跑"的口令后开始起跑。发令员在发出口令的同时要摆动发令旗。计时员视旗动开表计时，受试者躯干部到达终点线的垂直面停表。以秒为单位记录测试成绩，精确到小数点后一位，小数点后第二位数按非零进一原则进位，如 10.11 秒读成 10.2 秒记录。

4. 注意事项

（1）受试者测试最好穿运动鞋或平底布鞋，赤足亦可，但不得穿钉鞋、皮鞋、塑料凉鞋。

（2）发现有抢跑者，要当即召回重跑。

（3）如遇风时一律顺风跑。

（六）800 米或 1000 米跑

1. 测试目的

测试学生耐力素质的发展水平，特别是心血管呼吸系统的机能及肌肉耐力。

2. 场地器材

400 米、300 米、200 米田径场跑道，地质不限。也可使用其他不规则场地，但必须丈量准确，地面平坦。秒表若干块，使用前需要校正，要求同 50 米跑测试。

3. 测试方法

受试者至少两人一组进行测试，站立式起跑。当听到"跑"的口令后开始起跑。计时员看到旗动开表计时，当受试者的躯干部到达终点线垂直面时停表。以分、秒为单位记录测试成绩，不计小数。

注意事项和成绩记录方法同 50 米跑测试。

（七）立定跳远

1. 测试目的

测试学生下肢爆发力及身体协调能力的发展水平。

2. 场地器材

沙坑、丈量尺。沙面应与地面平齐，如无沙坑，可在土质松软的平地上进行。起跳线至沙坑近端不得少于 30 厘米。起跳地面要平坦，不得有坑凹。

3. 测试方法

受试者两脚自然分开站立，站在起跳线后，脚尖不得踩线（最好用线绳做起跳线）。两脚原地同时起跳，不得有垫步或连跳动作。丈量起跳线后缘至最近着地点后垂直距离。每人试跳 3 次，记录其中成绩最好的一次。以厘米为单位，不计小数。

4. 注意事项

（1）发现犯规时，此次成绩无效。3 次试跳均无成绩者，应允许再跳，直至取得成绩为止。

（2）可以赤足，但不得穿钉鞋、皮鞋、塑料凉鞋参加测试。

（八）引体向上

1. 测试目的

测试学生的上肢肌肉力量的发展水平。

2. 场地器材

高单杠或高横杠，杠粗以手能握住为准。

3. 测试方法

受试者跳起,双手正握杠,两手与肩同宽成直臂悬垂。静止后,两臂同时用力引体(身体不能有附加动作),上拉到下颌超过横杠上缘为完成一次(图3-3-4)。记录引体次数。

图 3-3-4　引体向上测试

4.注意事项

(1)受试者应双手正握单杠,待身体静止后开始测试。

(2)引体向上时,身体不得做大的摆动,也不得借助其他附加动作撑起。

(3)两次引体向上的间隔时间超过10秒停止测试。

(九)仰卧起坐

1.测试目的

测试学生的腹肌耐力。

2.场地器材

垫子若干块(或代用品),铺放平坦。

3.测试方法

受试者仰卧于垫子上,两腿稍分开,屈膝呈90°角左右,两手指交叉贴于脑后。另一同伴压住其踝关节,以固定下肢。受试者坐起时两肘触及或超过双膝为完成一次。仰卧时两肩胛必须触垫(图3-3-5)。测试人员发出"开始"口令的同时开表计时,记录1分钟内完成次数。1分钟到时,受试者虽已坐起但肘关节未达到双膝者不计该次数,精确到个位。

图 3-3-5　仰卧起坐测试

4.注意事项

(1)如发现受试者借用肘部撑垫或臀部起落的力量起坐时,该次不计数。

（2）测试过程中，观测人员应向受试者报数。

（3）受试者双脚必须放于垫子上。

（十）坐位体前屈

1. 测试目的

测量学生在静止状态下的躯干、腰、髋等关节可能达到的活动幅度，主要反映这些部位的关节、韧带和肌肉的伸展性和弹性及学生身体柔韧素质的发展水平。

2. 场地器材

坐位体前屈测试计。

3. 测试方法

受试者两腿伸直，两脚平蹬测试纵板坐在平地上，两脚分开 10～15 厘米，上体前屈，两臂伸直向前，用两手中指尖逐渐向前推动游标，直到不能前推为止（图 3-3-6）。测试计的脚蹬纵板内沿平面为 0 点，向内为负值，向前为正值。记录以厘米为单位，保留一位小数。测试两次，取最好成绩。

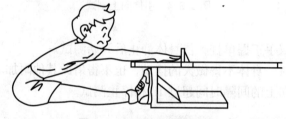

图 3-3-6　坐位体前屈测试

4. 注意事项

（1）身体前屈，两臂向前推游标时两腿不能弯曲。

（2）受试者应匀速向前推动游标，不得突然发力。

（十一）掷实心球

1. 测试目的

测试学生的上肢爆发力，适用于小学三年级以上学生。

2. 场地器材

长度在 30 米以上的平整场地一块，地质不限，在场地一端画一条直线作为起掷线。实心球若干，小学三至六年级测试球重为 1 千克，初中、高中、大学各年级测试球重为 2 千克。

3. 测试方法

测试时受试者站在起掷线后，两脚前后或左右开立，身体面对投掷方向，双手举球至头上方稍后仰，原地用力把球投向前方掷出。如两脚前后开立投掷，当球出手的同时后脚可向前迈出一步，但不得踩线。每人投 3 次，记录其中成绩最好的一次。记录以米为单位，取一位小数。丈量起掷线后缘至球着地点后缘之间的垂直距离。为了准确丈量成绩，应有专人负责观察实心球的着地点。

（十二）跳绳

1. 测试目的

测试学生的下肢爆发力和身体协调能力。

2. 场地器材

地面平整、干净的场地一块，地质不限。主要测试器材包括秒表、发令哨、各种长度的跳绳若干条。

3. 测试方法

两人一组，一人测试，一人记数。受试者将绳的长短调至适宜长度，听到开始信号后开始跳绳，动作规格为正摇双脚跳绳，每跳跃一次且摇绳一回环（一周圈），计为一次。听到结束信号后停止，测试员报数并记录受试者在 1 分钟内的跳绳次数。测试单位为次。

4. 注意事项

（1）小学低年级学生参加跳绳测试时，应由教师计数。

（2）测试过程中跳绳绊脚，除该次不计数外，应继续进行。

（十三）篮球运球

1. 测试目的

测试学生综合身体素质和篮球基本技能水平。测试年级为小学五、六年级及初中、高中、大学各年级。

2. 场地器材

测试场地长 20 米，宽 7 米，起点线后 5 米设置两列标志杆，标志杆距左右边线 3 米。各标志杆距杆 3 米，共 5 排杆，全长 20 米，并列的两杆间隔 1 米。测试器材包括秒表（使用前应进行校正，要求同 50 米跑）、发令哨、30 米卷尺、标志杆 10 根（杆高 1.2 米以上），篮球若干个。小学五、六年级采用小篮球，球重为 450～500 克，球圆周为 68～70 厘米；初中、高中和大学为篮球。测试用球应符合国家标准。

3. 测试方法

受试者在起点线后持球站立，听到出发口令后，按图中所示箭头方向单手运球依次过杆，高中学生和大学生每次过杆时需换手运球。发令员发令后开表计时，受试者与球均返回终点线时停表。每名受试者测两次，记录其中成绩最好的一次。以秒为单位记录测试成绩，精确到小数点后一位，小数点后第二位数按非零进一原则进位。

4. 注意事项

（1）测试中篮球脱手后，如球仍在测试场地内，受试者可自行捡回，并在脱手处继续运球，不停表。

（2）测试过程中出现以下现象均属犯规行为，取消当次成绩：出发时抢跑，运球过程中双手同时触球、膝盖以下部位触球、漏绕标志杆、碰倒标志杆、人或球出测试区域、未按图示要求完成全程路线、通过终点时人球分离等。

（3）受试者有两次测试机会，两次犯规无成绩者可再测直至取得成绩。

（十四）足球颠球

1. 测试目的

测试学生足球基本技能水平。测试年级为小学五、六年级。

2. 场地器材

坚实、平整场地一块。测试器材包括小足球若干个，球重为 280 ~ 310 克，球圆周为 54 ~ 56 厘米。

3. 测试方法

受试者在原地将球抛起，用脚背正面连续颠球，球落地则测试结束，按次计数。其他部位触球可作为调整，不计次数。每名受试者测两次，记录其中成绩最好的一次。测试单位为次。

4. 注意事项

受试者可用双脚交替或单脚连续颠球。

（十五）足球运球

1. 测试目的

测试学生足球基本技能水平，测试年级为中学和大学各年级。

2. 场地器材

在坚实、平整场地或足球场上进行，测试区域长 30 米、宽 10 米，起点线至第一杆距离为 5 米，各杆间距为 5 米，共设 5 根标志杆，标杆距两侧边线各 5 米。测试器材包括足球若干个（测试用球应符合国家标准）、秒表（使用前应进行校正，要求同 50 米跑）、30 米卷尺、5 根标志杆（杆高 1.2 米以上）。

3. 测试方法

受试者站在起点线后准备，听到出发口令后开始向前运球依次过杆，不得碰杆。受试者和球均越过终点线即为结束。发令员发令后开始计时，受试者与球均返回终点线时停表。每人跑两次，记录其中成绩最好的一次。以秒为单位记录测试成绩，精确到小数点后一位。小数点后第二位数按非零进一原则进位。

4. 注意事项

（1）测试过程中出现以下现象均属犯规行为，取消当次成绩：出发时抢跑、漏绕标志杆、碰倒标志杆、故意手球、未按要求完成全程路线。

（2）受试者有两次测试机会，两次犯规无成绩者可再测直至取得成绩。

（十六）排球垫球

1. 测试目的

测试学生排球基本技能水平。

2. 场地器材

在坚实、平坦的场地或排球场上进行，小学五、六年级的测试区域为 2.5 米 × 2.5 米，初中、高中和大学的测试区域为 3 米 × 3 米。小学五、六年级测试器材为软式排球，初中、高中、大学的测试器材为排球。测试用球应符合有关国家标准。

3.测试方法

受试者在规定的测试区域内原地将球抛起，个人连续正面双手垫球，要求手型正确、击球部位准确、达到规定的高度，球落地即为测试结束，按次计数。受试者每次垫球应达到的高度，小学五、六年级为 2 米，初中男生为 2.24 米，初中女生为 2 米，高中和大学男生为 2.43 米，高中和大学女生为 2.24 米。每名受试者测试两次，记录其中成绩最好的一次。测试单位为次。

4.注意事项

（1）测试过程中如出现以下现象均只作为调整，不计次数：采用传球等其他方式触球、测试区域之外触球、垫球高度不足。

（2）为方便判定垫球高度，可将排球场的球网调整到相应的高度，或者在测试区域外相距 0.5 米处插两根标杆，标杆顶端用橡皮筋或标志线相连，将标杆调整到相应的高度进行判定，测试时通过比较垫球的高度和球网或标志线的高度进行判定。

第四节 《国家学生体质健康标准》评价表

一、概述

1. 本标准坚持健康第一，落实《国家中长期教育改革和发展规划纲要（2010-2020 年）》《国务院办公厅转发教育部等部门关于进一步加强学校体育工作若干意见的通知》（国办发〔2012〕53 号）和《教育部关于印发〈学生体质健康监测评价办法〉等三个文件的通知》（教体艺〔2014〕3 号）的有关要求，着重提高《标准》应用的信度、效度和区分度，着重强化其激励教育、反馈调整和引导锻炼的功能，着重提高其教育监测和绩效评价的支撑能力。

2. 本标准从身体形态、身体机能和身体素质等方面综合评定学生的体质健康水平，是促进学生体质健康发展、激励学生积极进行身体锻炼的教育手段，是国家学生发展核心素养体系和学业质量标准的重要组成部分，是学生体质健康的个体评价标准。

3. 本标准将适用对象划分为以下组别：小学、初中、高中按每个年级为一组，其中小学为 6 组、初中为 3 组、高中为 3 组。大学一、二年级为一组，三、四年级为一组。

4. 小学、初中、高中、大学各组别的测试指标均为必测指标。其中，身体形态类中的身高、体重，身体机能类中的肺活量，以及身体素质类中的 50 米跑、坐位体前屈为各年级学生共性指标。

5. 本标准的学年总分由标准分与附加分之和构成，满分为 120 分。标准分由各单项指标得分与权重乘积之和组成，满分为 100 分。附加分根据实测成绩确定，即对成绩超过 100 分的加分指标进行加分，满分为 20 分。小学的加分指标为 1 分钟跳绳，加分幅度为 20 分；初中、高中和大学的加分指标为男生引体向上和 1000 米跑，女生 1 分钟仰卧起坐和 800 米跑，各指标加分幅度均为 10 分。

6. 根据学生学年总分评定等级：90.0 分及以上为优秀，80.0 ~ 89.9 分为良好，60.0 ~ 79.9 分为及格，59.9 分及以下为不及格。

7.学生测试成绩评定达到良好及以上者，方可参加评优与评奖；成绩达到优秀者，方可获体育奖学分。测试成绩评定不及格者，在本学年度准予补测一次，补测仍不及格，则学年成绩评定为不及格。普通高中、中等职业学校和普通高等学校学生毕业时，《标准》测试的成绩达不到 50 分者按结业或肄业处理。

8.学生因病或残疾可向学校提交暂缓或免予执行《标准》的申请，经医疗单位证明、体育教学部门核准，可暂缓或免予执行《标准》，并填写《免予执行〈国家学生体质健康标准〉申请表》，存入学生档案。确实丧失运动能力、被免予执行《标准》的残疾学生，仍可参加评优与评奖，毕业时《标准》成绩需注明免测。

9.各学校每学年开展覆盖本校各年级学生的《标准》测试工作，《标准》测试数据经当地教育行政部门按要求审核后，通过中国学生体质健康网上传至国家学生体质健康标准数据管理系统。测试和数据上传时间由教育行政部门确定。

二、单项指标与权重

测试对象	单项指标	权重（%）
小学一年级至大学四年级	体重指数（BMI）	15
	肺活量	15
小学一、二年级	50 米跑	20
	坐位体前屈	30
	1 分钟跳绳	20
小学三、四年级	50 米跑	20
	坐位体前屈	20
	1 分钟跳绳	20
	1 分钟仰卧起坐	10
小学五、六年级	50 米跑	20
	坐位体前屈	10
	1 分钟跳绳	10
	1 分钟仰卧起坐	20
	50 米 ×8 往返跑	10
初中、高中、大学各年级	50 米跑	20
	坐位体前屈	10
	立定跳远	10
	引体向上（男）/1 分钟仰卧起坐（女）	10
	1000 米跑（男）/800 米跑（女）	20

注：体重指数（BMI）= 体重（千克）/ 身高^2（米^2）。

三、评分表

（一）单项指标评分表

表 3-3-1 男生体重指数（BMI）单项评分表（单位：千克／米²）

等级	单项得分	一年级	二年级	三年级	四年级	五年级	六年级	初一	初二	初三	高一	高二	高三	大学
正常	100	13.5~18.1	13.7~18.4	13.9~19.4	14.2~20.1	14.4~21.4	14.7~21.8	15.5~22.1	15.7~22.5	15.8~22.8	16.5~23.2	16.8~23.7	17.3~23.8	17.9~23.9
低体重	80	≤13.4	≤13.6	≤13.8	≤14.1	≤14.3	≤14.6	≤15.4	≤15.6	≤15.7	≤16.4	≤16.7	≤17.2	≤17.8
超重	80	18.2~20.3	18.5~20.4	19.5~22.1	20.2~22.6	21.5~24.1	21.9~24.5	22.2~24.9	22.6~25.2	22.9~26.0	23.3~26.3	23.8~26.5	23.9~27.3	24.0~27.9
肥胖	60	≥20.4	≥20.5	≥22.2	≥22.7	≥24.2	≥24.6	≥25.0	≥25.3	≥26.1	≥26.4	≥26.6	≥27.4	≥28.0

表 3-3-2 女生体重指数（BMI）单项评分表（单位：千克／米²）

等级	单项得分	一年级	二年级	三年级	四年级	五年级	六年级	初一	初二	初三	高一	高二	高三	大学
正常	100	13.3~17.3	13.5~17.8	13.6~18.6	13.7~19.4	13.8~20.5	14.2~20.8	14.8~21.7	15.3~22.2	16.0~22.6	16.5~22.7	16.9~23.2	17.1~23.3	17.2~23.9
低体重	80	≤13.2	≤13.4	≤13.5	≤13.6	≤13.7	≤14.1	≤14.7	≤15.2	≤15.9	≤16.4	≤16.8	≤17.0	≤17.1
超重	80	17.4~19.2	17.9~20.2	18.7~21.1	19.5~22.0	20.6~22.9	20.9~23.6	21.8~24.4	22.3~24.8	22.7~25.1	22.8~25.2	23.3~25.4	23.4~25.7	24.0~27.9
肥胖	60	≥19.3	≥20.3	≥21.2	≥22.1	≥23.0	≥23.7	≥24.5	≥24.9	≥25.2	≥25.3	≥25.5	≥25.8	≥28.0

表 3-3-3 男生肺活量单项评分表（单位：毫升）

等级	单项得分	一年级	二年级	三年级	四年级	五年级	六年级	初一	初二	初三	高一	高二	高三	大一大二	大三大四
优秀	100	1700	2000	2300	2600	2900	3200	3640	3940	4240	4540	4740	4940	5040	5140
优秀	95	1600	1900	2200	2500	2800	3100	3520	3820	4120	4420	4620	4820	4920	5020
优秀	90	1500	1800	2100	2400	2700	3000	3400	3700	4000	4300	4500	4700	4800	4900
良好	85	1400	1650	1900	2150	2450	2750	3150	3450	3750	4050	4250	4450	4550	4650
良好	80	1300	1500	1700	1900	2200	2500	2900	3200	3500	3800	4000	4200	4300	4400
及格	78	1240	1430	1620	1820	2110	2400	2780	3080	3380	3680	3880	4080	4180	4280
及格	76	1180	1360	1540	1740	2020	2300	2660	2960	3260	3560	3760	3960	4060	4160
及格	74	1120	1290	1460	1660	1930	2200	2540	2840	3140	3440	3640	3840	3940	4040
及格	72	1060	1220	1380	1580	1840	2100	2420	2720	3020	3320	3520	3720	3820	3920
及格	70	1000	1150	1300	1500	1750	2000	2300	2600	2900	3200	3400	3600	3700	3800
及格	68	940	1080	1220	1420	1660	1900	2180	2480	2780	3080	3280	3480	3580	3680
及格	66	880	1010	1140	1340	1570	1800	2060	2360	2660	2960	3160	3360	3460	3560
及格	64	820	940	1060	1260	1480	1700	1940	2240	2540	2840	3040	3240	3340	3440
及格	62	760	870	980	1180	1390	1600	1820	2120	2420	2720	2920	3120	3220	3320
及格	60	700	800	900	1100	1300	1500	1700	2000	2300	2600	2800	3000	3100	3200
不及格	50	660	750	840	1030	1220	1410	1600	1890	2180	2470	2660	2850	2940	3030
不及格	40	620	700	780	960	1140	1320	1500	1780	2060	2340	2520	2700	2780	2860
不及格	30	580	650	720	890	1060	1230	1400	1670	1940	2210	2380	2550	2620	2690
不及格	20	540	600	660	820	980	1140	1300	1560	1820	2080	2240	2400	2460	2520
不及格	10	500	550	600	750	900	1050	1200	1450	1700	1950	2100	2250	2300	2350

表 3-3-4　女生肺活量单项评分表（单位：毫升）

等级	单项得分	一年级	二年级	三年级	四年级	五年级	六年级	初一	初二	初三	高一	高二	高三	大一大二	大三大四
优秀	100	1400	1600	1800	2000	2250	2500	2750	2900	3050	3150	3250	3350	3400	3450
	95	1300	1500	1700	1900	2150	2400	2650	2850	3000	3100	3200	3300	3350	3400
	90	1200	1400	1600	1800	2050	2300	2550	2800	2950	3050	3150	3250	3300	3350
良好	85	1100	1300	1500	1700	1950	2200	2450	2650	2800	2900	3000	3100	3150	3200
	80	1000	1200	1400	1600	1850	2100	2350	2500	2650	2750	2850	2950	3000	3050
及格	78	960	1150	1340	1530	1770	2010	2250	2400	2550	2650	2750	2850	2900	2950
	76	920	1100	1280	1460	1690	1920	2150	2300	2450	2550	2650	2750	2800	2850
	74	880	1050	1220	1390	1610	1830	2050	2200	2350	2450	2550	2650	2700	2750
	72	840	1000	1160	1320	1530	1740	1950	2100	2250	2350	2450	2550	2600	2650
	70	800	950	1100	1250	1450	1650	1850	2000	2150	2250	2350	2450	2500	2550
	68	760	900	1040	1180	1370	1560	1750	1900	2050	2150	2250	2350	2400	2450
	66	720	850	980	1110	1290	1470	1650	1800	1950	2050	2150	2250	2300	2350
	64	680	800	920	1040	1210	1380	1550	1700	1850	1950	2050	2150	2200	2250
	62	640	750	860	970	1130	1290	1450	1600	1750	1850	1950	2050	2100	2150
	60	600	700	800	900	1050	1200	1350	1500	1650	1750	1850	1950	2000	2050
不及格	50	580	680	780	880	1020	1170	1310	1460	1610	1710	1810	1910	1960	2010
	40	560	660	760	860	990	1140	1270	1420	1570	1670	1770	1870	1920	1970
	30	540	640	740	840	960	1110	1230	1380	1530	1630	1730	1830	1880	1930
	20	520	620	720	820	930	1080	1190	1340	1490	1590	1690	1790	1840	1890
	10	500	600	700	800	900	1050	1150	1300	1450	1550	1650	1750	1800	1850

表 3-3-5　男生 50 米跑单项评分表（单位：秒）

等级	单项得分	一年级	二年级	三年级	四年级	五年级	六年级	初一	初二	初三	高一	高二	高三	大一大二	大三大四
优秀	100	10.2	9.6	9.1	8.7	8.4	8.2	7.8	7.5	7.3	7.1	7.0	6.8	6.7	6.6
	95	10.3	9.7	9.2	8.8	8.5	8.3	7.9	7.6	7.4	7.2	7.1	6.9	6.8	6.7
	90	10.4	9.8	9.3	8.9	8.6	8.4	8.0	7.7	7.5	7.3	7.2	7.0	6.9	6.8
良好	85	10.5	9.9	9.4	9.0	8.7	8.5	8.1	7.8	7.6	7.4	7.3	7.1	7.0	6.9
	80	10.6	10.0	9.5	9.1	8.8	8.6	8.2	7.9	7.7	7.5	7.4	7.2	7.1	7.0
及格	78	10.8	10.2	9.7	9.3	9.0	8.8	8.4	8.1	7.9	7.7	7.6	7.4	7.3	7.2
	76	11.0	10.4	9.9	9.5	9.2	9.0	8.6	8.3	8.1	7.9	7.8	7.6	7.5	7.4
	74	11.2	10.6	10.1	9.7	9.4	9.2	8.8	8.5	8.3	8.1	8.0	7.8	7.7	7.6
	72	11.4	10.8	10.3	9.9	9.6	9.4	9.0	8.7	8.5	8.3	8.2	8.0	7.9	7.8
	70	11.6	11.0	10.5	10.1	9.8	9.6	9.2	8.9	8.7	8.5	8.4	8.2	8.1	8.0
	68	11.8	11.2	10.7	10.3	10.0	9.8	9.4	9.1	8.9	8.7	8.6	8.4	8.3	8.2
	66	12.0	11.4	10.9	10.5	10.2	10.0	9.6	9.3	9.1	8.9	8.8	8.6	8.5	8.4
	64	12.2	11.6	11.1	10.7	10.4	10.2	9.8	9.5	9.3	9.1	9.0	8.8	8.7	8.6
	62	12.4	11.8	11.3	10.9	10.6	10.4	10.0	9.7	9.5	9.3	9.2	9.0	8.9	8.8
	60	12.6	12.0	11.5	11.1	10.8	10.6	10.2	9.9	9.7	9.5	9.4	9.2	9.1	9.0
不及格	50	12.8	12.2	11.7	11.3	11.0	10.8	10.4	10.1	9.9	9.7	9.6	9.4	9.3	9.2
	40	13.0	12.4	11.9	11.5	11.2	11.0	10.6	10.3	10.1	9.9	9.8	9.6	9.5	9.4
	30	13.2	12.6	12.1	11.7	11.4	11.2	10.8	10.5	10.3	10.1	10.0	9.8	9.7	9.6
	20	13.4	12.8	12.3	11.9	11.6	11.4	11.0	10.7	10.5	10.3	10.2	10.0	9.9	9.8
	10	13.6	13.0	12.5	12.1	11.8	11.6	11.2	10.9	10.7	10.5	10.4	10.2	10.1	10.0

表 3-3-6　女生 50 米跑单项评分表（单位：秒）

等级	单项得分	一年级	二年级	三年级	四年级	五年级	六年级	初一	初二	初三	高一	高二	高三	大一大二	大三大四
优秀	100	11.0	10.0	9.2	8.7	8.3	8.2	8.1	8.0	7.9	7.8	7.7	7.6	7.5	7.4
	95	11.1	10.1	9.3	8.8	8.4	8.3	8.2	8.1	8.0	7.9	7.8	7.7	7.6	7.5
	90	11.2	10.2	9.4	8.9	8.5	8.4	8.3	8.2	8.1	8.0	7.9	7.8	7.7	7.6
良好	85	11.5	10.5	9.7	9.2	8.8	8.7	8.6	8.5	8.4	8.3	8.2	8.1	8.0	7.9
	80	11.8	10.8	10.0	9.5	9.1	9.0	8.9	8.8	8.7	8.6	8.5	8.4	8.3	8.2
及格	78	12.0	11.0	10.2	9.7	9.3	9.2	9.1	9.0	8.9	8.8	8.7	8.6	8.5	8.4
	76	12.2	11.2	10.4	9.9	9.5	9.4	9.3	9.2	9.1	9.0	8.9	8.8	8.7	8.6
	74	12.4	11.4	10.6	10.1	9.7	9.6	9.5	9.4	9.3	9.2	9.1	9.0	8.9	8.8
	72	12.6	11.6	10.8	10.3	9.9	9.8	9.7	9.6	9.5	9.4	9.3	9.2	9.1	9.0
	70	12.8	11.8	11.0	10.5	10.1	10.0	9.9	9.8	9.7	9.6	9.5	9.4	9.3	9.2
	68	13.0	12.0	11.2	10.7	10.3	10.2	10.1	10.0	9.9	9.8	9.7	9.6	9.5	9.4
	66	13.2	12.2	11.4	10.9	10.5	10.4	10.3	10.2	10.1	10.0	9.9	9.8	9.7	9.6
	64	13.4	12.4	11.6	11.1	10.7	10.6	10.5	10.4	10.3	10.2	10.1	10.0	9.9	9.8
	62	13.6	12.6	11.8	11.3	10.9	10.8	10.7	10.6	10.5	10.4	10.3	10.2	10.1	10.0
	60	13.8	12.8	12.0	11.5	11.1	11.0	10.9	10.8	10.7	10.6	10.5	10.4	10.3	10.2
不及格	50	14.0	13.0	12.2	11.7	11.3	11.2	11.1	11.0	10.9	10.8	10.7	10.6	10.5	10.4
	40	14.2	13.2	12.4	11.9	11.5	11.4	11.3	11.2	11.1	11.0	10.9	10.8	10.7	10.6
	30	14.4	13.4	12.6	12.1	11.7	11.6	11.5	11.4	11.3	11.2	11.1	11.0	10.9	10.8
	20	14.6	13.6	12.8	12.3	11.9	11.8	11.7	11.6	11.5	11.4	11.3	11.2	11.1	11.0
	10	14.8	13.8	13.0	12.5	12.1	12.0	11.9	11.8	11.7	11.6	11.5	11.4	11.3	11.2

表 3-3-7　男生坐位体前屈单项评分表（单位：厘米）

等级	单项得分	一年级	二年级	三年级	四年级	五年级	六年级	初一	初二	初三	高一	高二	高三	大一大二	大三大四
优秀	100	16.1	16.2	16.3	16.4	16.5	16.6	17.6	19.6	21.6	23.6	24.3	24.6	24.9	25.1
	95	14.6	14.7	14.9	15.0	15.2	15.3	15.9	17.7	19.7	21.5	22.4	22.8	23.1	23.3
	90	13.0	13.2	13.4	13.6	13.8	14.0	14.2	15.8	17.8	19.4	20.5	21.0	21.3	21.5
良好	85	12.0	11.9	11.8	11.7	11.6	11.5	12.3	13.7	15.8	17.2	18.3	19.1	19.5	19.9
	80	11.0	10.6	10.2	9.8	9.4	9.0	10.4	11.6	13.8	15.0	16.1	17.2	17.7	18.2
及格	78	9.9	9.5	9.1	8.6	8.2	7.7	9.1	10.3	12.4	13.6	14.7	15.8	16.3	16.8
	76	8.8	8.4	8.0	7.4	7.0	6.4	7.8	9.0	11.0	12.2	13.3	14.4	14.9	15.4
	74	7.7	7.3	6.9	6.2	5.8	5.1	6.5	7.7	9.6	10.8	11.9	13.0	13.5	14.0
	72	6.6	6.2	5.8	5.0	4.6	3.8	5.2	6.4	8.2	9.4	10.5	11.6	12.1	12.6
	70	5.5	5.1	4.7	3.8	3.4	2.5	3.9	5.1	6.8	8.0	9.1	10.2	10.7	11.2
	68	4.4	4.0	3.6	2.6	2.2	1.2	2.6	3.8	5.4	6.6	7.7	8.8	9.3	9.8
	66	3.3	2.9	2.5	1.4	1.0	−0.1	1.3	2.5	4.0	5.2	6.3	7.4	7.9	8.4
	64	2.2	1.8	1.4	0.2	−0.2	−1.4	0.0	1.2	2.6	3.8	4.9	6.0	6.5	7.0
	62	1.1	0.7	0.3	−1.0	−1.4	−2.7	−1.3	−0.1	1.2	2.4	3.5	4.6	5.1	5.6
	60	0.0	−0.4	−0.8	−2.2	−2.6	−4.0	−2.6	−1.4	−0.2	1.0	2.1	3.2	3.7	4.2
不及格	50	−0.8	−1.2	−1.6	−3.2	−3.6	−5.0	−3.8	−2.6	−1.4	0.0	1.1	2.2	2.7	3.2
	40	−1.6	−2.0	−2.4	−4.2	−4.6	−6.0	−5.0	−3.8	−2.6	−1.0	0.1	1.2	1.7	2.2
	30	−2.4	−2.8	−3.2	−5.2	−5.6	−7.0	−6.2	−5.0	−3.8	−2.0	−0.9	0.2	0.7	1.2
	20	−3.2	−3.6	−4.0	−6.2	−6.6	−8.0	−7.4	−6.2	−5.0	−3.0	−1.9	−0.8	−0.3	0.2
	10	−4.0	−4.4	−4.8	−7.2	−7.6	−9.0	−8.6	−7.4	−6.2	−4.0	−2.9	−1.8	−1.3	−0.8

表 3-3-8　女生坐位体前屈单项评分表（单位：厘米）

等级	单项得分	一年级	二年级	三年级	四年级	五年级	六年级	初一	初二	初三	高一	高二	高三	大一大二	大三大四
优秀	100	18.6	18.9	19.2	19.5	19.8	19.9	21.8	22.7	23.5	24.2	24.8	25.3	25.8	26.3
	95	17.3	17.6	17.9	18.1	18.5	18.7	20.1	21.0	21.8	22.5	23.1	23.6	24.0	24.4
	90	16.0	16.3	16.6	16.9	17.2	17.5	18.4	19.3	20.1	20.8	21.4	21.9	22.2	22.4
良好	85	14.7	14.8	14.9	15.0	15.1	15.2	16.7	17.6	18.4	19.1	19.7	20.2	20.6	21.0
	80	13.4	13.3	13.2	13.1	13.0	12.9	15.0	15.9	16.7	17.4	18.0	18.5	19.0	19.5
及格	78	12.3	12.2	12.1	12.0	11.9	11.8	13.7	14.6	15.4	16.1	16.7	17.2	17.7	18.2
	76	11.2	11.1	11.0	10.9	10.8	10.7	12.4	13.3	14.1	14.8	15.4	15.9	16.4	16.9
	74	10.1	10.0	9.9	9.8	9.7	9.6	11.1	12.0	12.8	13.5	14.1	14.6	15.1	15.6
	72	9.0	8.9	8.8	8.7	8.6	8.5	9.8	10.7	11.5	12.2	12.8	13.3	13.8	14.3
	70	7.9	7.8	7.7	7.6	7.5	7.4	8.5	9.4	10.2	10.9	11.5	12.0	12.5	13.0
	68	6.8	6.7	6.6	6.5	6.4	6.3	7.2	8.1	8.9	9.6	10.2	10.7	11.2	11.7
	66	5.7	5.6	5.5	5.4	5.3	5.2	5.9	6.8	7.6	8.3	8.9	9.4	9.9	10.4
	64	4.6	4.5	4.4	4.3	4.2	4.1	4.6	5.5	6.3	7.0	7.6	8.1	8.6	9.1
	62	3.5	3.4	3.3	3.2	3.1	3.0	3.3	4.2	5.0	5.7	6.3	6.8	7.3	7.8
	60	2.4	2.3	2.2	2.1	2.0	1.9	2.0	2.9	3.7	4.4	5.0	5.5	6.0	6.5
不及格	50	1.6	1.5	1.4	1.3	1.2	1.1	1.2	2.1	2.9	3.6	4.2	4.7	5.2	5.7
	40	0.8	0.7	0.6	0.5	0.4	0.3	0.4	1.3	2.1	2.8	3.4	3.9	4.4	4.9
	30	0.0	−0.1	−0.2	−0.3	−0.4	−0.5	−0.4	0.5	1.3	2.0	2.6	3.1	3.6	4.1
	20	−0.8	−0.9	−1.0	−1.1	−1.2	−1.3	−1.2	−0.3	0.5	1.2	1.8	2.3	2.8	3.3
	10	−1.6	−1.7	−1.8	−1.9	−2.0	−2.1	−2.0	−1.1	−0.3	0.4	1.0	1.5	2.0	2.5

表 3-3-9　男生一分钟跳绳单项评分表（单位：次）

等级	单项得分	一年级	二年级	三年级	四年级	五年级	六年级
优秀	100	109	117	126	137	148	157
	95	104	112	121	132	143	152
	90	99	107	116	127	138	147
良好	85	93	101	110	121	132	141
	80	87	95	104	115	126	135
及格	78	80	88	97	108	119	128
	76	73	81	90	101	112	121
	74	66	74	83	94	105	114
	72	59	67	76	87	98	107
	70	52	60	69	80	91	100
	68	45	53	62	73	84	93
	66	38	46	55	66	77	86
	64	31	39	48	59	70	79
	62	24	32	41	52	63	72
	60	17	25	34	45	56	65
不及格	50	14	22	31	42	53	62
	40	11	19	28	39	50	59
	30	8	16	25	36	47	56
	20	5	13	22	33	44	53
	10	2	10	19	30	41	50

表 3-3-10　女生一分钟跳绳单项评分表（单位：次）

等级	单项得分	一年级	二年级	三年级	四年级	五年级	六年级
优秀	100	117	127	139	149	158	166
	95	110	120	132	142	151	159
	90	103	113	125	135	144	152
良好	85	95	105	117	127	136	144
	80	87	97	109	119	128	136
及格	78	80	90	102	112	121	129
	76	73	83	95	105	114	122
	74	66	76	88	98	107	115
	72	59	69	81	91	100	108
	70	52	62	74	84	93	101
	68	45	55	67	77	86	94
	66	38	48	60	70	79	87
	64	31	41	53	63	72	80
	62	24	34	46	56	65	73
	60	17	27	39	49	58	66
不及格	50	14	24	36	46	55	63
	40	11	21	33	43	52	60
	30	8	18	30	40	49	57
	20	5	15	27	37	46	54
	10	2	12	24	34	43	51

表 3-3-11　男生立定跳远单项评分表（单位：厘米）

等级	单项得分	初一	初二	初三	高一	高二	高三	大一大二	大三大四
优秀	100	225	240	250	260	265	270	273	275
	95	218	233	245	255	260	265	268	270
	90	211	226	240	250	255	260	263	265
良好	85	203	218	233	243	248	253	256	258
	80	195	210	225	235	240	245	248	250
及格	78	191	206	221	231	236	241	244	246
	76	187	202	217	227	232	237	240	242
	74	183	198	213	223	228	233	236	238
	72	179	194	209	219	224	229	232	234
	70	175	190	205	215	220	225	228	230
	68	171	186	201	211	216	221	224	226
	66	167	182	197	207	212	217	220	222
	64	163	178	193	203	208	213	216	218
	62	159	174	189	199	204	209	212	214
	60	155	170	185	195	200	205	208	210
不及格	50	150	165	180	190	195	200	203	205
	40	145	160	175	185	190	195	198	200
	30	140	155	170	180	185	190	193	195
	20	135	150	165	175	180	185	188	190
	10	130	145	160	170	175	180	183	185

表 3-3-12　女生立定跳远单项评分表（单位：厘米）

等级	单项得分	初一	初二	初三	高一	高二	高三	大一大二	大三大四
优秀	100	196	200	202	204	205	206	207	208
	95	190	194	196	198	199	200	201	202
	90	184	188	190	192	193	194	195	196
良好	85	177	181	183	185	186	187	188	189
	80	170	174	176	178	179	180	181	182
及格	78	167	171	173	175	176	177	178	179
	76	164	168	170	172	173	174	175	176
	74	161	165	167	169	170	171	172	173
	72	158	162	164	166	167	168	169	170
	70	155	159	161	163	164	165	166	167
	68	152	156	158	160	161	162	163	164
	66	149	153	155	157	158	159	160	161
	64	146	150	152	154	155	156	157	158
	62	143	147	149	151	152	153	154	155
	60	140	144	146	148	149	150	151	152
不及格	50	135	139	141	143	144	145	146	147
	40	130	134	136	138	139	140	141	142
	30	125	129	131	133	134	135	136	137
	20	120	124	126	128	129	130	131	132
	10	115	119	121	123	124	125	126	127

表 3-3-13　男生一分钟仰卧起坐、引体向上单项评分表（单位：次）

等级	单项得分	三年级	四年级	五年级	六年级	初一	初二	初三	高一	高二	高三	大一大二	大三大四
优秀	100	48	49	50	51	13	14	15	16	17	18	19	20
	95	45	46	47	48	12	13	14	15	16	17	18	19
	90	42	43	44	45	11	12	13	14	15	16	17	18
良好	85	39	40	41	42	10	11	12	13	14	15	16	17
	80	36	37	38	39	9	10	11	12	13	14	15	16
及格	78	34	35	36	37								
	76	32	33	34	35	8	9	10	11	12	13	14	15
	74	30	31	32	33								
	72	28	29	30	31	7	8	9	10	11	12	13	14
	70	26	27	28	29								
	68	24	25	26	27	6	7	8	9	10	11	12	13
	66	22	23	24	25								
	64	20	21	22	23	5	6	7	8	9	10	11	12
	62	18	19	20	21								
	60	16	17	18	19	4	5	6	7	8	9	10	11
不及格	50	14	15	16	17	3	4	5	6	7	8	9	10
	40	12	13	14	15	2	3	4	5	6	7	8	9
	30	10	11	12	13	1	2	3	4	5	6	7	8
	20	8	9	10	11		1	2	3	4	5	6	7
	10	6	7	8	9			1	2	3	4	5	6

注：小学三年级至六年级为一分钟仰卧起坐。初中、高中、大学为引体向上。

表 3-3-14　女生一分钟仰卧起坐单项评分表（单位：次）

等级	单项得分	三年级	四年级	五年级	六年级	初一	初二	初三	高一	高二	高三	大一大二	大三大四
优秀	100	46	47	48	49	50	51	52	53	54	55	56	57
	95	44	45	46	47	48	49	50	51	52	53	54	55
	90	42	43	44	45	46	47	48	49	50	51	52	53
良好	85	39	40	41	42	43	44	45	46	47	48	49	50
	80	36	37	38	39	40	41	42	43	44	45	46	47
及格	78	34	35	36	37	38	39	40	41	42	43	44	45
	76	32	33	34	35	36	37	38	39	40	41	42	43
	74	30	31	32	33	34	35	36	37	38	39	40	41
	72	28	29	30	31	32	33	34	35	36	37	38	39
	70	26	27	28	29	30	31	32	33	34	35	36	37
	68	24	25	26	27	28	29	30	31	32	33	34	35
	66	22	23	24	25	26	27	28	29	30	31	32	33
	64	20	21	22	23	24	25	26	27	28	29	30	31
	62	18	19	20	21	22	23	24	25	26	27	28	29
	60	16	17	18	19	20	21	22	23	24	25	26	27
不及格	50	14	15	16	17	18	19	20	21	22	23	24	25
	40	12	13	14	15	16	17	18	19	20	21	22	23
	30	10	11	12	13	14	15	16	17	18	19	20	21
	20	8	9	10	11	12	13	14	15	16	17	18	19
	10	6	7	8	9	10	11	12	13	14	15	16	17

表 3-3-15　男生耐力跑单项评分表（单位：分·秒）

等级	单项得分	五年级	六年级	初一	初二	初三	高一	高二	高三	大一大二	大三大四
优秀	100	1'36"	1'30"	3'55"	3'50"	3'40"	3'30"	3'25"	3'20"	3'17"	3'15"
	95	1'39"	1'33"	4'05"	3'55"	3'45"	3'35"	3'30"	3'25"	3'22"	3'20"
	90	1'42"	1'36"	4'15"	4'00"	3'50"	3'40"	3'35"	3'30"	3'27"	3'25"
良好	85	1'45"	1'39"	4'22"	4'07"	3'57"	3'47"	3'42"	3'37"	3'34"	3'32"
	80	1'48"	1'42"	4'30"	4'15"	4'05"	3'55"	3'50"	3'45"	3'42"	3'40"
及格	78	1'51"	1'45"	4'35"	4'20"	4'10"	4'00"	3'55"	3'50"	3'47"	3'45"
	76	1'54"	1'48"	4'40"	4'25"	4'15"	4'05"	4'00"	3'55"	3'52"	3'50"
	74	1'57"	1'51"	4'45"	4'30"	4'20"	4'10"	4'05"	4'00"	3'57"	3'55"
	72	2'00"	1'54"	4'50"	4'35"	4'25"	4'15"	4'10"	4'05"	4'02"	4'00"
	70	2'03"	1'57"	4'55"	4'40"	4'30"	4'20"	4'15"	4'10"	4'07"	4'05"
	68	2'06"	2'00"	5'00"	4'45"	4'35"	4'25"	4'20"	4'15"	4'12"	4'10"
	66	2'09"	2'03"	5'05"	4'50"	4'40"	4'30"	4'25"	4'20"	4'17"	4'15"
	64	2'12"	2'06"	5'10"	4'55"	4'45"	4'35"	4'30"	4'25"	4'22"	4'20"
	62	2'15"	2'09"	5'15"	5'00"	4'50"	4'40"	4'35"	4'30"	4'27"	4'25"
	60	2'18"	2'12"	5'20"	5'05"	4'55"	4'45"	4'40"	4'35"	4'32"	4'30"
不及格	50	2'22"	2'16"	5'40"	5'25"	5'15"	5'05"	5'00"	4'55"	4'52"	4'50"
	40	2'26"	2'20"	6'00"	5'45"	5'35"	5'25"	5'20"	5'15"	5'12"	5'10"
	30	2'30"	2'24"	6'20"	6'05"	5'55"	5'45"	5'40"	5'35"	5'32"	5'30"
	20	2'34"	2'28"	6'40"	6'25"	6'15"	6'05"	6'00"	5'55"	5'52"	5'50"
	10	2'38"	2'32"	7'00"	6'45"	6'35"	6'25"	6'20"	6'15"	6'12"	6'10"

表 3-3-16 女生耐力跑单项评分表（单位：分·秒）

等级	单项得分	五年级	六年级	初一	初二	初三	高一	高二	高三	大一大二	大三大四
优秀	100	1'41"	1'37"	3'35"	3'30"	3'25"	3'24"	3'22"	3'20"	3'18"	3'16"
	95	1'44"	1'40"	3'42"	3'37"	3'32"	3'30"	3'28"	3'26"	3'24"	3'22"
	90	1'47"	1'43"	3'49"	3'44"	3'39"	3'36"	3'34"	3'32"	3'30"	3'28"
良好	85	1'50"	1'46"	3'57"	3'52"	3'47"	3'43"	3'41"	3'39"	3'37"	3'35"
	80	1'53"	1'49"	4'05"	4'00"	3'55"	3'50"	3'48"	3'46"	3'44"	3'42"
及格	78	1'56"	1'52"	4'10"	4'05"	4'00"	3'55"	3'53"	3'51"	3'49"	3'47"
	76	1'59"	1'55"	4'15"	4'10"	4'05"	4'00"	3'58"	3'56"	3'54"	3'52"
	74	2'02"	1'58"	4'20"	4'15"	4'10"	4'05"	4'03"	4'01"	3'59"	3'57"
	72	2'05"	2'01"	4'25"	4'20"	4'15"	4'10"	4'08"	4'06"	4'04"	4'02"
	70	2'08"	2'04"	4'30"	4'25"	4'20"	4'15"	4'13"	4'11"	4'09"	4'07"
	68	2'11"	2'07"	4'35"	4'30"	4'25"	4'20"	4'18"	4'16"	4'14"	4'12"
	66	2'14"	2'10"	4'40"	4'35"	4'30"	4'25"	4'23"	4'21"	4'19"	4'17"
	64	2'17"	2'13"	4'45"	4'40"	4'35"	4'30"	4'28"	4'26"	4'24"	4'22"
	62	2'20"	2'16"	4'50"	4'45"	4'40"	4'35"	4'33"	4'31"	4'29"	4'27"
	60	2'23"	2'19"	4'55"	4'50"	4'45"	4'40"	4'38"	4'36"	4'34"	4'32"
不及格	50	2'27"	2'23"	5'05"	5'00"	4'55"	4'50"	4'48"	4'46"	4'44"	4'42"
	40	2'31"	2'27"	5'15"	5'10"	5'05"	5'00"	4'58"	4'56"	4'54"	4'52"
	30	2'35"	2'31"	5'25"	5'20"	5'15"	5'10"	5'08"	5'06"	5'04"	5'02"
	20	2'39"	2'35"	5'35"	5'30"	5'25"	5'20"	5'18"	5'16"	5'14"	5'12"
	10	2'43"	2'39"	5'45"	5'40"	5'35"	5'30"	5'28"	5'26"	5'24"	5'22"

注：小学五年级、六年级为 50 米 ×8 往返跑。初中、高中、大学为 800 米跑。

（二）加分指标评分表

表 3-3-17 男生一分钟跳绳评分表（单位：次）

加分	一年级	二年级	三年级	四年级	五年级	六年级
20	40	40	40	40	40	40
19	38	38	38	38	38	38
18	36	36	36	36	36	36
17	34	34	34	34	34	34
16	32	32	32	32	32	32
15	30	30	30	30	30	30
14	28	28	28	28	28	28
13	26	26	26	26	26	26
12	24	24	24	24	24	24
11	22	22	22	22	22	22
10	20	20	20	20	20	20
9	18	18	18	18	18	18
8	16	16	16	16	16	16
7	14	14	14	14	14	14
6	12	12	12	12	12	12
5	10	10	10	10	10	10
4	8	8	8	8	8	8
3	6	6	6	6	6	6
2	4	4	4	4	4	4
1	2	2	2	2	2	2

注：一分钟跳绳为高优指标，学生成绩超过单项评分 100 分后，以超过的次数所对应的分数进行加分。

表 3-3-18 女生一分钟跳绳评分表（单位：次）

加分	一年级	二年级	三年级	四年级	五年级	六年级
20	40	40	40	40	40	40
19	38	38	38	38	38	38
18	36	36	36	36	36	36
17	34	34	34	34	34	34
16	32	32	32	32	32	32
15	30	30	30	30	30	30
14	28	28	28	28	28	28
13	26	26	26	26	26	26
12	24	24	24	24	24	24
11	22	22	22	22	22	22
10	20	20	20	20	20	20
9	18	18	18	18	18	18
8	16	16	16	16	16	16
7	14	14	14	14	14	14
6	12	12	12	12	12	12
5	10	10	10	10	10	10
4	8	8	8	8	8	8
3	6	6	6	6	6	6
2	4	4	4	4	4	4
1	2	2	2	2	2	2

注：一分钟跳绳为高优指标，学生成绩超过单项评分 100 分后，以超过的次数所对应的分数进行加分。

表 3-3-19 男生引体向上评分表（单位：次）

加分	初一	初二	初三	高一	高二	高三	大一 大二	大三 大四
10	10	10	10	10	10	10	10	10
9	9	9	9	9	9	9	9	9
8	8	8	8	8	8	8	8	8
7	7	7	7	7	7	7	7	7
6	6	6	6	6	6	6	6	6
5	5	5	5	5	5	5	5	5
4	4	4	4	4	4	4	4	4
3	3	3	3	3	3	3	3	3
2	2	2	2	2	2	2	2	2
1	1	1	1	1	1	1	1	1

表 3-3-20 女生一分钟仰卧起坐评分表（单位：次）

加分	初一	初二	初三	高一	高二	高三	大一 大二	大三 大四
10	13	13	13	13	13	13	13	13
9	12	12	12	12	12	12	12	12
8	11	11	11	11	11	11	11	11
7	10	10	10	10	10	10	10	10
6	9	9	9	9	9	9	9	9
5	8	8	8	8	8	8	8	8
4	7	7	7	7	7	7	7	7
3	6	6	6	6	6	6	6	6
2	4	4	4	4	4	4	4	4
1	2	2	2	2	2	2	2	2

注：引体向上、一分钟仰卧起坐均为高优指标，学生成绩超过单项评分 100 分后，以超过的次数所对应的分数进行加分。

表 3-3-21　男生 1000 米跑评分表（单位：分·秒）

加分	初一	初二	初三	高一	高二	高三	大一 大二	大三 大四
10	−35″	−35″	−35″	−35″	−35″	−35″	−35″	−35″
9	−32″	−32″	−32″	−32″	−32″	−32″	−32″	−32″
8	−29″	−29″	−29″	−29″	−29″	−29″	−29″	−29″
7	−26″	−26″	−26″	−26″	−26″	−26″	−26″	−26″
6	−23″	−23″	−23″	−23″	−23″	−23″	−23″	−23″
5	−20″	−20″	−20″	−20″	−20″	−20″	−20″	−20″
4	−16″	−16″	−16″	−16″	−16″	−16″	−16″	−16″
3	−12″	−12″	−12″	−12″	−12″	−12″	−12″	−12″
2	−8″	−8″	−8″	−8″	−8″	−8″	−8″	−8″
1	−4″	−4″	−4″	−4″	−4″	−4″	−4″	−4″

表 3-3-22　女生 800 米跑评分表（单位：分·秒）

加分	初一	初二	初三	高一	高二	高三	大一 大二	大三 大四
10	−50″	−50″	−50″	−50″	−50″	−50″	−50″	−50″
9	−45″	−45″	−45″	−45″	−45″	−45″	−45″	−45″
8	−40″	−40″	−40″	−40″	−40″	−40″	−40″	−40″
7	−35″	−35″	−35″	−35″	−35″	−35″	−35″	−35″
6	−30″	−30″	−30″	−30″	−30″	−30″	−30″	−30″
5	−25″	−25″	−25″	−25″	−25″	−25″	−25″	−25″
4	−20″	−20″	−20″	−20″	−20″	−20″	−20″	−20″
3	−15″	−15″	−15″	−15″	−15″	−15″	−15″	−15″
2	−10″	−10″	−10″	−10″	−10″	−10″	−10″	−10″
1	−5″	−5″	−5″	−5″	−5″	−5″	−5″	−5″

　　注：1000 米跑、800 米跑均为低优指标，学生成绩低于单项评分 100 分后，以减少的秒数所对应的分数进行加分。

运动技能教学篇

第四章　田径

　　田径运动是一项历史悠久而且非常普及的体育运动，由多个运动项目组成，以不同形式反映人体运动中的基本能力，可以说是各项运动的基础，因此享有"运动之母"之称。它是奥运会的主要竞赛项目，田径与游泳、射击被视为奥运金牌三大项目。田径运动是奥运金牌最多的项目，"得田径者得天下"也由此而来。本章主要从田径运动概述、田径运动教学理论与方法、田径竞赛规则与裁判法简介、田径运动损伤的类型及预防四个方面对田径运动的基本内涵加以描述。

第一节　田径运动概述

一、田径运动的起源与发展

　　田径运动是随着人类社会的发展逐步产生和发展起来的。在远古时代，人们为了生存和获得生活资料，在与大自然的斗争中，逐步形成了走、跑、跳跃、投掷等各种生活技能，并代代相传，产生了模仿跑得快、跳得高、跳得远、投得准、投得远的动作。

　　公元前 776 年在希腊奥林匹克村举行的第一届古代奥运会上，就有短跑比赛，以后又逐渐增加了跳跃、投掷等比赛项目。1896 年在希腊雅典举行的第一届近代奥林匹克运动会上，田径被列为主要比赛项目，并按单项设奖，同时规定每四年举行一次。

　　我国最早的田径比赛是 1890 年在上海教会学校圣约翰书院举行的以田径为主要项目的运动会。1913 年我国第一次参加了远东运动会田径比赛。在新中国成立前的半个世纪里，我国举行了七届全国运动会，随后又参加了十届远东运动会。但是，旧中国劳动人民生活水平低，田径运动得不到发展，田径成绩十分落后。

　　新中国成立后，党和国家非常重视体育运动。随着国民经济的发展，我国田径运动得以蓬勃发展。在高校体育教学中，在《国家体育锻炼标准》中，田径项目被列为主要内容。当今世界正面临着一场全方位的科技革命，以信息技术、生物技术、新材料技术、新能源技术、基因工程技术、空间技术为主体的新科技群形成，其高科技成果已逐渐被引用于现代竞技体育运动中，现代体育进入了科技体育的大数据新时代。

　　现代科技对群众体育进行科学研究和科学指导，使群众体育锻炼科学化，增强了人们的体质，同时更激发了人们从事体育活动的积极性。现代科技在运动场上的运用，使体育比赛更加精彩、激烈，更加引人入胜。

二、田径运动的概念及项目分类

　　竞走、赛跑、跨栏跑、接力跑和越野跑、障碍跑等用时间计算成绩的田径运动是以走、跑、跳跃等动作组成的锻炼身体的手段，或按规定的规则进行比赛的运动项目。《国际业余田径联合会章程》第一条将田径运动定义为：田径运动是由田赛和径赛、公路赛、竞走和越野赛组成的运动项目。

　　人们通常把田径运动中以时间计算成绩的竞走和跑的项目称为径赛，把跳跃（跳高、跳远、三级跳远、撑竿跳高）和投掷（推铅球、掷铁饼、投标枪、掷链球）等用高度或距离长度计算成绩的项目称为田赛；全能项目是由跑、跳、投三类中的一些项目组成的一种多项比赛运动，它有严格的比赛项目顺序和休息时间的规定，各项成绩最后要换算成相应的分数来决定最终比赛成绩。

　　田径运动的特点是项目多、影响大。国际业余田径联合会至今承认的有世界纪录的田径运动项目已达 150 多项。以下是田径运动主要比赛项目分类。

（一）竞走

　　场地竞走：男子 10 公里、20 公里；女子 5 公里、10 公里。

　　公路竞走：男子 20 公里、50 公里；女子 10 公里、20 公里。

（二）跑类

　　短跑：100 米、200 米、400 米。

　　中跑：800 米、1500 米。

　　长跑：3000 米、5000 米、10000 米。

　　其他形式的长跑或超长跑：马拉松跑、越野跑、公路跑。

　　接力跑：4×100 米、4×400 米、4×800 米、公路接力跑。

　　障碍跑：3000 米障碍跑。

　　跨栏跑：男子 110 米栏、400 米栏；女子 100 米栏、400 米栏。

（三）跳跃类

　　跳高、撑竿跳高、跳远、三级跳远。

（四）投掷类

　　铅球、铁饼、标枪、链球。

（五）全能类

　　男子十项全能：100 米、跳远、铅球、跳高、400 米、110 米栏、铁饼、撑竿跳高、标枪、1500 米。女子七项全能：100 米栏、跳高、铅球、200 米、跳远、标枪、800 米。

第二节 田径基本技术教学理论与方法

一、跑

跑是人体水平位移的一种基本运动形式，是单脚支撑与腾空相互交替、蹬与摆相互配合的周期性运动。

（一）短跑

短跑是人的快速能力的重要标志。短跑是以无氧代谢方式供能跑完全程的极限强度项目。比赛项目包括男、女 100 米，200 米，400 米，4×100 米接力，4×400 米接力，室内和少年比赛的距离还有 60 米和 300 米。短跑是发展速度素质最有效的手段，是许多田径项目以及其他一些运动项目的基础。各种身高和身体形态的运动员在短跑中都取得过好成绩，但通常都是身体素质较好、力量强、动作灵敏的运动员。短跑全程技术按技术动作的变化可分为起跑、起跑后加速跑、途中跑和终点跑四部分。

1. 100 米跑的技术

100 米跑的技术可分为起跑、起跑后的加速跑、途中跑和终点跑。

（1）起跑

规则规定短跑比赛必须采用蹲踞式起跑，并必须使用起跑器。起跑器的安装方法有"普通式"和"拉长式"两种。两种起跑器的安装都需要根据参赛者的体型、训练程度和技术水平等条件来选定。无论采用哪一种方法都应以运动员"预备"时感到舒适放松为宜，以起跑后身体有较大的前倾角度，蹬离起跑器时能获得向前的最大初速，并为加速跑创造有利条件为宜。

起跑过程包括"各就位""预备""鸣枪"。听到"各就位"口令后，下蹲，两手的四指并拢，与大拇指成八字形，置于起跑线后沿，两脚依次踏在前后起跑器上，脚掌紧贴起跑器，脚尖触地面，背、颈部自然放松，两臂伸直同肩宽，后腿膝关节支撑身体。

听到"预备"口令后，臀部抬起，与肩同高或稍高，肩部稍高超出起跑线，重心主要落在两臂和前腿上，前后小腿趋于平行，两脚紧贴起跑器抵足板。整个动作要求连贯、协调而有力，注意力高度集中。枪响后，两手迅速推离地面。两臂屈肘有力地前后摆动，两腿依次用力猛蹬起跑器，使身体向前上方运动，后腿迅速屈膝向前上方摆出，同时前腿快速有力地蹬伸髋、膝、踝关节，以较大的前倾姿势把身体向前推进。（图 4-2-1）

图 4-2-1 蹲踞式起跑

（2）起跑后的加速跑

起跑后的加速跑是从后腿蹬离起跑器到途中跑之间的一个跑段。这段距离一般为 25 ~ 30 米。起跑后的第一步不宜过大，以后逐渐增大。跑进时，两臂加速用力摆动，摆幅较大。两脚交替用力蹬伸，步长不断增加，步频逐渐加快。两脚的着地点逐渐合于一条直线上，上体逐渐抬起，自然进入途中跑。

（3）途中跑

途中跑是短跑中的主要段落，百米的途中跑距离为 65 ~ 70 米，约占全程跑的 70%。途中跑的任务是继续发挥和保持高速度到终点。在一个跑的周期中，包括后蹬与前摆、腾空、着地缓冲等动作阶段。（图 4-2-2）

图 4-2-2　途中跑

后蹬与前摆阶段：当身体重心移过支点垂直面时，就进入了蹬地腿的后蹬与摆动腿的前摆阶段。这时，摆动腿的膝关节（大小腿折叠姿势）超越支撑腿，迅速有力地向前上方摆出，并且带动同侧骨盆前送，大腿与水平面成 15° ~ 20° 角。支撑腿在摆动腿积极的配合下，快速有力地伸展髋、膝、踝关节，蹬离地面形成支撑腿与摆动腿协调配合动作，这是途中跑的关键。

腾空阶段：当支撑腿结束后蹬时，即进入腾空阶段。小腿随着蹬地后的惯性和大腿的摆动，迅速向大腿靠拢，形成大小腿折叠前摆的动作。与此同时，摆动腿以髋关节为轴积极下压，膝关节放松，小腿随摆动下压的惯性自然向前下方伸展，准备着地。

着地缓冲阶段：在摆动腿的前脚掌着地的瞬间，即开始了着地的缓冲阶段，着地位置约距身体重心投影点的一脚半处。着地动作应是非常积极的。腿部各关节（特别是踝关节）缓冲过程不应是消极的，应积极用力以加速身体重心的前移，随即转入后蹬。在途中跑时，头部正直，上体稍前倾，两臂以肩为轴，自然、轻快、有力地前后摆动。

总之，短距离途中跑时，要步幅大，频率快，动作要轻松自然。身体重心移动力求平稳，避免身体重心上下跳动和左右摇摆。

（4）终点跑

终点跑是全程跑的最后一段，应尽力保持以途中跑的高速度跑过终点。终点跑包括终点线前 15 ~ 20 米的最后用力和上体撞线两个阶段。终点跑的技术是保持上体前倾角度，加快两臂摆动的速度和力量，保持或发挥最大速度。在距离终点线一步时，上体急速前倾用胸部或肩部撞终点线，跑过终点后逐渐减速，切勿忽然停下。（图 4-2-3）

图 4-2-3 终点跑

2. 200 米和 400 米跑的技术

200 米和 400 米跑有一半以上的距离是在弯道上进行的，弯道跑与直道跑在技术上有所不同。因此，为了适应弯道跑，必须改变跑的身体姿势和后蹬与摆动的方向。在比赛时，应合理分配体力。

（1）弯道起跑和起跑后的加速跑

为了便于加速，起跑后开始一段距离应沿着直线跑进，起跑器安装在跑道的右侧，正对弯道切点方向。起跑时，左手撑在距离起跑线后沿 5～0 厘米处，使身体正对着弯道的切点，弯道起跑后，为了尽快进入弯道，加速跑的距离适当缩短，较前倾的身体要早些抬起。

（2）弯道跑

进入弯道时，身体应有意识地向内倾斜，加大右侧腿和臂的摆动力量和幅度，身体应向圆心方向倾斜。后蹬时右腿用前脚掌的内侧用力，左腿用前脚掌的外侧用力，右肘内扣，右臂摆幅加大，前摆时稍向内，后摆时稍向外，左臂稍离开躯干。弯道跑的蹬地与摆动方向都应与身体向圆心方向倾斜一致。

从弯道跑进直道时，应在弯道最后几步，使身体逐渐减少内倾程度，自然跑几步，然后做一个进直道的调整，按直道途中跑技术跑进。

3. 短跑的练习方法

（1）小步跑

体会跑时膝关节放松和脚"扒地"动作，改进落地技术，提高跑的频率。

动作要点：两臂屈肘自然摆动，上体保持正直或稍前倾，大腿抬起约 45° 后积极下压，膝关节放松，小腿顺势以前脚掌积极着地，完成"扒地"动作。练习方法如下：

①两手扶器械或原地做脚尖不离地的交换支撑腿练习。

②从原地逐渐前移过渡到小步跑 20～30 米，要求动作由慢到快。

③小步跑过渡到途中跑 40～60 米，要求大腿逐渐抬高，步幅逐渐加大，自然过渡到途中跑。

（2）高抬腿跑

增加抬腿肌群力量，纠正抬腿不高的缺点。

动作要点：上体正直或稍前倾，提起重心。一侧大腿向上高抬，脚跟向臀部方向收起；另一侧大腿积极下压，用前脚掌落地并充分蹬直，切勿屈髋，保证身体重心始终在较高部位。练习方法如下：

①原地、行进间、加速或支撑高抬腿跑。

②行进间高抬腿跑 20 ~ 30 米。

③高抬腿跑过渡到途中跑 60 ~ 80 米。

（3）后蹬跑

增强腿部力量，体会蹬摆技术，纠正后蹬不充分和坐着跑的缺点。

动作要点：跑时上体正直或稍前倾，两臂自然摆动，支撑腿用力向后蹬地，腿蹬直后，迅速前摆（小腿不要后撩），并带动同侧髋关节前送。当大腿摆至适当高度时，大腿积极下压，用前脚掌向后下方落地，髋、膝、踝关节缓冲，着地后迅速滚动转入"屈蹬"。练习方法如下：

①向前上方跨步跳。

②后蹬跑 20 ~ 30 米。

③后蹬跑过渡到途中跑 60 ~ 80 米。

（4）弯道途中跑练习

沿半径 10 ~ 15 米的圆圈跑，由慢到快，体会弯道跑的技术。

学习直道进入弯道跑技术，直道上跑 15 ~ 20 米，接着弯道跑 30 ~ 40 米。在进入弯道前 2 ~ 3 步要有意识地加大右腿的蹬地力量和摆幅，体会由直道跑转入弯道跑的衔接技术。

学习弯道进入直道跑技术，弯道跑 30 ~ 50 米，接着直道跑。在出弯道时，身体逐渐正直，体会弯道跑转入直道跑的衔接技术和惯性的自然跑。

学习弯道安装起跑器的方法及弯道起跑后沿切线进入弯道技术。

蹲踞式起跑和起跑后加速跑练习（直道上和弯道上）。

（5）终点跑和全程跑练习

慢跑中做上体前倾撞线动作。

以最快的速度跑过终点，不做撞线动作。

以中速度跑 30 米至离终点线 1 米处时，上体前倾，用胸部或肩部做撞线动作。

快速跑 30 ~ 40 米做撞线动作。

100 或 200 米全程跑。

（二）中长跑

800 ~ 10000 米的竞赛项目常称中长跑。各种跑的技术基本相同，但由于距离长短和跑的强度不同，跑的动作有不同程度的差异。当今中长跑的技术动作以一定步长和高频率跑步法为发展趋势。

1. 中长跑的技术

中长跑要求"站立式"，按"各就位""鸣枪"两个口令进行。

听到"各就位"令后，先做一两次深呼吸。然后走或慢跑到起跑线后，两脚前后开立，有力的脚在前面紧靠起跑线后沿，上体前倾，身体保持稳定姿势。集中注意力听枪声或"跑"的口令。两臂体前自然下垂或前后放置。

听到枪声或"跑"的口令时，两腿用力蹬地后迅速前摆，前腿迅速蹬直，两臂配合两腿动作做快而有力的摆动，使身体快速向前冲出，在短时间内获得较快的跑速。一般 800 米加速跑要到下一弯道才结束，1500 米加速跑到直道末端就结束，然后进入匀速而

有节奏的途中跑。途中跑和终点跑与短跑要领类似，但强度不一样。中长跑的呼吸是很有讲究的。（图 4-2-4）

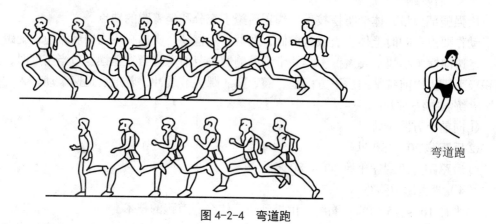

弯道跑

图 4-2-4　弯道跑

2. 中长跑的练习方法

（1）变速跑

变速跑主要用于发展速度耐力。常用的练习方法有：50 米慢跑，50 米快跑；直道快跑，弯道慢跑；200 米快跑，400 米快跑，200 米慢跑。可由长距离到短距离地快跑和慢跑，也可以由短距离到长距离地快跑和慢跑。

（2）重复跑

重复跑主要是发展速度和速度耐力。一般采用 50 米、100 米、150 米、200 米、400 米、600 米、800 米反复跑。每组间歇时间应掌握好。

（3）定时跑

这种跑一般有两种形式：一是只规定跑的时间，不要求距离，主要是用来发展一般耐力和跑的能力、掌握和改进跑的技术、增强内脏器官机能；二是要求在规定时间内达到一定的距离。

（4）越野跑

越野跑不但是在野外进行的一个竞赛项目，而且是用于发展中长跑能力的手段。

3. 接力跑

接力跑是田径运动中唯一以集体形式出现的竞赛项目，由于其竞争激烈，成为最具吸引力和令人瞩目的项目之一。

接力跑是队员之间相互配合的集体竞赛项目。接力跑成绩的好坏不仅取决于每个队员的单项成绩，而且在很大程度上取决于接力棒的传递方法和 4 个接力运动员跑的次序的配合和交接棒技术的好坏。正式的接力跑比赛项目有男、女 4×100 米和 4×400 米接力跑。

（1）4×100 米接力跑技术

①持棒起跑。

第一棒采用蹲踞式起跑。按照规则规定，接力棒不得触及起跑线和起跑线的地面。其起跑技术与短跑弯道起跑相同。持棒方法一般为用右手的中指、无名指、小指握住棒的末端，用拇指和食指分开支撑地面。

②接棒队员起跑。

接棒队员站在预跑区选定的地方采用站立式或半蹲踞式起跑姿势。第二、四棒运动员站在跑道靠外侧，左脚放在前面，右手撑地，身体重心稍向右偏，头转向左后方，目视跑来的同队队员和起跑标志。第三棒运动员站在跑道靠内侧，右脚放在前面，左手撑地，身体重心稍向左偏，头转向右后方，目视跑来的同队队员和起跑标志。当传棒队员跑至标志线时，接棒队员迅速起跑。

③接力跑传、接棒方法。

接力跑的传、接棒方法主要有下压式、上挑式和混合式三种。

下压式：接棒队员听到信号后，接棒手四指并拢，虎口张开，掌心向上，接棒手自然向后伸出，并使上臂靠近身体。传棒队员将棒的前端向前下方送入接棒队员手中，待接棒队员握紧后再松手。（图4-2-5）

图4-2-5　下压式

上挑式：接棒队员听到信号后，将接棒的手自然向后伸出，与臀部平齐，四指并拢与拇指分开，掌心向后，虎口向下。传棒队员将棒由下向前上方送入接棒队员手中，待接棒队员握紧后再松手。（图4-2-6）

图4-2-6　上挑式

混合式：它综合了下压式和上挑式两种传、接棒的优点。第一棒队员用右手持棒起跑，沿跑道内侧跑进，用"上挑式"将棒传到第二棒队员左手中，第二棒队员沿跑道外侧用"下压式"将棒传到第三棒队员的右手中，第三棒队员沿跑道内侧用"上挑式"将棒传到第四棒队员左手中。

④传、接棒的位置。

田径规则规定，运动员必须在20米接力区内完成传、接棒。

⑤接力队员的分配。

4×100米接力跑的成绩主要取决于各棒运动员的短跑速度和传、接棒技术。在安排各棒队员时，必须考虑能尽量发挥每个队员的特长。一般来说，第一棒安排起跑和弯跑技术掌握较好的队员；第二棒应是专项耐力好和熟练地掌握传、接棒技术的队员；第三棒队员除具备前两棒队员的条件外，还应善于跑弯道；第四棒应是全队成绩最好、冲刺能力最强的队员。

4. 4×400米接力跑技术

4×400米接力跑时，跑速在最后阶段明显降低，所以传、接棒技术比较简单。接棒队员一般采用站立式起跑，根据传棒队员最后的跑速，确定各自起跑时机。

5. 接力跑练习方法

（1）传、接棒技术练习方法

①持棒原地摆臂做上挑或下压式传、接棒练习。

②在走步中按同伴的信号做传、接棒练习。

③在慢跑中做传、接棒练习。

④在中速跑和快速跑中做传、接棒练习。

（2）在接力区内完成传、接棒技术的练习

①接棒队员站立式或半蹲踞式起跑练习。

②用中速跑在接力区内做传、接棒练习。

③用快速跑在接力区内做传、接棒练习。

④按照规则进行全程接力跑练习和比赛。

5. 跨栏跑

跨栏跑是在快速跑进过程中，依次跨过一定数量和高度的栏架的短距离径赛项目，也是田径运动技术中比较复杂、节奏性很强、锻炼价值较高的短距离竞赛项目。（图4-2-7）

图4-2-7

（1）110米跨栏跑技术

①起跑至第一栏技术：起跑和起跑后的加速跑技术与短跑基本相同，由于起跑到第一栏的距离（13.72米）有人跑8步，有人跑7步，因此跑偶数步者起跑时应把起跨腿放在前起跑器上，跑奇数步者起跑时应把摆动腿放在前起跑器上。起跑后各步后蹬角度略大，身体重心位置较高，跑到第6步以后，身体姿势要已接近途中跑姿势，以便准备起跨过栏。

②跨栏步：指在快跑中完成独特形式的过栏动作，它包括起跨、腾空和下栏着地等动作阶段。

a. 起跨：起跨是指起跨脚着地到后蹬结束这一支撑时期，包括两腿、两臂及躯干相互之间一系列的协调连贯动作。过栏技术的好坏，在很大程度上取决于起跨技术正确与否。

动作要点：两臂动作应与摆动腿协调配合，当摆动腿向前迅速攻栏时，异侧臂应积极前摆，同侧臂屈肘后摆。由于两腿、两臂及躯干动作的积极配合，起跨结束时便形成了一个迅猛的攻栏姿势。

b. 下栏着地：下栏着地是指从身体重心达到腾空最高点开始，在腾空后半部分完成下栏着地的一系列动作。

动作要点：当摆动腿的脚跟越过栏架后，整个腿积极下压形成"鞭打"动作切栏而下。一般下栏点距栏架 1.4 ~ 1.5 米为宜。下栏时，以前脚掌着地，距地面 40 ~ 50 厘米高时脚尖就要伸开向下，做好准备。着地后以踝关节缓冲，膝踝关节尽量保持伸直，不可弯曲，以免降低重心而停顿减速。起跨腿越过栏杆后提拉至胸前时，小腿仍保持收起，准备跑出栏间第一步。此时上体仍保持一定前倾，不可过早挺直，更不能后仰，以便迅速地转入栏间跑。

③ 栏间跑技术：从下栏着地到下一栏起跨攻栏点前的垂直部位之间的跑法叫栏间跑。运动员水平不同，栏间跑的步长可能相同，但支撑时间的长短不会相同，跑的速度越快，每步支撑时间越短，则腾空时期相对略有加长。因此，优秀运动员跨栏跑的良好节奏不仅表现为 3 步步长合理，而且表现为各步的支撑时间短，后蹬力量大，并能利用腾空时期使肌肉得到短暂的放松。栏间距和跑的步数固定，每步的长度也相对稳定，所以提高栏间跑的速度主要是通过加快步频和改进跑的节奏来实现，而不是靠增大步长来完成。为使过栏和栏间跑时尽量减少身体重心的起伏，栏间跑时应保持高重心，用前脚掌落地，跑直线避免左右偏斜。

④ 全程及终点跑：全程跑的首要任务是把合理的过栏技术与快速的栏间跑结合起来，注意动作的直线性、节奏性和协调性。在此基础上力求较均匀地高速跑完全程。

跨最后一个栏时，下栏动作要更加积极，摆动腿着地后，起跨腿前抬与髋齐高即可，以便迅速转入终点跑。终点跑应加强腿的蹬摆，加大身体前倾，加强摆臂动作，并做好撞线准备，以争取最后胜利。

（2）跨栏跑练习方法

① 摆动腿的攻栏技术练习。

a. 原地攻栏练习：面向栏，站在离栏 1.2 ~ 1.5 米处，上体稍前倾或正直，摆动腿屈膝，向前上方高抬，膝超过平面以后，小腿迅速向前摆出，而后大腿迅速下压，使前脚掌在身体重心投影点前落地。动作熟练以后可加上两臂配合动作。

b. 在走动中练习：走 3 步或 5 步做一次攻摆练习。抬腿攻摆时，小腿不要摆出过早。

c. 高抬腿跑做攻摆练习：高抬腿跑 3 步或 5 步做一次攻摆动作。要求同上。动作熟练后，再加上两臂配合准备。

② 起跨腿过栏技术练习。

a. 起跨腿原地过栏练习：手扶支撑物站立，体侧纵放或横放一栏架，做起跨腿提拉练习。栏架高度应适宜，练习速度可由慢到快。

b.栏侧站立做起跨腿提拉练习：栏侧站立，起跨腿直膝由前向后摆至最远处，屈膝由栏上做提拉练习。

③ 跨栏步技术练习。

a.原地过栏练习：上体正直，站在栏后20～30厘米处，将摆动腿屈膝放于栏架上，起跨腿脚跟提起，摆动腿直膝向上摆起后，大腿迅速下压。前脚掌落地的同时，起跨腿迅速提拉过栏，两腿做有力的剪绞动作。

b.栏侧小步跑或高抬腿跑做摆动腿攻摆和起跨腿腾空过栏练习。

c.在栏间做上述练习。

④ 栏前跑和跨越第一栏时的练习。

a.试跑练习：站立式起跑，以最快速度跑8步，以确定适宜的步长和起跨距离。要求跑时节奏轻快，起跨时放脚迅速，第8步时做出"短步"动作。

b.跑8步跨越横杆练习。

c.跑8步跨越第一栏练习（栏高自定适当）。

⑤ 过栏和栏间跑相结合的技术练习。

a.站立式起跑，反复跨3～5栏。栏架高度适当放低，栏间距离适当缩短。注意节奏。

b.站立式起跑，成组跨越3～5栏。

⑥ 蹲踞式起跑过1～3栏或1～5栏的技术练习。

a.确定起跑器安装方法，用蹲踞式起跑试跑8步。

b.调整8步步长，按正确要求标出8步的每步长度，按标点进行练习。

c.蹲踞式起跑过1～3栏或1～5栏的练习。

⑦ 全程跑技术。

a.蹲踞式起跑过5～8栏。找出优缺点和改进方法。

b.不同栏高、栏距的组合练习。

c.降低栏高的节奏跑练习。

d.成组练习跨全程栏。

e.全程测验。

二、跳跃

田径运动中的跳跃项目，是运用人体自身的能力（或同时借助一定的器材，如撑竿），通过一定的运动形式，使人体跳过尽可能高的高度或尽可能远的距离的运动。

（一）跳远

跳远是人体通过一定距离的助跑获得较大的水平速度后，利用快速起跳产生垂直速度，使人体腾空跃起后落在沙坑的一项体育运动。参加这项运动的锻炼，能够提高人的速度、力量素质及身体协调性。

跳远的完整技术由助跑、起跳、腾空、落地四个部分组成。决定跳远成绩好坏的因素主要是助跑起跳时的速度、腾空的角度，其次是平衡的空中姿势和正确落地的技术动作。

1. 助跑

助跑距离一般为男子 35 ~ 45 米, 女子 30 ~ 35 米。

动作要领:

(1) 原地站立式或行进中起动开始助跑, 上体前倾、两腿积极摆动, 后蹬充分, 摆臂有力。

(2) 助跑途中上体逐渐抬起, 腿和手臂加速用力摆动, 加快助跑速度, 重心较高、身体平稳、节奏性强。

(3) 助跑最后几步步频加快, 保持较高的身体重心和较快的助跑速度, 准备起跳。

2. 起跳

起跳时, 应充分利用助跑所获得的速度, 在较短的时间内创造尽可能大的腾起初速度和适宜的腾起角。起跳动作是从助跑最后一步摆动腿后蹬开始, 至起跳腿蹬离地面结束。

动作要领:

(1) 助跑最后一步, 摆动腿用力蹬地, 使身体尽快向起跳板方向运动。起跳腿快速前摆, 大腿积极下压, 踏上起跳板, 由脚跟着地过渡到全脚掌着地。

(2) 起跳腿着地的瞬间, 髋、膝、踝关节被迫弯曲缓冲; 同时, 身体重心前移, 起跳腿快速用力蹬伸, 摆动腿大腿积极向前上方摆至水平位置, 小腿自然下垂。

(3) 起跳腿同侧臂屈肘向身体前上方摆动, 异侧臂屈肘向体侧摆动, 提肩、拔腰, 向上顶头。

3. 腾空

正确的腾空姿势应是上体正直, 摆动腿保持起跳时的前摆, 起跳腿自然弯曲留在体后。按空中不同的运动姿势分为蹲踞式、挺身式和走步式。

(1) 蹲踞式: 起跳后, 当身体达到最高点时, 留在身体后的起跳腿开始屈膝向前上方抬起, 渐向摆动腿靠拢, 形成蹲踞姿势。随后两腿向上收, 上体前倾, 两臂由前向下、向后摆动, 同时向前伸小腿落地。

(2) 挺身式: 起跳后, 摆动腿自然下放, 小腿向后下方弧形摆动, 两腿迅速靠近, 形成挺身姿势, 两臂配合腿绕环摆动, 然后收腹举腿, 小腿前伸, 准备落地。(图 4-2-8)

图 4-2-8　挺身式

(3) 走步式: 起跳后, 摆动腿下落时向后方摆动, 起跳腿屈膝以大腿带动小腿前摆, 形成空中 "换步", 两臂积极配合大幅度绕环摆动。同时摆动腿屈膝以大腿带动小腿前摆, 与起跳腿靠拢, 然后收腹举腿, 两臂由右上方向下方摆动, 小腿前伸,

准备落地。（图4-2-9）

图4-2-9　走步式

4.落地

正确的落地动作有利于跳远成绩的提高并能防止伤害事故。完成腾空动作后，落地前两腿尽可能向前高抬和伸直，上体适当前倾。即将落地时，膝关节迅速弯曲，脚尖自然勾起，小腿前伸，两臂屈肘积极向前摆动，脚跟触及沙面后，两腿迅速屈膝缓冲，髋部积极前移，身体向前或向侧倾倒，移过支撑点，安全完成落地。

（二）三级跳远

三级跳远是由助跑开始，沿直线连续进行三次水平跳跃的田径项目。三级跳远由第一跳（单脚跳）、第二跳（跨步跳）、第三跳（跳跃）、落地等部分组成。

1.助跑

助跑的任务是获得最快的助跑速度和准确地踏上起跳板，并为第一跳的起跳做好充分准备。

2.第一跳（单脚跳）

以全脚掌快速滚动着板，上体略前倾，摆动腿屈膝以大腿带动小腿快速向前上方摆动，向前顶膝带动髋部前送，起跳腿缓冲后，迅速蹬伸，双臂配合下肢摆动。身体重心沿长而平的轨迹运动。

3.第二跳（跨步跳）

第一跳落地缓冲后，两臂继续积极向前上方摆动，起跳腿加速向前上方蹬伸，腾空后，形成腾空步姿势，上体稍前倾，两臂由身体的下、后、侧向前摆动。在腾空时，摆动的小腿前伸，并在大腿主动下压的情况下做有力的触地式落地动作，两臂配合向前做有力的摆动，起跳腿积极屈膝前摆，为第三跳的起跳做准备。

4.第三跳（跳跃）

第二跳落地后，支撑腿缓冲后迅速蹬伸，另一腿屈腿积极向前摆动，两臂配合下肢用力地上摆，腾空后保持腾空步姿势，以后的空中动作、落地方式与跳远技术动作一样。

三级跳远中三跳的节奏与远度的关系比较密切。三级节奏比较均匀，才能保持身体的平衡，充分激发运动员的速度和力量。

5.三级跳远的练习方法

（1）速度练习

各种形式不同距离的站立式起跑：60～80米的加速跑，30～60米的行进间跑，上、下坡加速跑和行进间跑，200～300米的反复跑；各种距离的变速跑、间歇跑、

追逐跑，牵引重物跑；单足跳（或跨栏跳）加短距离跑、肩负杠铃半蹲（或蹲跳）加短距离跑。（图 4-2-10）

图 4-2-10　三级跳练习

（2）力量练习

发展快速力量练习方法：① 20 ~ 30 公斤杠铃推举；②肩负 30 ~ 50 公斤杠铃半蹲跳 20 ~ 30 次；③ 40 ~ 50 公斤杠铃快速提铃至胸 10 次；④ 40 ~ 50 公斤杠铃弓箭步交换跳 20 ~ 30 次；⑤肩负自身体重 50% ~ 75% 的杠铃，深蹲 5 次计时；⑥肩负自身体重 100% ~ 120% 的杠铃，深蹲 5 次计时；⑦ 40 ~ 50 公斤杠铃快速抓举 5 次。

发展绝对力量练习方法：①肩负自身体重 85% ~ 100% 的杠铃，腿跨上 50 厘米的高台 5 ~ 10 次；②负重从 75% 到极限重量（约 5 ~ 6 个重量）；③负重深蹲，从 75% 到极限重量；④负重半蹲，从 60% 到极限重量。做大力量练习时，运动员应保持上体正直。深蹲要一蹲即起。深蹲时，大小腿夹角在 100° ~ 120° 即可，蹲完接着做些跳跃、跑、退练习等，效果会更佳。

（3）技术练习

节奏练习：①快节奏高重心跑；②摆放标志物踩点节奏跑；等等。

助跑练习：①半程、全程反复跑；②全程加速跑。

半程技术练习：①半程助跑接第一跳练习；②半程助跑完整技术练习。

全程技术练习：①全程助跑接第一跳练习；②全程助跑完整技术练习。

（三）跳高

跳高是人体利用助跑、起跳产生的水平速度和垂直速度使人体腾起越过一定高度横杆的一项体育运动。这项运动的锻炼，可以提高人的弹跳力和协调能力。

完整的跳高技术由助跑、起跳、过杆和落地等部分组成。跳高的技术种类较多，现在着重介绍背越式跳高技术。通过助跑、起跳、腾空、转体后背向横杆并越过横杆的跳高技术叫背越式跳高。

1. 助跑

快速助跑是背越式跳高技术的特点之一。为了利用助跑的速度提高起跳的效果，背越式跳高的助跑距离较长，且采用更接近于普通跑的跑法。

背越式跳高的助跑分为直线助跑和弧线助跑两个阶段。

（1）直线助跑一般为 4 ~ 5 步加速跑，两腿后蹬和前摆的幅度较大，身体重心较高，动作轻松、自然、有弹性。

（2）弧线助跑一般为 4 ~ 5 步，助跑时身体略向圆心倾斜，脚落地时由脚跟过渡到前脚掌，摆臂与弯道途中跑相似。助跑最后两步节奏加快。（图 4-2-11）

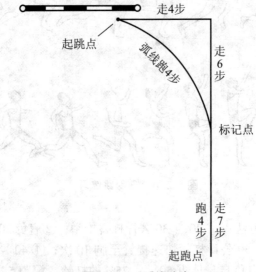

图 4-2-11　弧线助跑

2. 起跳

起跳点距横杆垂直面约为 50 ~ 80 厘米，起跳脚顺弧线的切线方向稍外展，用脚跟外侧着地，着地后迅速滚动至全脚掌踏上起跳点，同时摆动腿积极屈膝内扣，向异侧肩上方摆动，并带动髋部内转动。当身体重心移至起跳腿上方时，身体由倾斜转为正直，起跳腿快速向上蹬伸完成起跳动作。（图 4-2-12）

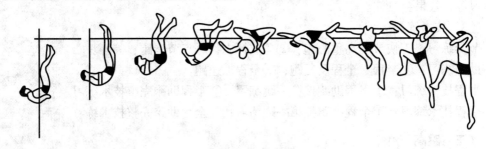

图 4-2-12　起跳

3. 过杆和落地

当起跳结束时，身体应保持起跳结束时的正确姿势，充分伸展身体，向上腾起，利用摆动腿的力量尽量提高髋部位置，然后以摆动腿同侧的臂、肩领先过杆，顺势仰头倒肩、挺髋，围绕横杆进行旋转。在横杆上，髋部超过两膝时，形成背弓的拱形姿态，使头、肩、背、腰、髋、腿依次超过横杆；当髋部越过横杆时，顺势收腹，带动大腿向上甩小腿，使整个身体迅速摆脱横杆，以适宜的屈髋姿势下落，用背部顺势落在海绵上的收膝动作，避免膝盖碰撞脸部，造成损伤。

4.背越式跳高的练习方法

学习和掌握起跳技术的主要练习方法。

（1）反复进行起跳技术模仿练习，大量、重复多次地进行起跳迈步、摆腿起跳等起跳技术的模仿练习和行进间练习。

（2）侧对横杆，起跳腿向前迈步放脚，接着上体前移，摆动腿屈膝上摆，起跳腿支撑，重心移到支撑腿上。

（3）侧向站立，摆动腿同侧手扶支撑物，做摆腿、送髋和起跳腿蹬伸的练习。

要求：摆动腿屈膝内扣向异侧肩的方向摆动，同时骨盆跟着扭转，起跳腿蹬伸并提脚跟。

（4）走动中做摆腿、送髋和起跳腿蹬伸的动作，接着腿蹬离地面完成起跳。

（5）起跳腿在前，两步助跑后做起跳练习。要求：在摆动腿落地时，身体内倾，上体正直，小腿不要前伸制动，要屈膝撑住，摆动腿的膝部迅速超过脚，使髋加速前移。

完整的背越式跳高技术的主要练习方法如下：

（1）丈量全程助跑点。

（2）半程助跑背越式跳高练习。

（3）全程助跑背越式跳高练习。

要求：步点准确，起跳后身体充分向上腾起，过杆时身体舒展，与横杆大致成十字交叉，肩背先落在垫子上。

学习和掌握过杆和落地技术的练习。

（1）背对海绵垫站立，然后抬脚跟，挺髋向后引肩，倒落在海绵垫上。

（2）背对搭放垫子的跳马站立，做上马练习并向后引肩。做背越式过杆动作，然后弹腿顺垫子向后落下。

（3）背对横杆站立，双腿屈膝，后蹬伸向上起跳，并向横杆后引肩，做背越式过杆动作。

要求：两腿屈膝半蹲，然后用力向上跳，两臂配合向上摆，肩向后伸展、抬臀、挺髋成背越式姿势，肩背先着垫。

（4）助跑 2 ~ 4 步，起跳后仰卧于高垫子上，小腿落在垫子下方，体会挺髋展胸的动作。

（5）助跑 2 ~ 4 步，在踏跳板上（或平地）起跳，越过低横杆。（图 4-2-13）

图 4-2-13　练习

三、投掷

推铅球是通过人体运动产生相应的速度力量，并合理地利用技术动作，发挥肌肉收缩的最大力量和骨骼支撑的条件，将铅球推得更远的一项体育运动。参加推铅球的锻炼，能够提高人体全身协调用力的能力，提高力量素质。

现在有多种推铅球的技术，在这里只介绍背向滑步推铅球技术。推铅球的完整技术由握球和持球、预备姿势、滑步、最后用力四个部分组成。决定铅球投掷远度的主要因素是铅球离手时的初速度、角度和高度。

（一）握球和持球

（1）握球的方法是五指自然分开，手腕背屈，把球放在食指、中指和无名指的指根上，拇指与小指自然扶于球的两侧。

（2）握好球后，屈肘把球放在肩上锁骨窝处，低贴于颈部，手稍外转，掌心向前，肘低于肩。

（二）预备姿势（以右手为例）

（1）高姿势

①持球后，背对投掷方向，两脚前后开立，相距 23 ～ 30 厘米。

②右脚尖贴近投掷圈后沿，脚跟正对投掷方向。左脚以前脚掌着地，自然弯曲。上体正直放松，左臂自然上举，身体重心落在右腿上，两眼看前下方 3 ～ 5 米处。

③左臂自然上举，身体重心落于右腿上。

（2）低姿势

①持球后，背对投掷方向，两腿前后开立，相距 50 ～ 60 厘米。

②右脚尖贴近投掷圈后沿，脚跟正对投掷方向。左脚以脚尖着地。左臂自然下垂，两腿弯曲。向前屈体，身体重心落在右腿上，两眼看前下方 2 ～ 3 米处。

（三）滑步

滑步前可先做 1 ～ 2 次预摆。当左脚收回靠近右脚预摆结束时，身体重心向后移离支撑点，这时向投掷方向摆伸左腿，右腿用力向后蹬伸，使身体向后快速平稳移动，此时迅速收拉右小腿。同时，右脚内旋，右膝内扣，以右脚前脚掌落地于投掷圈中心附近。这时，左脚要迅速以前脚掌内侧蹬踩着地于靠近地趾板右侧处，重心落在右腿上。左、右脚着地时间间隔越短越好。

（四）最后用力

最后用力是推铅球技术的主要环节，它直接影响推铅球的出手速度、出手角度和出手高度。

滑步后，在左脚着地滑步结束的一瞬间，最后用力便开始了。右腿用力向投掷方向蹬转，带动髋关节也向同一方向转动。左臂由胸前向左上方快速摆动。此时身体稍抬起，胸和头对着投掷方向，当左臂摆至体侧时，左腿向上蹬伸，右腿向前上方蹬伸，以左侧肩、髋、膝、踝为轴，身体快速转动至右肩对准投掷方向。抬头挺胸，右臂迅速有力地推伸。当球快离手时，手腕稍内旋，用手指拨球，做抖腕的动作，将铅球以与水平面成 38°～42° 角的方向推出。铅球离手后，两腿迅速换位，降低身体重心，维持身体平衡。（图 4-2-14）

图 4-2-14　最后用力

（五）推铅球的练习方法

（1）托球，持球，向下拨球，向上推球。

（2）原地正面向前上方推球，成"满弓"姿势推球。

（3）持球或徒手，做原地推球的预备姿势。

（4）持球或徒手，做滑步前的预摆、俯身屈膝动作。

（5）持球或徒手，屈膝俯身，做原地弓箭步交换跳动作或向后做单腿跳进动作。

（6）屈膝俯身，两手扶栏杆（低于肩处），做左腿向后伸摆和右腿相继蹬伸的摆、蹬动作。

（7）持球或徒手，做滑步后迅速蹬转右腿、右髋和送髋的动作。

（8）持球或徒手，侧对投掷方向站立，做原地推铅球的预备姿势，然后左脚离地，右脚向投掷方向连续侧跳。

（9）滑步推铅球，整个动作要连续加速，动作幅度要大，工作距离要长，用力顺序要正确。

第三节　田径运动竞赛

　　"田径竞赛规则"通常是指国际田径联合会所制定的规则。随着田径运动的发展，要定期对规则进行不同程度的修订，使规则更趋科学化、合理化与公平化。裁判工作是竞赛的重要组成部分，直接影响竞赛的进行和运动员水平的发挥。裁判员不仅是成绩、名次的判定者，还是比赛的组织者和教育者。裁判员须掌握比赛规则，认真钻研裁判方法，严肃认真、公正准确、谦虚谨慎、团结协作地做好工作。

　　下面简单介绍部分项目的场地、器材及竞赛规则。

一、奔跑

（一）奔跑场地、器材简介

　　（1）标准的径赛场地为 400 米半圆式田径场，其跑道由两段相等并平行的直段和两段半圆弯道组成，半圆的外沿直径为 36.5 米。

　　（2）分道宽最小为 1.222 米，最大为 1.25 米。分道线宽 5 厘米，右侧分道线包括在本条跑道之内。

　　（3）径赛的距离应以从起跑线的后沿到终点线的后沿为准。

　　（4）正式大型田径比赛由大会提供符合规定的起跑线。

（二）奔跑竞赛规则简介

　　1. 短跑

　　（1）短距离跑，运动员必须使用助跑器进行蹲踞式起跑。

　　（2）运动员必须在规定的各自的跑道内跑完全程。

　　（3）在"各就位"口令之后，运动员必须走向起跑线，完全在自己的分道内和起跑线后做好准备姿势。双手和一个膝盖必须触地，双脚必须接触起跑器。发出"预备"口令时，运动员应立即抬高身体重心做好最后的起跑姿势，此时运动员的双手仍需与地面接触，双脚不得离开起跑器。运动员已就位时，其双手或双脚均不得触及起跑线或线前地面。

　　（4）在"各就位"或"预备"口令发出后，所有运动员应立即做好最后的预备姿势，不得延误。对经适当时间仍不服从起跑命令者，以起跑犯规论处。

　　（5）运动员在做好最后预备姿势之后和鸣枪之前开始起跑动作应判为起跑犯规。

　　（6）对于起跑犯规的运动员，必须予以警告；对两次起跑犯规负有责任的或在全能比赛中对三次起跑犯规负有责任的运动员，应取消其比赛资格。

　　（7）在弯道跑中，运动员的脚不得触及左侧分道线，不得阻碍其他运动员在自己跑道内的正常跑进。

　　2. 中、长距离跑

　　（1）中、长跑的各个项目，起跑时只使用"各就位"口令。在所有运动员稳定时，鸣枪或启动经批准的发令器。起跑时，运动员不得单手或双手触地。

（2）运动员在做好最后预备姿势之后和鸣枪之前开始起跑动作应判为起跑犯规。其规则同短距离跑。

（3）比赛中，运动员挤撞或阻挡别人，妨碍其他运动员走或跑时，应取消其该项目的比赛资格。

（4）在较为重要的比赛中，如800米跑在第二个弯道末端的抢道线之前为分道跑，越过抢道线后允许运动员离开自己的分道切入里道。

二、跳跃

（一）跳高

1.场地、器材简介

横杆长为3.98～4.02米，两跳高架立柱之间的距离为4.00～4.04米，落地区不得小于5米×3米，跑道长度不得短于1.5米。大型比赛助跑道至少为20米，如条件允许，可设为25米。

2.竞赛规则简介

（1）试跳

①运动员可以在主裁判事先宣布横杆升高计划中的任何一个高度开始试跳，也可以在以后任何一个高度根据自己的愿望决定是否试跳。但在任何一个高度上，只要运动员连续3次试跳失败，即失去继续比赛的资格。因第一名成绩相等而进行的决定名次赛的试跳除外。

②允许运动员在某一高度上第一次或第二次试跳失败后，在其第二次或第三次试跳时免跳，并在后继的高度上继续试跳。

③运动员在某一高度上请求免跳后，不可在该高度上恢复试跳，除非出现第一名成绩相等的情况。即使其他运动员均已失败，余下运动员仍有资格继续试跳，直至放弃继续比赛的权利。当某运动员已在比赛中获胜时，有关裁判员或裁判长应征求其意见，由该运动员决定横杆提升高度（此规定不适应于全能项目）。

试跳成功后，主裁判举白旗示意，失败举红旗示意。

（2）如有下列情况者，应判为试跳失败

①试跳后，运动员的动作致使横杆未能留在横杆托上，或在越过横杆之前，运动员身体任何部位触及立柱前沿（离落地区较近的边沿）垂直面以外的地面或落地区。

②错过该次试跳顺序。无故延误时限（如果在比赛中再次无故延误时限）即取消其比赛资格，但之前成绩仍然有效。

③在裁判员通知开始试跳后运动员才决定免跳，当时限已过时，应判该次试跳失败。

3.成绩确定

每名运动员应以其最好的一次试跳成绩，包括因第一名成绩相等而进行的决定名次赛的试跳成绩作为其最后的决定成绩。

（二）跳远

1. 场地、器材简介

（1）助跑道：助跑道长度至少为 40 米，宽为 1.22 米。

（2）起跳板：起跳的标志，长 1.22 米，宽 20 厘米，一般用木料制成，漆成白色。

（3）起跳线：指起跳板靠近落地区一侧的边沿。

（4）落地区：宽 2.75 ~ 3 米，跳远起跳线至落地远端的距离至少为 10 米。

2. 竞赛规则简介

运动员试跳成功有效上举白旗，失败则上举红旗，停留 3 秒以便观看。以 1 厘米为单位丈量成绩。

如有下列情况者，应判为试跳失败：

（1）在未做起跳的助跑或跳跃中，运动员以身体任何部位触及试跳以外的地面。

（2）从起跳板两端或起跳线的延长线前面或后面起跳。

（3）在落地过程中触及落地区以外的地面，而落地区外触地点较区内最近触地点靠近起跳线。

（4）完成试跳后，向后走出落地区。

（5）错过该次试跳顺序。

（6）在助跑或跳跃中采用任何空翻姿势。

（7）无故延误时限。

（8）当裁判员通知试跳时，运动员才决定免跳，时限已过，仍应判为该次试跳失败。

三、投掷

1. 铅球场地、器材简介

（1）铅球投掷圈直径为 2.135 米，投掷圈外围金属镶边，厚度为 6 毫米，顶端涂白。

（2）抵趾板宽度为 11.20 ~ 30 厘米，内沿弧长 1.22 米（±1 厘米），高出圈内地面 10 厘米（±2 毫米）。

（3）铅球落地区应用煤渣或草皮以及其他适宜材料铺设，铅球落地时应能留下痕迹。

（4）应用宽 5 厘米的白线标出落地区，其延长线应能通过投掷圈圆心，圆心角为 40°。

（5）铅球重量：男子成年组为 7.26 千克，女子成年组为 4 千克。

（6）铅球落地区为 34.92° 的扇形区域。

2. 竞赛规则简介

（1）运动员试掷成功有效举白旗，失败举红旗，并以 1 厘米为单位丈量成绩。

（2）运动员进入圈内开始试掷后，如果其身体的任何部位触及圈外地面，或触及铁圈和抵趾板上面，或以不符合规定的方式将铅球推出，均判为一次试掷失败。

（3）铅球必须完全落在落地区角度线以内，试掷方为有效。

（4）运动员在器械落地后方可离开投掷圈。

（5）完成投掷后，铅球运动员必须从投掷圈后半圈延长线后面退出。

（6）在没有犯规的情况下，参赛者可以中止已开始的试掷动作，将器材放下以后暂时离开投掷区，并重新开始，但必须在规定的时限内完成投掷。

第四节　田径运动损伤的类型及预防

一、擦伤与刺伤

机体表面与粗糙的物体相互摩擦可以引起皮肤层伤害，如跑步摔倒在跑道上或长距离跑、走时因运动服差而导致的摩擦伤等，主要征象为表皮脱落，有小出血点或组织液渗出；伤口无感染则易干燥结痂，伤口有感染则局部可化脓、有分泌物。

刺伤是指尖细锐利物刺穿皮肤及皮下组织器官的损伤。如被钉子鞋踩伤，主要征象为伤口小而深。

现场处理方法：对于伤口较脏的擦伤可以用自来水冲洗伤口，清除异物及坏死组织，然后再消毒杀菌、包扎伤口；也可用极薄的塑膜覆盖创面，用冷镇痛气雾剂喷洒2～3秒，重复两次以止痛和防止渗出肿胀，然后用0.9/100生理盐水冲洗伤口，周围用75%酒精消毒，再用绷带包扎固定，训练或比赛后再认真仔细地处理。

关节部擦伤一般需要包扎治疗，但注意不要涂紫药水，因为紫药水收敛作用较强，易使伤口结痂大而硬，关节活动时易使痂断裂、剥落，不利于伤口愈合。面部擦伤不宜涂红药水或紫药水，而易涂抹0.1/100新洁尔灭溶液。

刺伤的伤口如果较深、较小、较脏，应到医院注射破伤风抗毒血清，预防破伤风。

二、肌肉拉伤

肌肉主动强烈收缩或被动过度拉长所造成的肌肉细微损伤、肌肉部分撕裂或完全断裂，称为肌肉拉伤。

（一）原因与原理

田径运动中，准备活动不当、训练水平不够，肌肉弹性、力量差，身体疲劳，动作准确性、协调性因肌肉力量下降而降低，错误的技术动作，场地或器材的质量不良，气温过低，都可以引起肌肉拉伤。

肌肉拉伤有主动拉伤和被动拉伤两种。主动拉伤是肌肉主动猛烈地收缩超过了肌肉本身的负担能力。被动拉伤是肌肉突然被拉长，超过了它的伸展性。

（二）征象

肌肉拉伤后，局部表现为疼痛、压痛、肿胀、肌肉紧张、发硬、功能障碍。当受伤肌肉主动收缩或被动拉长时，疼痛加重，肌肉收缩抗阻力实验为阳性。局部有凹陷及一端异常隆起者，则为肌肉断裂。

（三）处理

肌肉轻度拉伤后，首先应冷敷加压包扎，30分钟后除去冷敷，改为海绵或棉花加压包扎，减少伤肢活动，抬高伤肢。24小时以后，接触固定，开始理疗、按摩及轻微活动，注意此时按摩应在伤部的周围。48小时以后逐渐在伤部周围进行按摩。72小时以后视情况可以开始恢复适量活动。怀疑有肌肉、肌腱完全断裂者，应在局部加压包扎、固定后赴医院确诊。

三、关节扭伤（以踝关节为例）

关节扭伤是指韧带受暴力作用引起过度牵伸所致不同程度的韧带纤维或其附着处断裂。在田径运动中，踝关节扭伤发生率较高。

（一）原因和原理

田径运动中踝关节扭伤，多发生在因某种原因身体失去重心并向一侧倾斜或跳起落地时踝关节不稳造成足外侧足背先落地，或场地不平、陷入坑内等情况下。

踝关节扭伤中，外侧副韧带最易受伤。这是因为外踝比内踝长，距骨体前宽后窄，当足跖屈时，踝关节有较大的活动度，足的内翻肌群的力量又大于足的外翻机群。跑、跳练习中，运动员处于腾空阶段，足就自然有跖屈内翻的倾向。因此，当运动中重心不稳时，就会以足的前外侧着地、内翻，而使踝关节外侧韧带（距腓前韧带、跟腓韧带）损伤。外踝扭伤占踝关节扭伤的80%。

严重的踝关节损伤往往包括韧带断裂、踝部骨折或脱位。

（二）征象与诊断

踝外侧副韧带扭伤者有足内翻受伤史。患足不敢持重，足踝外侧肿胀、压痛。踝关节强迫内翻实验可使疼痛加重，踝关节稳定而无异常活动。

踝外侧韧带完全撕裂者，外部剧烈疼痛，肿胀严重，外踝和足背出现皮下淤血。踝关节强迫内翻实验时伤处剧痛，同时有踝关节不稳和距骨异常活动。踝关节前抽屉实验如果活动范围大，说明踝关节外侧副韧带完全断裂。

（三）处理

受伤后应立即用拇指腹压迫痛点止血，然后用湿冷的弹力绷带固定受伤的踝关节处于放松的位置（如外侧副韧带损伤时，将踝关节固定在外翻位），并在伤处外敷冰袋或用其他方法冷敷。3~5分钟后可取下绷带进一步检查，如怀疑有韧带断裂等严重损伤时，应立即用大块棉花垫或其他软物品压迫和加压包扎及冷敷，抬高伤肢，同时送往医院进一步处理。一般损伤患者则可外敷外用药，24~48小时后进行理疗、按摩等。

四、肌肉痉挛

肌肉痉挛俗称抽筋，是由于肌肉不自主地强直收缩所致。运动中最易发生痉挛的肌肉为小腿腓肠肌，其次是足底的屈拇肌和屈趾肌。

（一）原因和原理

寒冷刺激：在寒冷环境中运动时，若未做准备活动或做得不充分，肌肉受到寒冷刺激后，兴奋性增高而使肌肉发生强直性收缩。

大量排汗：长时间地激烈运动（如中长跑、马拉松、竞走等）或在高温季节运动时，由于大量排汗而丢失大量电解质，肌肉兴奋性增高，可导致肌肉痉挛。

肌肉连续收缩过快：在运动训练或比赛中，肌肉过快地连续收缩，放松时间太短，以致收缩与放松不能协调地交替而引起的肌肉痉挛。

疲劳：运动时身体疲劳会影响肌肉的正常生理功能，特别是在局部肌肉疲劳的情况下做一些突然紧张用力的动作，会使肌肉中大量代谢产物（乳酸）对肌肉的收缩物质起作用而易引起肌肉痉挛。

（二）征象

痉挛的肌肉僵硬，疼痛难忍，往往涉及相应的关节，有一定的功能障碍。

（三）处理

以相反的方向牵拉痉挛的肌肉，并维持一段时间，一般可使之缓解。此外，还可配合局部按摩，采用重力按压、揉捏和点承山、涌泉等穴的方法。处理时要注意保暖。

（四）预防

加强身体训练，提高机能的耐寒能力和耐久力。运动前必须认真做好准备活动，对容易抽筋的部位应事先做适当按摩。冬季运动要注意保暖，夏季进行长时间运动要注意补充盐分，疲劳时不宜进行激烈运动。

五、过度紧张

过度紧张是由于一时性运动负荷过大或过于激烈，超过了机体负担能力而发生的急性病理现象或生理紊乱，多在运动后立即出现或在训练、比赛后不久出现。训练水平低、经验较少的新手易发生过度紧张，有时过度紧张也发生在受激烈神经刺激后的高水平运动员身上，也可发生在因伤病中断训练或比赛较长时间后突然或过于迅速参加剧烈训练或比赛的运动员。过度紧张的表现是多种多样的，根据临床表现分为不同的类型。

（一）类型

1. 单纯虚脱型

这一类型较多见。多发生于短跑和中长跑的运动员身上。在剧烈训练，尤其比赛后，患者立刻出现头晕、面色苍白、恶心、呕吐、大汗淋漓现象。轻者卧位休息片刻会逐渐好转，重者需卧床休息 1 ~ 2 天才能缓解。

处理方法主要是立即卧位休息、保暖，可饮用热水和咖啡。较重者可吸氧、静脉注射葡萄糖等。

2. 昏厥型

其表现为在运动中或运动后突然出现一过性的神志丧失，清醒后诉说全身无力、头痛、头晕，可伴有心、肺、脑功能降低的现象。大多由于竞赛运动员，尤其是短跑、中长跑运动员，突然终止运动时，血管失去了肌肉的收缩对其节律性挤压作用，再加上血液本身的作用，大量的血液淤滞在下肢而回心血量减少，出现脑贫血而引起重力性休克；也可由于大重量挺举时胸腔及肺内压突然增高使回心血量减少，造成脑供血量不足而昏厥；还有的是由于强烈的精神刺激而导致中枢调节机制的一时性障碍而昏厥。

处理方法是令患者立即平卧或头稍低，迅速做初步检查（检查脉搏、血压、体温等）。用热毛巾擦脸，做下肢向心性按摩，嗅以氧水，点掐或针刺人中、百会、涌泉等穴。较重者可吸氧、静脉注射葡萄糖，同时迅速送医院进一步处理。

3. 急性胃肠道综合征

其表现为激烈运动后很快出现恶心、呕吐、头晕、面色苍白等症状，经过 1～4 小时逐渐缓解。有些运动员在运动后呕吐咖啡样物，化验潜血阳性，表示上部胃肠道出血。

处理方法：应暂停专项训练，休息观察；上部胃肠道出血者可服止血药，吃流食、半流食或软食；一般 1～2 周可恢复训练，若反复出血，则应到医院查明原因，接受治疗。

4. 急性心功能不全和心肌损伤

其表现为剧烈运动后出现呼吸困难、咳粉红色泡沫样痰、憋气、胸痛、心跳快速或节律不齐、血压降低、心脏扩大等急性心功能不全现象或昏迷死亡。

处理方法是立即停止运动，平卧、给予吸氧等急救方法，同时送医院抢救。

除上述类型外，有的运动员在运动中或运动后立即出现一侧肢体麻木、动作不灵活的症状，长伴有剧烈头痛、意识障碍等脑血管痉挛型征象。

（二）预防

做好运动员的身体检查，尤其是在集训或比赛前应进行全面深入的体格检查，以排除各种潜在性疾病。要遵守循序渐进的训练原则。要加强对运动员训练时的医学观察，尤其是新运动员在训练时的反映，及时调整运动量。

习题

1. 简述田径运动的分类及其发展历史。
2. 试述途中跑的任务和技术。
3. "上挑式"和"下压式"传、接棒方法各有什么特点？
4. 试述影响跳跃成绩的因素及其相互关系。
5. 如何制定田径运动会的竞赛规程？制定时应注意哪些问题？
6. 简述常见田径运动损伤的部位及类型。

第五章 足球

足球被誉为"世界第一运动"，是世界上开展最广泛、最具影响力的单项体育运动，深受世界各地人们的喜爱。经常进行足球运动锻炼，可以锻炼反应能力和判断能力，培养勇敢、顽强、机智、坚韧不拔的意志。本章主要介绍足球的起源、基本技术、基本战术、规则及损伤预防，将有利于同学们更好地参与、学习和欣赏足球运动。

第一节　足球运动简介

一、足球运动概述

足球（图 5-1-1）运动是主要以脚支配球，但也可以使用头、胸部等部位触球（除守门员外，其他队员不得用手或臂触球；守门员只有在己方禁区内能用手或臂触球），两个队在同一场地内进行攻守的体育运动项目。一场精彩的足球比赛，会吸引数以亿计的观众，它已成为电视节目中的重要内容。

图 5-1-1　足球

二、足球运动的起源及发展

足球运动是一项古老的健身体育活动，源远流长。现代足球起源地是英国。

到 19 世纪初，足球运动在欧洲及拉美一些国家，特别是在资本主义的英国已经相当盛行。1863 年 10 月 26 日，伦敦成立了世界上第一个足球运动组织——英格兰足球协会，并统一了规则，现代足球运动正式确立。从 1900 年的第 2 届奥运会开始，足球被列为奥运会正式比赛项目，但它不允许职业运动员参加。1904 年 5 月 21 日，国际足联在巴黎成立。1930 年起，每 4 年举办一次世界足球锦标赛（又称世界杯足球赛），比赛取消了对职业运动员的限制。从此，现代足球运动日益发展成熟。

第二节　足球基本技术教学理论与方法

足球技术是指比赛中运动员在规则允许的范围内所采用的合理行动和动作的总称。

一、颠球

颠球是指运动员用身体的各个有效部位连续地触击球的技术动作。（图 5-2-1）

图 5-2-1 颠球

（一）动作要领

1. 双脚脚背颠球：脚向前上方摆动，用脚背击球，击球时踝关节固定，击球的下部。两脚可交替击球，也可一只脚支撑，另一只脚连续击球。击球时用力均匀，将球始终控制在身体周围。

2. 双脚内侧、外侧颠球：抬腿屈膝，用脚的内侧或外侧向上摆动，击球的下部，两脚内侧或外侧交替击球。

3. 大腿颠球：抬腿屈膝，用大腿的中前部位向上击球的下部，两腿可交替击球，也可一只脚做支撑，用另一侧的大腿连续击球。

4. 头部颠球：两脚开立，膝盖微屈，用前额部位连续顶球的下部。顶球时，两眼注视球，两臂自然张开，以维持身体平衡。

5. 各部位连续颠球：根据上述单一颠球技术动作要领，用各部位配合连续颠球，配合的部位越多，难度越大。颠球的部位有脚背、脚内侧、脚外侧、大腿、头部、胸部、肩等。

（二）练习方法

1. 一人一球颠球：原地颠自己手中坠下的下落球，体会触球的时间、触球的部位、触球的力量和整个动作的协调配合。

2. 两人一球颠球：用脚背、大腿、头部以及身体各部位触球，掌握好触球的力量，尽量不让球落地。每人可触球一次颠给对方，也可触球多次互颠。

二、踢球

踢球是指按一定的动作方法，用脚的某一部位将球踢向预定目标。主要用于传球和射门。

（一）动作要领

踢球主要有脚内侧踢球、脚背正面踢球、脚背内侧踢球、脚背外侧踢球和脚尖踢球。

1. 脚内侧踢球

踢定位球时，直线助跑，支撑脚踏在球的侧方 15 厘米左右处，膝关节微屈，在支撑脚着地的同时踢球腿以髋关节为轴由后向前摆动。在前摆过程中屈膝外转，踢球脚的内侧（脚内侧的跖趾关节、舟骨和跟骨所构成的三角部位）正对出球方向，小腿加速前摆，脚尖稍翘起，脚掌与地面平行，用脚内侧部位击球的后中部。（图 5-2-2）

脚内侧踢球的特点是脚与球的接触面积大，出球比较平稳、准确，出球力量较小。

图 5-2-2　脚内侧踢球

2. 脚背正面踢球

踢定位球时，直线助跑，最后一步稍大并积极着地，支撑脚在球的侧方约10 ~ 12厘米处，脚尖正对出球方向，膝关节微屈，踢球腿是在支撑脚前跨和助跑的最后一步蹬高地面时，顺势向右摆起，小腿屈曲。在支撑脚着地的同时，以髋关节为轴，大腿带动小腿由后向前摆，当膝盖摆至接近球正上方的瞬间，小腿做爆发式前摆，脚背绷直，脚趾扣紧，以脚背的正面击球的后中部。踢球腿随球继续提膝前摆。

脚背正面踢球是用脚背正面的楔骨和跖骨的末端构成部位触球的一种踢球方法。特点是踢球腿的摆幅大、摆速快，踢球的力量大，出球的性能变化小，出球方向也比较单一。

图 5-2-3　脚背正面踢球

3. 脚背内侧踢球

踢定位球时，斜线助跑，助跑方向与出球方向成45°角。支撑脚以脚掌外沿积极着地，踏在球的侧后方20~25厘米处，屈膝，支撑脚脚尖指向出球方向，身体稍向支撑脚一侧倾斜。在支撑脚着地的同时踢球腿以髋关节为轴，大腿带动小腿由后向前摆，在身体转向出球方向，膝盖摆到接近球的内侧正上方的瞬间，小腿做爆发式前摆，脚尖稍向外转，脚面绷直，脚趾扣紧，脚尖指向斜下方，以脚背内侧踢球的后中部（踢高球时，击球的中下部），踢球腿随球继续前摆。（图5-2-4）

脚背内侧踢球是用脚背内侧的几个楔骨、趾骨末端部位接触球的一种踢球方法。特点是踢球腿的摆幅大、摆速快，踢球的力量大，由于助跑方向、支撑脚选位灵活性较大，出球的方向变化幅度较大。

图 5-2-4　脚背内侧踢球

4. 脚背外侧踢球

踢定位球（平直球）时，助跑、支撑脚的位置和踢球腿的摆动，基本上与脚背正面踢球相同，只是用脚背外侧接触球。当踢球腿的膝盖摆到接近球的正上方的瞬间，小腿做爆发式前摆时，膝盖和脚尖内转，脚面绷直，脚趾扣紧，以脚背外侧部位踢球的后中部，踢球腿随球继续前摆。

脚背外侧踢球是用脚背外侧部位接触球的踢球方法。特点是它除具备脚背正面踢球的特点外，由于踢球时脚腕灵活性较大和摆腿方向变化较多等优点，它是踢各种距离弧线球和弹拨、削球的主要方法。

5. 脚尖踢球

脚尖踢球与脚背正面踢球动作大致相同，支撑脚踏在球的侧后方。

它是用脚尖部位接触球的踢球方法。特点是踢球腿的摆幅大、摆速快，踢球的着力点集中，出球快而有力，但因脚尖与球的接触面小，出球的准确性较差。

（二）练习方法

（1）两人一组，一人踩球，一人对球做各种脚法练习。

（2）面对墙练习各种踢球方法。

（3）两人一组，相隔 10 米用各种踢法相互踢传球。

三、接球

接球是指运动员有目的地用身体的合理部位把运行中的球接下来，控制在所需要的范围内，以便更好地衔接下一个技术动作。比赛中可用除手和手臂以外的脚、大腿、腹、胸、头等部位接球，通常以脚为主。

（一）动作要领

接球的方法有多种，常用的有脚内侧、脚背外侧、脚背正面、大腿、腹部、胸部、脚底、头部等部位的接球。

1. 脚内侧接球

这是用脚内侧部位接球的一种技术。由于脚触球面积大，动作简单，较易掌握，比赛中经常使用这种技术接各种地滚球、平球、反弹球、空中球。

脚内侧接地滚球：支撑脚脚尖上对来球，膝关节微屈，同侧肩正对来球。接球腿提膝，大腿外展，脚尖微翘，脚底基本与地面平行，脚内侧正对来球并前迎，在脚内侧与

球接触的一瞬间迅速后撤，把球接在脚下。（图 5-2-5）

图 5-2-5　脚内侧接地滚球

脚内侧接反弹球：根据来球的落点，及时移动到位，支撑脚与球落点的相对位置在球的侧前方，支撑腿膝关节微屈，身体向接球后球运行的方向偏移。

脚内侧接空中球：根据来球的速度及运行轨迹，及时移动到位。

2. 脚背外侧接球

脚背外侧接地滚球：将接球点放在接球腿一侧，支撑腿膝关节微屈。接球腿提起屈膝，脚内翻使小腿和脚背外侧与地面成一锐角，并对着接球后球运行的方向，脚离地面的高度应略等于球的半径，然后大腿向接球后球运行的方向推送，同时身体随球移动。

脚背外侧接反弹球：根据来球的落点及时移动到位，支撑脚站在来球落点的侧后方，除触球部位外，其他环节均与脚背外侧接地滚球相同。

3. 脚背正面接球

这种方法多用于接有较大抛物线的来球。根据球的落点，及时移动到位，脚背正面向上迎下落的球，在球与脚面接触的一瞬间，接球脚与球同步下撤，此时大腿膝关节、踝关节、脚趾均保持适度的紧张，脚尖微翘，将球接到需要的地方。（图 5-2-6）

图 5-2-6　脚背正面接球

4. 大腿接球

大腿接抛物线较大的下落球：面对来球方向，根据球的落点迅速移动到位，接球腿大腿抬起，在球与大腿接触的瞬间，大腿下撤，将球接到需要的位置上。

5. 腹部接球

在激烈的比赛中，为了抢点控制球，根据比赛的需要，也使用腹部接球。

腹部接反弹球：接球者身体正对来球方向跑动，判断好球的落点，身体前倾，腹部对准落地反弹的球，腹直肌保持紧张，推压球前进；也可在触球瞬间身体侧转，将球接向所需要的侧面。

腹部接平空球：来球较突然且与腹部同高时，应先挺腹，在腹与球接触瞬间迅速含胸收腹，将球接下来。

6. 胸部接球

胸部接球由于部位较高，加之胸部面积大、肌肉较丰满等特点，易于掌握，故是接高球的一种好方法。胸部接球包括挺胸式、收胸式两种方式。

挺胸式接球：面对来球站立（两脚左右或前后开立），两膝微屈，重心置于支撑面内，上体后仰，下颌微收，两臂自然张开，维持身体平衡。在接触球的瞬间，两脚蹬地，膝关节伸直，用胸部轻托球的下部，使球微微弹起于胸前上方。

收胸式接球：多用于接齐胸高的平直球。面对来球，两脚左右或前后开立，两臂自然张开，挺胸迎球，在触球瞬间收胸、收腹、臀部后移，将球接在体前。若需将球接在体侧时，则在触球瞬间转体，将球接在转体后相应的一侧。

7. 脚底接球

脚底接球技术便于掌握，易于将球接到需要的位置，故常被用来接各种地滚球和反弹球。

脚底接地滚球：身体正对来球方向，移动前迎，支撑脚站在球的侧面（或前或后均可），脚尖正对来球方向，膝关节微屈。同时接球腿提起，膝关节微屈，脚背略屈，使脚底与地面略小于45°角（且脚跟离开地面），一般以前脚掌接触球的上部为宜。在触球瞬间，接球脚可轻微跖屈（前脚掌下点）将球停住，也可根据需要在接球的同时将球推向前方或拉向身后。

脚底接反弹球：根据来球落点，及时前移迎球，支撑脚站在落点侧后方，脚尖正对来球方向，在球落地瞬间，用前脚掌去触球的中上部，微仰膝，用脚掌将球接在体前。

（二）练习方法

1. 正面接地滚球：两人面对面站立，相距10米左右，一人踢地滚球，另一人迎上去接球。

2. 两人在跑动中进行传接球练习。两人一组使用一球，在一定范围内跑动练习，要求接球时尽量使用多种方法，传球时尽量传出各种性质的球，距离近时以地滚球为主，距离远时以空中球为主，以提高接球能力。

3. 两人一组面对面站立，相距5米左右，一人用手抛球，一人做接各种空中球的练习（如大腿、腹部、胸部、头部接球），可逐渐加大距离、加大力量（或增加旋转），以适应各种变化的来球。

4. 利用足球墙进行练习，利用足球墙练习各种接地滚球方法。

5. 个人将球踢高，然后进行接反弹球的各种练习（用手抛起后再进行练习也可以）。

四、头顶球

头顶球是指运动员有目的地用前额将球击向预定的目标的动作。当遇到胸以下部位不能触及或规则不允许触及的一些球时就需要用头部来处理。头顶球技术的使用使运动员既能占据空间，又能争取时间，所以头顶球是处理高空球的最重要手段。（图 5-2-7）

图 5-2-7　头顶球

（一）动作要领

1. 原地前额正面头顶球：身体正对来球方向，眼睛注视运动中的球，两脚左右开立（或前后开立），膝关节微屈，重心置于两脚间的支撑面上（或后脚上），两臂自然张开，当球运行到将垂直于地面的垂线时，两腿用力蹬地，迅速向前摆体，微收下颌，在触球瞬间颈部做爆发式振摆，用前额正面击球中部，上体随球前摆。

2. 原地前额侧面头顶球：根据来球的运行速度、运行轨迹，及时移动到位。两脚前后开立或左右开立，出球方向的异侧脚在前，重心逐渐过渡到前脚上，眼睛注视来球，前膝微屈，两臂自然张开，当球运行至体前上方时，用力蹬地，前脚掌适度旋转；上体随着向出球方向扭摆，同时用力向击球方向甩头，以前额侧击球的后中部。

（二）练习方法

1. 头颠球，体会颠球时身体各部位用力的顺序和方法。
2. 顶悬吊球，慢跑起跳，用前正额、侧面顶悬吊在空中的球。
3. 两人一组，相距 6 米左右，一人抛球，一人顶球。

五、抢截球

抢截球是将对方控制或传出的球占为己有，或破坏对方对球的控制的技术，也是比赛中由守转攻的主要手段。抢截球可分抢球和断球两种，有正面抢、侧面抢和铲球等动作方法。

（一）动作要领

1.抢球

正面跨步抢截球：当运球者与抢球者间的距离缩小到一定范围（即抢球者上前跨一大步可能触及球），运球者脚触球后即将落地或刚刚落地时，抢球者后脚用力蹬地并跨步向前，以脚内侧去堵截球。（图 5-2-8）

图 5-2-8　抢截球

合理冲撞抢球：当防守者并肩与运球者跑动追球时，防守者重心稍下降，靠近对手一侧的手臂紧贴身体，利用对方同侧脚离地的过程，用肘关节以上部位适当冲撞对手同样部位，使对手身体失去平衡，趁机将球控制住。

2.断球

正面铲球：移动并接近控球者，膝关节微屈，重心下降，当控球者触球脚触球后尚未落地时，抢球者双脚沿地面向球滑铲，随即用手扶地做向一侧的翻滚，并尽快起身。

（二）练习方法

1.两人一球练习。将球放在队员甲脚前，队员乙与其相距两米，队员乙上步做正面脚内侧堵抢练习，在队员乙触球瞬间，队员甲也用脚内侧触球。让抢球队员乙体会上步动作及触球部位，两人可轮换做抢球。

2.两人一球练习。甲、乙两队员相对站立，队员甲运球跑向乙（慢速），队员乙选择好时机实施正面跨步抢截球。

3.两人同方向慢跑，在跑的过程中，两人可做适当的合理冲撞，体会冲撞的时机和冲撞的部位及冲撞时如何用力等。

4.一人直线运球前进，另一队员随后，赶至成并肩时，伺机实施合理冲撞并控制球。练习时要求运球者能和抢球者配合，让抢球者得到练习，速度可以由慢到快，循序进行。

六、守门员技术

守门员技术是指守门员运用身体合理部位所采用的有效防御的动作和接球后所做的有助于本队进攻的动作方法。

（一）动作要领

1. 接球是守门员最主要的技术，它包括接地滚球、平空球和高空球。

接地滚球：①直腿式：两腿自然并立，脚尖正对来球，上体前屈，两臂并肘前迎，两手小指靠近，手掌对球。在手触球的瞬间随球后引屈肘、屈腕，两臂靠近将球抱于胸前。②跪撑式：多用于向一侧移步接球。接左侧球时，左腿屈，右腿跪撑于左脚附近，距离不得超过球的直径，其余动作与直腿式接球相同。接右侧球时，动作相同，方向相反。（图5-2-9）

图 5-2-9　接地滚球

接平空球：平空球指膝以上、胸以下的空中球。接球时面对来球，两手掌心向上，两手小指相靠，前迎接球。上体前屈，当手触球时，两臂向后撤引缓冲，将球抱于胸前。

接高空球：面对来球，两臂上伸，两手拇指相对，呈八字形，其余四指微屈，手掌对球。在最高点手触球瞬间，手指、手腕适当用力，缓冲来球并将球接住，顺势转腕屈肘、下引，将球抱于胸前。（图5-2-10）

图 5-2-10　接高空球

2. 拳击球：准确判断来球运行路线，及时移动到位，握紧拳，在接近球的刹那迅速出拳击球。（图5-2-11）

图 5-2-11　拳击球

3.扑侧面球：一侧脚用力蹬地，双手快速向侧伸出，一手置于球后，另一手置于球的侧后上方。同时身体向同侧脚方向倒地，落地时以小腿、大腿、臀、肘外侧依次着地，落地后抱球团身。（图 5-2-12）

图 5-2-12　扑侧面球

扑平空球：近侧脚用力蹬地使身体跃起，身体在空中伸展，手指用力抓住球，接球后以球、肘、肩、上体、臀、腿外侧依次着地并迅速团身。

（二）练习方法

1.两人一组，相距4～5米，一人脚内侧传地滚球，另一人做接地滚球和扑地滚球动作。
2.练习自己或同伴抛出的各种高度球。

七、掷界外球

掷界外球是继续足球比赛开始的一种方式。比赛中，任意一方队员将足球碰出边线，则另一方队员掷界外球。

（一）动作要领

掷界外球时要充分发挥蹬地、腰腹和手腕力量，整个动作要连续不停。掷界外球包括原地掷界外球和助跑掷界外球。

1.原地掷界外球：手指自然张开，持球的后半部，两脚前后或左右站立，膝微屈，将球举在头后，上体后仰，掷球时两脚蹬地，收腹屈体，两臂快速前摆将球掷出。

2. 助跑掷界外球：助跑时将球持于胸前，在最后一步迈出的同时将球举在头后，蹬地、收腹、向前快速摆臂，并用力将球掷出。

（二）练习方法

1. 持球掷界外球的模仿练习。

2. 近距离掷球。两人一组相距5 ~ 7米进行互掷球练习，重点体会用力顺序及方法，逐渐提高动作的协调性和连续性。

3. 远距离掷球。两人一组相距15 ~ 20米进行互掷球练习，重点解决在不违例的情况下，提高掷球远度的问题。

八、假动作

假动作是足球运动技术的一种，指有球技中或无球时的下肢、上体、头部的虚晃，眼神的变化和突然变速、变向等动作。意在运用各种动作的假象迷惑和调动对方，从而更好地实现自己的真实意图，借此战胜对手。带球过人中，真假动作已融为一体；无球跑位时，运用突然起动、突然变速或变向等动作可摆脱对手的看守；防守时运用虚晃、变向等动作，能使抢断更有成效。

（一）动作要领

假动作包括变速、变向、抢截、传球假动作、停球前假动作、运球过人假动作。

（二）练习方法

1. 个人颠球，将球踢高，然后练习做下肢或身体虚晃假动作接球，接球用头、胸腹、脚均可，假动作与真动作的方向可完全相反，也可相差一定的角度。

2. 两人一组，其中一人进行消极防守，两人轮流进行假动作练习。

第三节　足球基本战术教学理论与方法

足球比赛攻守过程中采取的个人行动和集体配合，称为基本战术。足球战术可分为进攻战术和防守战术两大类。在进攻战术和防守战术中都包含个人和集体战术。

一、比赛阵型

比赛阵型是为了达到一定的战术目的，对场上队员的排列和职责的分工。

433阵型：3个中场队员有明确分工，根据情况可一名侧重防守，两名侧重进攻，后者相反。

442阵型：4个中场队员基本上是呈一字形横向排开或呈菱形排列。其分工是一名为进攻型前卫，一名为防守型前卫，另两名为边前卫。

二、个人攻守战术

个人攻守战术分为有球和无球两种。

跑位和盯人都属于无球的个人战术。跑位是不带球的进攻队员跑到一定的位置，为本人或同伴创造得球的机会。在盯守无球队员时，靠近球者要紧盯不放，远者则可放松些，要站在对手与球之间便于抢断球的位置上，做到人球兼顾。

有球的个人战术是指传球、射门、接球、运球和抢球时的战术动作与行动。要求是快速、果断、合理、准确。在运用个人攻守战术时，守门员、中后卫、边后卫、前卫、中锋和边锋等都各有不同的位置打法。这些打法要根据个人特点和对手情况灵活运用。

三、局部攻守战术

（一）局部进攻战术

局部进攻战术主要是 2 ~ 3 人的进攻配合。当出现以多打少或攻守人数相等的局面时，应快速突然地拉空插空，抓住防守中的破绽，果断攻击。当出现以少攻多时，如果快攻不成，则应在护住球的前提下伺机进攻。

（二）局部防守战术

以少防多时，应以延缓对方的进攻速度为原则，切忌盲目抢断。攻防人数相等时，应以盯人为主，并注意互相保护、补位。随着防守能力的提高，攻击性的防守逐渐增多，如主动断、铲、夹击、围抢等。此时离球近的人全力拼抢，其他人夹击围堵，伺机抢截。

（三）特殊攻守战术

特殊攻守战术主要是指运用越位规则所组织的攻防战术。在比赛中，当进攻队采用长传大吊向中路冲击的方式时，防守队常采用制造越位战术的方式来破坏对方的进攻。这种战术若多次生效，不仅能解除进攻威胁，而且还能挫伤对方的士气。进攻者则常采用不向越位队员方向传球，转移传球方向；以便后面队员审时度势地插上，持球队员自己带球直捣球门等手段来瓦解对方所制造的越位战术。

（四）定位球攻守战术

定位球攻守战术指发球门球、中圈开球、掷界外球、判罚门前任意球和角球时的攻守战术。主要是发角球和门前任意球的攻守战术。发角球进攻的办法，一是直接将球发到门前，让高大或头球好的队员，直接攻门，或利用头球将球摆渡给同伴，创造射门机会；二是通过配合，再把球传向门前，攻击球门。防守角球，以盯人防守为主，尤其是对头球好的队员，要有专人看守。门前任意球分直接和间接两种。直接任意球可以直接射门得分，防守时常采用"筑人墙"的方法，同队其他人要盯住对方参与进攻的队员。间接任意球不能直接射门得分，防守时一般采用盯人方法。

四、全队攻守战术

（一）快速反击战术

快速反击战术是近几年最盛行的一种进攻战术。当全队快速收缩半场防守或当甲方压着乙方打时，乙方抢断球后，通过简捷的中、长传递，或 2 ~ 3 人的快速短传配合及个人带球突破等手段，迅速推到前场，威胁甲方球门。这种战术威胁大、效果好。发动快速反击的主要时机是在守门员接到球后、后场定位球后或抢断球后，而以抢断球后的发动效果最好。防守快速反击战术的办法，主要是离球最近的队员，阻碍或破坏对方快攻的第 1 传，其他队员快速回防到位，当形成 1 对 1 的局面时，要以堵截、且退且战来延缓对方进攻时间，争取同伴回防。

（二）逐步进攻战术

逐步进攻战术是指双方实力相当、互有攻守时采用的进攻战术。在进攻结束阶段，经常采用 2 人或 3 人的传切配合、2 过 1、个人突破、边线传中、外围冲吊等进攻手段。防守逐步进攻战术的办法，主要是遵循一般防守原则，根据"敌我"双方特点，采用不同的防守方案。但目前多数队采用盯人结合区域的综合防守方法。

（三）攻破密集防守战术

攻破密集防守战术是在防守队采用固守门前、伺机反击的密集防守形式时，进攻队经常采用的手段。包括抓住时机快攻快打，拉开防区，从两侧展开进攻；左右转移，制造空档；远射；利用高大前锋占据空中优势；等等。

第四节　足球运动竞赛

足球比赛规则是足球比赛进行所必须遵守的规则。足球比赛规则由国际足球联合会（FIFA）制定并修改，最新的足球比赛规则共分为 17 个部分。

一、足球比赛场地

足球比赛场地为长方形，国际比赛场地长 100 ~ 110 米，宽 64 ~ 75 米，标准场地长 105 米、宽 68 米。

二、参赛队员

足球比赛由两队进行，除后备球员外，每队最多同时有 11 名球员参赛，其中必须有一名守门员。每队最少球员数量为 7 人。全部球员中只有守门员可以在比赛中于本方禁区内用手及上肢接触足球。

三、足球裁判

一场比赛由一名指定的主裁判进行控制，他拥有为维护该场比赛符合足球比赛规则所需的一切权力。主裁判关于比赛的判罚，包括是否进球和比赛结果，都是最终判罚。

主裁判只有在自己意识到判罚错误，或经助理裁判（或第四官员）提醒自主判断后，在未恢复比赛或未结束比赛时，才可以对判罚做出修改。

四、比赛时间

除得到裁判及两队同意外，比赛持续时间为两个等长的半场，每半场为 45 分钟。任何更改比赛持续时间的协议应在比赛之前确定，并不得与赛会规则相冲突。在上下半场之间，球员可以进行中场休息，休息时间不得超过 15 分钟。因换人、评估伤员、处置伤员及其他事由损失的比赛时间将进行补时，补时时间由裁判把握。

如在任一半场结束时发生点球或重罚点球，则比赛持续至点球罚球结束。

五、越位

如果球员处于"较第二接近对方端线的对方球员及球更接近对方端线的位置"，就是处于越位位置。处在越位位置上并不犯规。

以下情况球员不处于越位位置：球员处于己方半场；球员与第二接近对方端线的对方球员处于同一端线平行线上；球员与最后两名对方球员处于同一端线平行线上。

处于越位位置的球员只有在己方触球或持球并且裁判认为越位位置球员有以下行为时才会被判处越位犯规：影响了比赛；影响了对方球员；试图从越位位置上获得利益。

六、得分

在没有违反任何比赛规则时，球整体低于球门横梁、越过两球门柱间端线，进攻球队得分。比赛结束时得分多的球队获胜，如果两队得分相同或均未得分，比赛为平局。

七、犯规与不正当行为

（一）直接任意球与点球的判罚

队员草率地、鲁莽地或使用过分的力量做出下列六种犯规行为中的任何一种，将判对方踢直接任意球：踢或企图踢对方队员；绊摔或企图绊摔对方队员；跳向对方队员；冲撞对方队员；打或企图打对方队员；推对方队员。在本方罚球区内出现以上犯规情况，判罚点球。

（二）间接任意球的判罚

队员做出下列四种犯规行为中的任何一种，判对方踢间接任意球：为了得到对球的控制而抢截对方队员时，于触球前触及对方队员，拉扯对方队员，向对方队员吐唾沫、故意手球（不包括守门员在本方罚球区内的情况）。

第五节 足球运动的损伤及治疗

随着现代足球运动的蓬勃发展、攻防节奏转换的不断加快，运动损伤的发生率呈上升趋势，严重困扰运动员的正常训练与比赛，甚至有的造成残疾，缩短了运动寿命。

一、足球运动损伤的特点

（一）足球运动损伤的发生率

足球运动是一项竞争激烈的对抗性项目。足球运动的损伤率是球类项目中最高的。

（二）足球运动损伤的部位

足球运动主要是以足部运动为主的运动项目，下肢在足球运动中起着关键作用，同时也是运动损伤的主要部位。其中踝、膝、大腿、腰背、小腿是常见的主要发生损伤的部位，这些部位的损伤发生率以踝最高，其次是膝、大腿、腰背、小腿。它们的损伤超出运动损伤 77.1% 以上，并且专业运动员更容易发生这些部位的损伤。

（三）足球运动损伤的种类

足球运动损伤的种类主要包括挫伤、擦伤、拉伤、撕裂伤、关节脱位、骨折、劳损及其他。

二、足球运动损伤的原因

（一）激烈比赛的致伤

比赛时紧张的争夺、疾跑与铲球，易导致大腿与小腿的肌肉拉伤与断裂。突然改变体位，小腿的突然扭转、内收或外展，可以引起膝、踝关节的韧带及骨的损伤。

（二）因球的间接作用致伤

这种损伤多见于下肢。例如，用脚外侧踢球，就容易损伤距腓前韧带，这是最常见的踝关节损伤。

（三）球击伤

例如面部的擦伤、挫伤，腹部挫伤（肝脾破裂、胃肠道挫伤），阴囊及睾丸挫伤，等等。

（四）踢伤

比赛时大小腿部常被球靴、膝及小腿踢撞，引起肌肉挫伤、皮下血肿、肌肉断裂（最常见的是股四头肌的损伤）及骨的损伤（如胫骨骨折、胫骨创伤性骨膜炎）等。

（五）摔倒

运动员在争球、冲撞或疾跑时很容易摔倒，因此，发生创伤机会多，场地不平时尤易发生。常见的如擦伤、创伤性滑囊炎、髌骨骨折、脊柱骨折、脑出血、脑震荡等。在塑料草坪上摔倒还会产生热烧伤。

（六）其他

除上述情况外，足球运动员又常因劳损发生慢性创伤，如踝关节创伤性骨关节病（又名"足球踝"，其成因之一是局部劳损，X线拍片表现为踝关节前后骨质增生）、趾骨炎及髌骨软骨病。

三、足球运动损伤的治疗

（一）肌肉拉伤的治疗

发生这种情况时，运动员必须立刻中止比赛，由队医采取按摩法缓解肌肉组织的痉挛状况，然后在伤处捆上夹板或绷带。稍重者，除采用喷剂，还需加压包扎、加护腿，然后酌情决定是否坚持参加比赛。如果疼痛加剧，则应立即将运动员抬出场外，马上运用冷敷法治疗。2小时后，采用热绷带包裹患处。24小时后，待疼痛缓解，即可用按摩法或超声波仪器继续治疗。

（二）扭伤的治疗

韧带部分被轻微撕裂，常表现为局部疼痛、轻微肿胀等。对于这样的扭伤，可向患处喷冷冻剂或对其进行冷敷，再加压包扎固定。当遇到肿胀很大、疼痛剧烈、关节功能出现障碍或骨质部位有明显压痛等症时，则应考虑是否有韧带大部分断裂、完全断裂情况或其他组织器官的损伤。在这种情况下，应及时到医院检查、诊断和治疗。为避免在练习或比赛中出现损伤，运动员准备活动一定要做充分，以达到适应比赛的需求状态，或戴上必要的护踝和护膝。

（三）骨折的治疗

在足球运动中发生的骨折多为闭合性骨折。骨折往往伴有剧烈的疼痛感，严重者用眼睛即可做出判断。发生骨折后应采取如下措施：①如骨折症状不太明显且队员主观感觉不太严重，可采用适当办法送往医院检查。②如骨折处在脊柱、大腿、小腿，特别是脊柱部位，应迅速设法请医务人员到场处理，千万不要移动伤员或伤处。因为脊椎损伤如搬动不当，可能发生脊髓压迫而立即导致四肢与躯干的高位瘫痪，甚至影响呼吸造成休克或死亡。③如骨折后伴有休克，则先进行休克处理，后处理骨折。抗休克的措施一般包括伤员安静平卧，注意保暖，如患者呼吸困难，可进行人工呼吸。④如有伤口出血，则应先止血，再包扎伤口。

（四）抽筋的治疗

让队员坐在地上，伸直大小腿，将足前掌上翘，休息几分钟即好。若抽筋比较严重可让队员平躺在地上，将大小腿尽量伸直，再将足背上翘，让同伴帮助扳脚，并配合点殷门穴、承山穴，静止不动少许时间，一般可缓解。如还不见效，则可再重复伸脚、扳脚、点穴。因出汗过多而致抽筋者，可加服盐片3～4片。

（五）肌肉撕裂的治疗

出现肌肉撕裂后，必须立刻采取冷敷法，至少延续 1 小时。此后，还需裹上绷带。24 小时后，应尽量每天进行冰块按摩或每次 10 分钟的冷水按摩浴及超声波治疗。3 ~ 4 天后，受伤运动员可进行适量的放松性训练。一周后，可慢跑。如果没有不适的感觉，即可开始参加训练。

（六）脱臼的治疗

出现脱臼现象时，首先要避免受伤部位继续承受压力和负载，缩小受伤部位的血肿面积。然后，经过 X 线透视确定脱臼的确切位置。此时，受伤人员一定要静卧，以防止内部继续充血。对伤处先施用冷敷法，手工按摩脱臼处以缓解受伤肌肉组织的进一步恶化，然后再通过超声波和拔罐法解除肌肉的疼痛。若受伤关节恢复常态，就说明脱臼已解除，关节已复位，然后再尝试恢复运动范围。

（七）半月板受伤的治疗

半月板受伤通常是失足滑倒、强烈跳跃使股四头肌猛烈收缩引起。半月板一旦出现伤病，必须由医生处理。在受伤严重的情况下，则只好进行手术治疗。

习题

1. 足球最早起源于哪个国家？
2. 足球运动的技术分为哪些？
3. 足球战术中的个人攻守战术有哪些？
4. 什么是越位？试举两例加以说明。
5. 足球运动损伤的原因有哪些？

第六章 篮球

　　篮球运动是大学校园中喜闻乐见的普及性体育项目，以其游戏性强、竞争激烈受到广大青年学生的喜爱。再加上 NCAA、CUBA 在中美两国高校中的地位逐渐提高，有效地带动了校园篮球氛围，丰富了学生的课余活动。本章将介绍篮球的起源、发展、基本技术、基本战术和运动竞赛规则。

第一节 篮球运动概述

　　篮球运动是 1891 年由美国伊利诺伊州斯普林菲尔德（旧译"春田"）市基督教青年会训练学校体育教师詹姆斯·奈史密斯（Jallies Naismith）博士为了解决学生们在寒冷的冬季不能上体育课的难题而发明的室内集体游戏活动项目，后逐渐发展完善成为世界上影响最大的运动项目之一，深受人们的喜爱。

　　篮球运动诞生后，传播得很快。1892 年传入加拿大和墨西哥，1893 年传入法国，1895 年传入中国，1901 年传入日本和波斯（今天的伊朗），1905 年传入俄国。1904 年美国青年会男子篮球队在第 3 届奥运会上进行了表演。此后，篮球运动逐步在全世界开展起来。1932 年 6 月 18 日在瑞士日内瓦成立了国际业余篮球联合会（简称国际篮联）。1936 年第 11 届奥运会上，男子篮球被列为正式比赛项目。1950 年和 1953 年分别举行了第一届世界男篮和女篮锦标赛。1948 年起，在许多国家的少年儿童中开始出现的小篮球活动，受到国际篮联的重视。国际篮联于 1968 年成立了"国际小篮球委员会"。1976 年第 21 届奥运会又增加了女子篮球比赛。

　　新中国成立以后，我国的篮球运动得到快速发展。1951 年举行了全国性的篮球比赛，在这次比赛后组建了新中国的第一支国家男子篮球队，并在 1952 年组建了国家女子篮球队。从此，我国篮球运动走上了正规的、系统的、有计划的发展道路。

第二节 篮球基本技术教学理论与方法

一、移动技术

　　移动是篮球比赛中队员为了改变位置、方向、速度和争取高度时所采用的各种脚步动作的统称。它是篮球技术中的基础，也是比赛中运用最多的一项基本动作。移动技术包括起动、跑、跳、急停、跨步、转身、滑步、后撤步、交叉步、攻击步、绕步、碎步。

（一）基本站立姿势

基本站立姿势是移动技术的准备姿势。

动作方法：两脚开立并与肩同宽，两腿微屈，上体稍前倾，身体重心位于两脚之间，两臂自然弯曲于体侧，两眼注视全场情况。

（二）起动

动作方法：从基本站立姿势开始，向前起动时以后脚、向侧起动时以异侧脚的前脚掌短促有力地蹬地，同时上体迅速前倾或侧转，向跑的方向移动重心，手臂快速摆动，充分利用蹬地的反作用力，迅速向跑的方向迈出，在最短时间内充分发挥速度。

动作要点：移重心；起动后的前两三步，前脚掌蹬地要短促有力。

（三）跑

跑是基本的移动方法，有侧身跑、变向跑、变速跑、后退跑等。

1. 侧身跑

动作方法：向前跑时，脚尖对着跑动方向；头和上体转向球的方向，以便观察场上的情况。

动作要点：侧转肩看球的方向。

2. 变向跑 （以从左向右变向跑为例）

动作方法：顺步变向跑时，左脚落地制动，屈膝降低身体重心，用前脚掌内侧蹬地，同时扭腰转胯，右脚迅速向右跨步并加速。交叉步变向跑时，左脚落地制动，腰胯向右转动；同时，左脚前脚掌内侧蹬地向右跨步，继续加速跑动前进。

动作要点：左脚蹬地移重心，腰部快转加速度。

3. 变速跑

动作方法：加速时，上体前倾，前脚掌积极蹬地，同时迅速摆臂，加快频率。减速时，上体直起，步幅加大，用前脚掌抵地，缓冲降速。

动作要点：加速时步频加快，减速时步幅加大。

4. 后退跑

动作方法：后退跑是队员为了观察球场上的攻守情况背对前进方向的一种跑动方法。后退跑时，两脚提踵，用前脚掌交替蹬地提膝向后跑动，上体放松直起，两臂屈肘相应摆动，保持身体平衡，两眼平视，注意场上情况。

动作要点：两脚提踵，前脚掌蹬地，上体放松直起。

（四）跳

跳在篮球场上随时可见，运用很广，它是控制空间、争取高度和远度的有效手段。

1. 双脚起跳

动作方法：两脚自然开立，两膝深屈或微屈，重心下降，两臂弯曲并稍向后摆。起跳时双脚蹬地，两臂用力上摆，提腰展体。落地时，屈膝缓冲。

动作要点：蹬地、摆臂、提腰协调一致。

2. 单脚起跳

动作方法：单脚起跳多在助跑情况下进行。助跑时，最后一步一般较小，用脚跟先着地过渡到前脚掌蹬地，两臂上摆提腰，另一腿屈膝上提。当身体达到最高点时，摆动腿自然下放，落地时屈膝缓冲。

动作要点：制动性起跳快，摆臂、提腰要协调。

（五）急停

急停是跑动中突然制动速度的一种动作方法，可分为跨步急停与跳步急停两种。

1. 跨步急停（两步急停）

动作方法：先向前跨出一大步，脚跟着地过渡到全脚掌抵住地面，迅速屈膝上体后仰。第二步着地时，身体侧转，脚尖内旋，用前脚掌内侧蹬住地面来保持身体平衡。

动作要点：屈膝降重心，体转侧后移。

2. 跳步急停（一步急停）

动作方法：单脚或双脚起跳，上体后仰，两脚同时平行落地，用前脚掌内侧有力地蹬住地面，两膝弯曲，降低重心来保持身体平衡。

动作要点：屈膝，重心后移，收腹，双脚落地。

（六）滑步

滑步是防守移动的主要动作方法。可分为侧滑步、前滑步和后滑步。

1. 侧滑步

动作方法：滑步前，两脚左右开立，膝弯曲，上体稍前倾，手臂向两侧张开。向左滑步时，右脚前脚掌内侧蹬地，左脚向左跨出一步。落地的同时，右脚迅速随同滑行，然后依次重复上述动作，眼要注视对手。向右滑步时，动作相反。（图 6-2-1）

图 6-2-1　侧滑步

2. 前滑步

动作方法：由前后站立姿势开始，向前滑步时，后脚前脚掌内侧蹬地，前脚向前跨步。着地后，后脚紧随着向前滑动，保持前后开立姿势。注意屈膝降低重心。

3. 后滑步

动作方法：与侧滑步相同，只是向侧后方向移动。

滑步动作要点：屈膝降低重心，两脚配合协调、蹬跨有力，重心平稳。

（七）转身

转身是以一脚做中枢脚，另一脚蹬地并向前或向后跨出来进行旋转，改变原来身体方向的一种动作方法。可分为前转身和后转身。

1. 前转身

动作方法：转身时移动脚向自己身前（中枢脚前的方向）跨出的同时，中枢脚碾地旋转使身体改变方向。（图6-2-2）

动作要点：屈膝提踵，重心平稳。

图6-2-2 前转身

2. 后转身

动作方法：转身时移动脚向自己身后（中枢脚后的方向）跨出的同时，中枢脚碾地旋转使身体改变方向。（图6-2-3）

动作要点：两脚用力蹬碾地，重心平稳不起伏。

图6-2-3 后转身

（八）后撤步

动作方法：斜侧步站立时，前脚后撤变成后脚。撤步时前脚掌内侧用力蹬地，同时腰部用力向后转胯，前脚后撤，后脚的前脚掌碾地。当前脚后撤着地后，紧接着滑步，保持身体平衡与防守姿势。后撤步时撤步角度不宜过大。

动作要点：前脚用力蹬地，利用腰部力量带动转胯，后脚的前脚掌要积极碾地。

（九）交叉步

动作方法：向右移动时，左脚用力蹬地后迅速从右脚前向右迈出，上体稍向后转，左脚落地后右脚迅速地向右跨步。两脚交叉动作要快，身体不要上下起伏。交叉步后重心落在两脚之间。交叉步实质上是面对对手的侧身快跑动作。

动作要点：两脚蹬转起动（脚尖要指向跑的方向），速度快，降重心，身体保持平稳。

二、传接球技术

传接球是进攻队员之间相互联系、相互配合和组织进攻的具体手段。传球可分为头上、肩上、胸前、体侧、背后、胯下等多种传球方式，接球主要有单手和双手接球两种。传接球的好坏直接影响着进攻的效果和质量。在比赛或练习中，不仅要掌握好传接球的技术，而且要根据场上情况的变化选择合理的传接球方式。

（一）持球

动作要领：双手自然分开，拇指相对成"八"字形，用指根以上部位握住球的两侧后下方，手心空出，两臂弯曲，肘关节下垂，将球放置于胸前。（图6-2-4）

图6-2-4 持球

（二）传球

1. 双手胸前传球

动作方法：斜步姿势站立，双手持球于胸前。传球时，后脚蹬地，身体重心前移，双手向传球方向伸臂发力，同时拇指下压、手腕翻转，通过拇指、食指和中指用力拨球将球传出。球出手后，手心和拇指向下，其余四指向传球方向。（图6-2-5）

技术要点：手腕由内向外翻转，拇指下压，食、中指拨球。

图6-2-5 双手胸前传球

2. 双手头上传球

动作方法：双手举球于头上，两手心向前。近距离传球时，小臂前摆，手腕前扣并外翻，同时拇指、食指与中指用力向前拨。传球距离较远时，要用蹬地和腰腹力量带动上臂前摆，腕、指用力前扣，将球传出。（图6-2-6）

技术要点：前臂前摆和手腕前扣要快速有力，带动手指用力拨球。

图 6-2-6　双手头上传球

3. 单手肩上传球

动作方法：双手持球于胸前，双脚平行站立。右手传球时，左脚向传球方向迈出半步，左肩对着传球方向，同时将球引到右肩上方，手腕后屈，重心落在右脚上。传球时，右脚蹬地，转体，上臂随之向前挥摆，手腕迅速前屈，通过食指、中指拨球将球传出。（图 6-2-7）

技术要点：蹬地、转体、挥臂和屈腕动作要连贯。

图 6-2-7　单手肩上传球

（三）接球

分为单手接球和双手接球。接球时，眼睛要注视来球，手臂迎球伸出，手指自然分开，手掌对球。当球接触手指时，屈肘，手臂后引，缓冲来球力量。

1. 双手接球：这是最基本的接球方法，其优点是控球较稳，且便于衔接下一动作。

动作方法：眼视来球，两臂迎球伸出，两手手指自然张开，拇指相对成"八"字形，其他手指朝向前上方，两手成一个半圆形。当手指触球时，两臂顺势屈肘后引缓冲来球的力量，两手持球于胸腹前，成基本站立姿势。

技术要点：主动伸手迎球，在手接触球后屈肘缓冲。

2. 单手接球：接球控制范围大，但不如双手接球稳定性好。

动作方法：原地单手接球时，接球手向来球伸出，五指自然分开，掌心正对来球，腕、指放松。当手指触球时，顺球的来势迅速收臂置球于身前或体侧，另一手迅速扶球，保持身体平衡，做好下一进攻的准备姿势。

技术要点：手指自然张开伸臂迎球。当手指触球时，顺势后引，另一手及时扶球。

3. 传接球练习方法

（1）持球：徒手模仿持球动作，反复体会持球动作。两人持一球。

（2）接球：拿放在地面上或同伴手里的球，原地接不同方向的来球。

（3）对墙连续传接球。

（4）二人原地多种方式传接球。

（5）四角移动传接球。

（6）二传一抢。

（7）二人行进间传接球推进。

（8）三人"8"字围绕传接球推进。

4. 易犯错误与纠正方法

易犯错误：双手胸前传球时，手腕翻转不够、手指发力不足；接球时双手不伸出迎球，当手指触到球时，手臂没有顺势后引、缓冲。

纠正方法：徒手练习主动迎球动作；自抛自接体会"迎球"和"后引"缓冲动作；徒手模仿或在同伴协助下体会传球时腕翻转和指拨球的动作。

三、投篮技术

（一）原地单手肩上投篮

原地单手肩上投篮是最基本的投篮方法，它是行进间投篮和跳起投篮技术的基础，是比赛中最常用的投篮方法。（图6-2-8）

以右手投篮为例：双脚原地开立，与肩同宽，右脚稍前，身体重心落在两脚之间，屈肘，手腕后仰，掌心向上，五指自然张开，持球于右眼前上方，左手扶球侧，两膝微屈，上体放松并后倾，目视瞄篮点；投篮时下肢蹬地发力，腰腹伸展，手腕前屈带动手指弹拨球，最后通过食指、中指柔和用力将球投出。

图6-2-8 原地单手肩上投篮

（二）行进间单手肩上投篮

行进间单手肩上投篮是比赛中广泛应用的一种投篮方法。

以右手投篮为例：当球在空中运行时，右脚向来球方向或投篮方向跨出一大步，同时接球。左脚向前跨出一小步，脚跟先着地。上体稍微后仰，并用力蹬地起跳，右腿屈膝，左脚蹬离地面，同时向前上方举球。腾空后，右臂向前上方伸展，腕、指动作同原地单手投篮。（图6-2-9）

图6-2-9　行进间单手肩上投篮

（三）跳起投篮

跳起投篮简称跳投，这里主要指跳起单手投篮，其出手动作与原地单手投篮基本相同，只是在动作结构上增加了跳起部分，投篮动作要在空中完成。

四、运球技术

（一）原地高运球

两腿微屈，五指自然张开，以手指、手掌按拍球的上部（掌心不触球），球的落点在脚外侧，高度及腰。（图6-2-10）

图6-2-10　原地高运球

（二）原地低运球

两脚前后开立，两膝微屈降低重心，含胸直腰，运球手法、球的落点同高运球，高度及腰。

动作要领：手腕、手指短促用力拍球。（图6-2-11）

图 6-2-11　原地低运球

五、持球突破技术

（一）顺步（同侧步）突破技术

以左脚为中枢脚，从防守队员左侧突破。准备姿势与交叉步突破相同。突破时，左脚向内侧蹬地，右脚迅速向防守队员左侧跨出，上体稍右转，同时探肩，重心前移。在左脚离地前，用右手推拍球于右脚的侧前方。同时，左脚用力蹬地，加速超越对手。（图6-2-12）

图 6-2-12　顺步（同侧步）突破技术

（二）交叉步（异侧步）持球突破技术

以右脚作中枢脚为例：两脚左右开立，两膝微屈，身体重心降低，持球于胸腹之间。突破时，左脚向左前方跨出，假装做出左侧突破。当对手重心左偏移时，右脚前掌内侧迅速蹬地，上体向右转体探肩，左肩向前下压，重心向右前方移动，左脚迅速向右侧前方跨出，同时将球移于右侧，推放球于左脚外侧，右脚用力蹬地向前跨出，迅速超越对手。（图6-2-13）

图 6-2-13　交叉步（异侧步）持球突破技术

六、防守技术

防守技术是队员在防守时为了阻挠和破坏对手的进攻，达到夺球反攻的目的所采取的各种专门动作方法的总称。

1. 防守有球队员技术

防守有球队员技术由防守有球队员的位置与距离、防守姿势、移动步法和抢打球等环节组成（以人盯人防守为例）。

（1）防守的位置与距离

防守有球队员时，防守人应站在对手与球篮之间，使对方、自己和球篮保持在一条直线上。一般对手离篮近则防守者应离对手近些，离篮远则离对手远些。还应根据对手的进攻技术特点以及防守战术的需要调整防守距离。

（2）防守姿势

防守姿势分为平步防守和斜步防守两种。平步防守：两脚平行站立，两手臂侧伸不停挥动。这种防守姿势占据面积大，攻击性强，便于向左右移动，适合于防守运动、突破。斜步防守：前脚同侧手臂向前上方伸出，另一手臂侧伸。这种防守便于前后移动，对防守投篮比较有利。

（3）移动步法

防守有球队员的脚步动作与对手接球时所处的位置有直接关系。如果持球队员距球篮较近，要快速前滑逼上，举手防守其投篮；如果持球队员距离球篮较远，要迅速跟上，采用平步防守其持球突破，并随时准备运用攻击步、后撤步、交叉步等。对中锋队员防守主要采用绕前、绕后、滑步堵截等。

2. 防守无球队员技术

（1）防守无球队员技术分析

防守无球队员技术由防守的位置与距离、防守姿势、移动步法、断球等环节组成（以人盯人防守为例）。

①防守的位置与距离。

防守无球队员时，防守队员必须根据球和自己防守的对手所处的位置确定和调整自己的防守位置。防守者的位置始终要位于对手与球篮之间，并偏向有球一侧，与球和所防对手三者组成钝角三角形，防守者与对手的距离要和对手与球的距离远近成正比，做到对手近球则近、远球则远，人、球、区三者兼顾，控制对手接球。根据球和对手所处的位置，防守无球队员可分为强侧（有球侧）防守和弱侧（无球侧）防守。

②防守姿势。

正确的防守姿势能扩大控制范围和及时向不同方向移动。采用何种防守姿势，应根据对手是处在强侧还是弱侧，以及防守者与对手和球的距离远近来选择。

③移动步法。

防守时，防守队员要根据球和人的移动，合理地运用脚步动作来保证及时占据有利的防守位置，争取主动。防守无球队员常用的移动步法有滑步（前、后、横滑步）、撤步、碎步、快跑和转身等。

（2）防守无球队员的动作方法

在比赛中，防守队员绝大部分时间是在防无球队员。多数情况下，无球队员的移动是组成进攻配合的关键。要有效地制约对手的进攻，提高防守的主动性、攻击性，必须提高防守无球队员的技能。在遵循防守无球队员原则的基础上，适当运用一些假动作，也可以收到很好的效果。

七、抢篮板球技术

抢篮板球是攻守转换的重要手段，是控制球权的重要方式，对比赛胜负有直接的影响，主要包括以下两个要点：

1.抢篮板球的关键是抢占位置，要设法抢占对手与球篮之间的位置。进攻要强调"冲抢"；防守要强调"挡抢"。

2.切忌对投篮球的反弹点判断不好，挡人抢位不积极；起跳不及时；抢球落地后，没有及时护球。

第三节　篮球基本战术教学理论与方法

一、篮球战术概念

篮球战术是指在比赛中为了战胜对手，队员个人技术的运用和队员之间相互协调的组织形式。

二、进攻战术基础配合

（一）传切配合

传切配合是队员利用传球和切入组成的简单配合。

配合方法：灰4传球给灰5后，立即摆脱对手黑4向篮下切入，接灰5的回传球上篮。（图6-3-1）

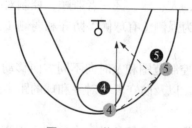

图 6-3-1　传切配合

配合要点：切入队员要掌握好切入时机，利用好假动作和速度；传球队员注意用假动作吸引牵制对手。

易犯错误：切入时动作的突然性不够；切入时没有明显的动作、方向和速度的变化；持球队员给切入队员的传球不及时、不到位，隐蔽性不强。

（二）突分配合

突分配合是持球队员在突破过程中受到防守队员阻截时，及时将球传给无人防守或已摆脱防守的同伴为同伴创造进攻机会的配合方法。（图6-3-2）

配合方法：灰4从防守者黑4的右侧突破，黑5协防，封堵灰4向篮下突破的路线，此时灰5及时跑到有利的进攻位置，接灰4的球投篮。若灰4从防守者黑4的右侧突破，则灰6及时跑到有利的进攻位置，接灰4的球投篮。

配合要点：突破动作快速突然，既要做好投篮的准备，也要随时准备分球。

易犯错误：突破时只看球篮，没有随时观察场上攻守队员的位置与行动，分球不及时。配合队员选位摆脱时间、位置与距离不当。

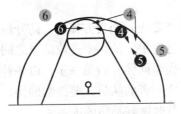

图 6-3-2 突分配合

（三）掩护配合

掩护配合是进攻队员选择正确的位置，用自己的身体以合理的技术动作挡住同伴的防守队员的移动路线，使同伴借以摆脱防守，获得进攻机会的配合方法。

配合方法：灰5跑到灰4的侧面做掩护。当灰5到达掩护位置时，灰4持球从黑4的右侧突破投篮。灰5掩护后及时移动到有利的位置去接球或抢篮板球。（图6-3-3）

配合要点：掩护队员的行动要隐蔽快速；被掩护队员要注意用假动作吸引对手，当同伴到达掩护位置时，摆脱对手动作要突然、快速。

易犯错误：掩护的位置、距离及掩护动作不合理。掩护者没有隐蔽自己的行动意图，被掩护者没有运用假动作吸引防守者。掩护队员做掩护后没有及时转身护送或参与配合进攻。

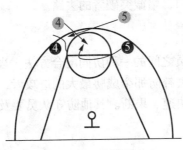

图 6-3-3 掩护配合

（四）策应配合

策应配合是进攻队员背对或侧对球篮接球后，以他作为枢纽，配合同伴的切入或掩护，形成的一种里应外合的配合方法。

配合要点：策应者要及时抢位，传球人要及时地将球传到策应者远离防守的一侧。

易犯错误：策应队员抢位不及时、不主动；策应队员接球后重心太高；策应队员没有随时注意观察场上情况，不能及时地将球传给获得有利进攻机会的同伴或自己寻找机会进攻；策应配合时的位置、距离不适宜。

三、防守战术基础配合

防守战术基础配合是两三个防守队员利用合理的技术、协调的动作破坏进攻的一种方法，包括挤过、穿过、绕过、交换防守、关门、补防和夹击等配合。

（一）挤过配合

挤过是破坏掩护配合的方法之一。当对方掩护，防守队员在敌方掩护队员接近自己时，要迅速向前跨出一步，靠近对手，从两个进攻队员之间侧身挤过，继续防守自己的对手。防守掩护的队员应及早提醒同伴并后撤一步，以备补防。要求：挤过时要贴近进攻队员，上前抢步要快。防守掩护者的队员，要提醒同伴，并选择协防的有利位置，密切注意两个进攻队员的行动，及时做好补防的准备。

（二）交换防守配合

交换防守配合是破坏掩护配合的一种方法。进攻队员利用掩护已经摆脱防守时，防掩护的队员及时发出换防的信号，与同伴互换各自的对手。在适当时候再换防原来的对手。要求：交换防守前，一般是由防守掩护者的队员主动提示同伴。换防时，动作要果断、快速。在适当时候再换回来，防守各自原来的对手，以免在个人力量对比上失利。

（三）关门配合

关门配合是两个防守队员协同防守突破的配合方法。当进攻队员运球突破时，防守突破的队员向侧后方移动挡住其移动路线，临近突破一侧的防守队员，应及时快速向突破队员的前进方向移动，与突破的队员靠拢，像两扇门一样关起来，堵住进攻者的前进路线。要求："关门"时，动作要快，配合要默契，二人要靠紧，不留空隙。与突破队员距离很近时，则可横移关门，堵截突破者的去路。

（四）补防配合

补防配合是两个防守队员之间的一种协同配合方法。当同伴被突破时，临近的防守队员立即放弃自己的对手，去补防那个威胁最大的进攻者，漏人的防守队员则要及时换防。要求：补防时，动作要快速、果断。其他防守队员要及时换防威胁最大的进攻者。

（五）夹击配合

夹击配合是两个防守队员防守一个进攻队员的一种配合方法。要求：当对方运球停止和持球队员处于各个场角时，要果断夹击，并积极挥动手臂，封阻其传球路线，不要盲目抢、打球，尽量避免不必要的犯规。

第四节 篮球运动竞赛

一、比赛场地

　　篮球比赛是在一块平坦、坚实且无障碍的长 28 米、宽 15 米（从界线的内沿丈量）的长方形地上进行。（图 6-4-1）

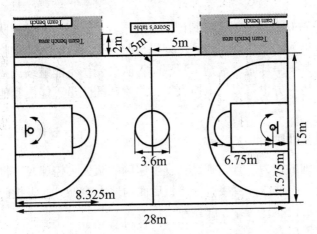

图 6-4-1　国际篮球比赛场地图

二、主要规则

　　（一）时间规则

　　1. 比赛时间
　　（1）比赛应由 4 节组成，每节 10 分钟。
　　（2）在第 1 节和第 2 节之间、第 3 节和第 4 节之间以及每一决胜期之前应有 2 分钟的休息时间。
　　（3）每半场间的休息时间为 15 分钟。
　　2. 开始比赛计时钟，当：
　　（1）跳球时，球抛到最高点被跳球队员合法地拍击。
　　（2）罚球未成功并且球继续是活球并触及场上队员时。
　　（3）在掷界外球时，球触及场上队员。
　　3. 停止比赛计时钟，当：
　　（1）一节或一个决胜期比赛时间结束时；
　　（2）球是活球时裁判员鸣哨；

（3）球是活球时 24 秒钟装置信号响；

（4）某队已请求暂停，对方投篮得分；

（5）在第 4 节或任一决胜期的最后 2 分钟内投篮得分，在这个特定的死球情况下，不允许双方队替换以及得分的队暂停。

（二）暂停

1. 在头 3 节的每节中，每队可准予 1 次要登记的暂停；第 4 节中准予 2 次要登记的暂停；每一决胜期准予 1 次要登记的暂停。

2. 暂停时间为 1 分钟。

（三）替换

替换队员必须做好准备后，亲自到记录台前报告，然后坐在替补队员席上，经临场裁判准许后，方可进入场地替换。遇到下列机会时，记录台鸣笛通知临时裁判：请求暂停已被准许时；宣判了争球时；宣判了犯规时；队员受伤不能继续比赛时；掷界外球的球队允许换人时（另一方也可以请求换人），但跳球的队员不能由其他队员替换，除非该队员受伤。

（四）违例及其罚则

违例是违反规则的行为。其罚则是：发生违例的队失去控球权，将球判给对方队在最靠近违例的地点掷界外球，直接位于篮板后面的地方除外。如果投篮或罚球的球中篮无效，要在罚球线延长部分的界外掷界外球。

1. 队员出界和球出界

（1）当队员身体的任何部分接触界线上、界线上方或界线外的除队员以外的任何物体时，即是队员出界。

（2）当球接触界外的队员或任何其他人员，界线上、界线外的地面或界线上、界线上方或界线外的任何人或物体，篮架、篮板背面、篮板上方及篮板后面的任何物体时，即是球出界。

（3）球出界，甚至球触及了除队员以外的其他物体出界，在球出界前最后触及球或被球触及的队员是使球出界的队员。

违反本条规则是违例。

2. 带球走

比赛中持球队员超出规则限制的范围移动则判其带球走违例。确定中枢脚是判断持球队员是否带球走的关键。通常以下面几种情况来确定中枢脚：

（1）队员双脚着地接到球，可以用任一脚作中枢脚。一脚抬起的一瞬间，另一脚就成为中枢脚。

（2）队员在移动或运球中接到球，可以按下列情况确定中枢脚。

① 如果一脚正触及地面，那么另一脚一触及地面，原先那只脚就为中枢脚。队员可以跳起那只脚并双脚同时着地，则哪只脚都不是中枢脚。

② 如果队员接到球时双脚离地，在这种情况下有三种变化：第一种是双脚同时着地，任一脚都可以是中枢脚。一脚抬起的一瞬间，另一脚就成为中枢脚。第二种情况

是两脚先后着地，则未触及地面的脚是中枢脚。第三种是一脚着地，队员可以跳起那只脚并双脚同时着地时，则哪只脚都不是中枢脚。

③ 确定中枢脚后，在传球或投篮中，中枢脚可以抬起，但在球离手前不可以落回地面。运球开始时，在球离手前中枢脚不可以抬起。

违反上述的持球移动，都应判带球走违例。

3. 非法运球

比赛中队员控制球后，将球掷、滚向地面时，在球接触其他队员前再与球接触时，为运球。每次运球中，必须使球与地面接触。双手同时触球的一瞬间或使球在一手或两手中停留的瞬间，运球即完毕，不得再次运球，再次运球应判为非法运球。当队员的手不和球接触时，运球队员的步数不受限制。下列情况下算运球：连续投篮；在运球开始或结束时，队员偶然地失掉球，然后恢复控制球（漏接）；与附近的其他队员抢球中用挑拍以图获得控制球；拍击另一队员控制的球；拦截传球并获得该球。

4. 拳击球和脚踢球

在比赛中，为了防止危险和粗暴动作出现，凡用拳击球、用脚故意踢球或用脚的任何部位阻拦球均属违例。

在跳球或双方争夺球的过程中出现拳击球，应立即宣判违例。在比赛中，如果出现脚或腿偶然地碰到球，则不算违例。

5. 干扰球

在投篮时，当球在飞行中下落，并完全在篮圈水平面以上时，进攻和防守队员都不可触及球。在投篮中，当球碰击篮板后完全在篮圈水平面以上不可触球。当投篮的球触及篮圈时，进攻和防守队员都不得触及球篮和篮板。进攻和防守队员都不得从下方伸手穿过球篮并触及篮圈水平面以上或篮圈上的球，不管是在投篮后、跳球拍击球后或是在传球后。如进攻队员违反此规定，不管是否投中均无效，由对方在罚球线的延长线部分掷界外球；如防守队员违反此规定，无论中篮与否，根据投篮地点判对方投篮得 2 分或 3 分。

6. 球回后场

某队控制前场活球，该队的队员不得使球回他的后场。判断球回后场违例有三个因素：该队队员在前场控制活球；在前场最后触及球；然后同队的队员在后场最先触球。缺任何一个因素都不构成球回后场违例。

在比赛中，裁判员如发现在前场的控制球队员使球进入后场，不要急于鸣哨，要给对方队员获球的机会，只有待控制球的同队队员触及球时，才可以宣判该队球回后场违例。

7. 跳球违例

跳球时队员应遵守如下规定：当裁判员所抛的球到达最高点之前，任何一跳球队员都不得拍球；在球被合法地拍击前，跳球队员不得离开自己的位置，一只脚靠近两人之间线的中心；在球触及非跳球队员、地面、球篮或篮板前，任一跳球队员都不能抓住或触及球超过两次（可以有两次）；任一跳球队员合法拍击前，其他队员应站在圆圈外，身体的任一部分不得在圆圈上或超过圆圈线（圆柱体）。

违反上述规定，即为跳球违例。

8. 罚球违例

罚球时队员应遵守下列规定：罚球队员可处理球时应在5秒之内投篮出手并使球触及篮圈。罚球时，罚球队员不得接触罚球线或罚球线前的地面。罚球时，当球在飞向球篮的途中，双方队员都不得触及球。罚球队的对方队员不得当球在球篮中时触及球和球篮，也不得用他的行为去扰乱罚球队员。在球离开罚球队员的手之前，沿罚球区两旁位置的任一队员均不得进入限制区、中立区域或离开位置区。

违反上述规定，即为罚球违例。

9. 掷界外球违例

获得球权的队在掷界外球时，其掷球队员不得违反下列规定：

（1）球离手前不得从裁判员指定的地点横向移动超过正常的一步（大约1米），并向不止一个方向移动。

（2）在球触及另一队员前在场内触及球；

（3）球离手前或离手时踏入场地；

（4）球离手的时间超过5秒钟；

（5）掷球越过篮板传给场上队员；

（6）从前场掷球给位于后场的同队队员；

（7）掷界外球离手后，在球接触场上队员前，球触及界外、停留在篮圈支架上或进入球篮。

违反上述规定，即为掷界外球违例。

10. 违反时间规则的违例

（1）3秒钟违例

某队在场上控制球并且比赛计时钟正在走动时，该队队员不得在对方的限制区内停留超过持续的3秒钟，否则为3秒钟违例。

（2）5秒钟违例

①罚球队员可处理球时在5秒钟内未将球投篮出手；

②掷界外球队员可处理球时在5秒钟内未使球离手；

③持球队员在场内被严密防守时（在正常的一步内），5秒钟内未能传、投、滚或运球。

违反上述规定则为5秒钟违例。

（3）8秒钟违例

当一名队员在后场获得控制活球时，该队必须在8秒钟内使球进入前场，否则应判违例。当球触及前场或球触及有部分身体接触前场的队员时，即算球进入某队的前场。

（4）24秒钟违例

每当一名队员在场上获得控制一个活球时，该队必须在24秒钟内投篮出手，否则应判24秒钟违例。

（五）犯规及其罚则

犯规是对规则的违反，含有与对方队员的身体接触和（或）违反体育道德的举止。

1. 侵人犯规

侵人犯规是指不管在活球还是死球时涉及与对方队员在身体上非法接触的队员犯规。

处理身体接触的基本原则：

①规则的精神和意图以及坚持比赛的完整的需要。

②运用"有利/无利"概念的一致性。裁判员不要企图靠不必要的打断比赛的流畅来处罚附带的身体接触，况且这种接触没有使有责任的队员得利，也未置对方队员于不利。

2.判断侵人犯规的标准

（1）队员不准通过伸展他的手、臂、肘、肩、髋、腿、膝和脚，或将他的身体弯曲成"反常的"姿势（超出他的圆柱体）来拉、阻挡、推、撞、绊对方队员以阻碍其行进，也不准放纵任何粗野猛烈的动作。

（2）防守无球队员时，距离不准太近；占据位置时，时间和速度不准太快。

（3）运球队员不准冲撞已站在行进路线上并已采取了合法防守位置的队员。

（4）队员掩护时，要原地不动，要有一定的距离，不准在移动中进行掩护。

（5）队员起跳时，要遵守垂直原则，不准撞开对方起跳；当某队员跳到空中时，对方队员不准移动到他的身体下面。

3.侵人犯规的种类

（1）阻挡。阻挡是非法的身体接触，它阻碍持球或不持球的对方队员前进。

（2）撞人。撞人是指持球或不持球队员推动或移动到对方队员躯干上的身体接触。

（3）从背后防守。从背后防守是指防守队员从对方的背后与其发生身体接触。即使防守队员正试图去抢球，从背后与对方队员发生身体接触也是不正当的。

（4）拉人。拉人是指干扰对方队员自由而发生的身体接触，用于接触对方队员，阻碍其行进。

（5）非法用手。非法用手是指防守队员处于防守状态时，用手去接触对方队员，阻碍其行进。

（6）推人。推人是指使用身体任何部位强行移动，或试图移动已经或没有控制球的对方队员时发生的身体接触。

（7）非法掩护。非法掩护是指试图非法拖延或阻止不持球的对方队员到达希望到达的场上的位置。

4.侵人犯规的罚则

在所有的情况下都要登记犯规队员一次侵人犯规，并根据不同性质和具体情况进行处理。

（1）对正在做投篮动作的队员发生侵人犯规时，登记该队员犯规次数，并累计在全队每节4次犯规之内。若球投中，得分有效，再加罚一次。若球未投入，根据投篮地点判给投篮队员2次或3次罚球。

（2）对未做投篮动作的队员发生侵人犯规时，登记该队员犯规次数，累计在全队每节4次犯规之内，由对方队员在犯规最近的界外掷界外球。若本队每节的犯规超过4次，则由受侵犯的那个队员执行2次罚球。

（六）技术犯规

比赛的正当行为要求双方球队的成员（队员、教练员、替补队员和随队人员）与裁判员及其助理人员有完美和真诚的合作。比赛双方均有权做出最大努力来获得胜利，但胜利的取得必须符合体育道德精神和良好的比赛作风。

任何故意或再三违反上述规则精神，即为技术犯规。概而言之，技术犯规是与对方不发生身体接触而违反规则的行为和道德方面的犯规。

1. 判断技术犯规的原则

（1）对显然是无意和对比赛没有影响或属于管理性质的技术性违反规则的，不算技术犯规，但要提出警告。警告后该队又重犯时，则应立即判为技术犯规。

（2）对有意、不道德或有投机取巧性质的行为，应立即判为技术犯规。

（3）违反规定、性质严重的或坚持不改的，应判技术犯规而取消犯规者的比赛资格，并令其退出比赛场地。

2. 技术犯规的罚则

（1）队员技术犯规

在比赛中，队员如果同裁判员谈话或接触时没有礼貌或使用不尊重的语言和举动、或故意拖延比赛时间妨碍比赛进行、或被判犯规后在裁判员要求举手时不按规则举手等，都应判技术犯规。其罚则是：登记该队员犯规次数，累计在全队每节4次犯规之内，判给对方1次罚球和随后的球权。对违反体育道德的技术犯规，则应判给对方2次罚球和随后的球权。

（2）教练员、助理教练员、替补队员等随队人员的技术犯规

在比赛中，教练员、助理教练员和替补队员如果随意进入球场或离开球队席，跟随比赛的移动而指挥比赛、或不听裁判员的劝告、或与裁判员和对方人员谈话时没有礼貌等，都应判为技术犯规。其罚则是：将犯规登记在该队教练员名下，累计在该队教练员3次犯规之内，由对方罚球2次并在边线中点处掷界外球。

（3）比赛休息时间内的技术犯规

比赛前和比赛休息期间，若队员被判技术犯规，则将犯规登记在该队员名下，累计在全队每节4次犯规之内。若教练员、助理教练员、随队人员技术犯规，则将犯规登记在该队教练员名下，累计在该教练员3次犯规之内（不计入全队犯规之中），由对方罚球2次后，在中圈跳球开始比赛。

3. 违反体育道德的犯规

裁判员认为队员不是在规则的精神和意图的范围内合法地直接地试图抢球而造成的侵人犯规是违反体育道德的犯规。如果队员在持球或不持球的对方队员身上发生过分的接触（严重犯规），那么，这样的接触被认为是违反体育道德的犯规。

违反体育道德的犯规的罚则：应登记该队员的犯规次数，累计在全队每节4次犯规之内，判给对方2次罚球和1次在边线中点处掷界外球。若对投篮队员犯规，则投中有效，再判给对方1次罚球和1次在边线的中点掷界外球；若投球未中，则根据投篮地点判给投篮队员2次或3次罚球和1次边线中点处掷界外球。对屡次发生违反体育道德犯规的队员，可以取消其比赛资格。

4.取消比赛资格的犯规

凡属十分恶劣的不道德的行为，判为取消比赛资格的犯规。

取消比赛资格的犯规的罚则：发生时，登记犯规队员1次取消比赛资格的犯规。取消其比赛资格，令其去该队的休息室并在比赛期间留在那里，他也可以选择离开体育馆。要判给非犯规队罚球和随后的球权，罚球次数和罚球程序同违反体育道德的犯规法则。

5.宣判犯规时的程序

发生犯规时，裁判员应按以下程序宣判：

第一，鸣哨的同时，一手臂伸直高举并握拳，以此表示犯规停表；另一手臂五指并拢，掌心向下，指向犯规队员。

第二，要求犯规队员举手过头。

第三，以手势表明要执行的罚则，如判给罚球，则指罚球线；如不判给罚球，则指向掷界外球地点。

第四，移动到记录台能看得清楚的地方。

第五，做出表明犯规队员号码、犯规性质的手势，再次用手势表明要执行的罚则。

第五节　篮球运动常见损伤及处理

一、擦伤

擦伤是指皮肤表面受到摩擦后的损伤。处理：①轻度擦伤——伤口干净者一般只要涂上红药水或紫药水即可自愈。②重度擦伤——首先需要止血，即根据情况具体采用冷敷法（讲解）、抬高肢体法、绷带加压包扎法、手指直接指点压止血法。冷敷法可使血管收缩，减少局部充血，降低组织温度，抑制神经的感觉，因而有止血、止痛、防肿的作用，常用于急性闭合性软组织损伤。

二、鼻出血

鼻出血是指鼻部受外力撞击而出血。处理：应使受伤者坐下，头后仰，暂时用口呼吸，鼻孔用纱布塞住，用冷毛巾敷在前额和鼻梁上，一般即可止血。

三、扭伤

扭伤是指当关节活动范围超过正常限度时，附在关节周围的韧带、肌腱、肌肉撕裂面造成的损伤。处理：应先止血、止痛。可把受伤肢体抬高，用冷水淋洗伤部或用冷毛巾进行冷敷，使血管收缩，减轻出血程度，减轻疼痛。不要乱揉乱动，防止增加出血。然后在伤处垫上棉花，用绷带加压包扎。受伤48小时以后改用热敷，促进淤血的吸收。

四、挫伤

挫伤是指在钝重器械打击或外力直接作用下使皮下组织、肌肉、韧带或其他组织受伤，而伤部皮肤往往完整无损或只有轻微破损的损伤。处理同扭伤。

五、脑震荡

头部受到外力打击或碰撞到坚硬物体，使脑神经细胞、纤维受到过度震动。可分为轻度、中度和重度脑震荡。处理：对轻度脑震荡的病人，安静卧床休息一两天后，可在一星期后参加适当的活动。对中、重度的脑震荡，要保持伤员绝对安静，仰卧在平坦的地方，头部冷敷，注意保暖，及时送医院治疗。

六、脱臼

脱臼是指由于直接或间接的暴力作用，使关节面脱离了正常的解剖位置。处理：动作要轻巧，不可乱伸乱扭。可以先冷敷，扎上绷带，保持关节固定不动，再请医生矫治。

七、骨折

骨折是指骨的完整性受破坏。处理：首先应防止休克，注意保暖，止血止痛，然后包扎固定，送医院治疗。

习题

1. 简述运球技术动作由哪几个环节组成？
2. 防守无球队员时易犯的错误有哪些？
3. 简述传切、掩护配合时的基本要求。
4. 简述挤过、交换防守、夹击配合的方法与要求。
5. 常见的犯规有哪些？如何判断？
6. 常见的篮球运动损伤有哪些？如何预防？

第七章 排球

众所周知,每一项体育运动都是致力于这项运动的热心人,在偶然的奇想中,不断研究与完善它,并最终诞生。排球运动也是如此。

第一节 排球运动概述

一、排球运动的简介

排球运动是球类运动项目之一,是两队各 6 名队员在长 18 米、宽 9 米的场地上,从中间隔开的球网(男子网高 2.43 米,女子网高 2.24 米)两边,运用发球、垫球、传球、扣球、拦网等技术,进行攻防对抗,使球不在本方场内落地的一种球类运动。

二、排球运动的起源与传播

排球运动 1895 年起源于美国,由美国马萨诸塞州(旧称麻省)霍利沃克城基督教青年会体育干事威廉·摩根(Willian Morgan)发明。当时,网球、篮球很盛行。摩根先生认为篮球运动太激烈,而网球运动量又太小,于是创造了一种运动量适中、富于趣味性、男女老少都能参加的室内娱乐性项目,就是把当时已广为流行的网球搬到室内,在篮球场上用手来打。当时仅仅是一种球类游戏,中间隔一球网,双方将篮球胆拍来打去,称为排球。美国是最早开展排球运动的国家,并通过教会的传教活动和美国军队的军事与战争活动流传到世界各国。

排球运动传入亚洲的时间较早。1900 年传入印度,1905 年传入中国,1908 年传入日本,1910 年传入菲律宾。排球运动在亚洲的发展过程中,先后经历了 16 人制、12 人制、9 人制的比赛形式,直到 20 世纪 50 年代初才正式开展 6 人制排球运动,以中国、日本、朝鲜的技术实力最为突出。

进入 20 世纪 80 年代后,中国女排无论是在技术还是战术运用方面都形成了自己的独特风格,始终处于世界排坛的领先地位。1981 年第三届世界杯,中国女排七站全胜,一举夺冠,此后又分别在 1982 年世锦赛、1984 年奥运会、1985 年世界杯和 1986 年世锦赛蝉联世界女子冠军,写下了"五连冠"的光辉篇章。2003 年,中国女排获得了阔别 17 年的世界冠军,世界杯再次见证了中国女排的崛起。2004 年,中国女排在雅典奥运会上,团结拼搏,上演大翻盘,以 3 : 2 战胜俄罗斯队,又一次夺得奥运会冠军。2015 年,女排世界杯在日本落幕,中国女排在决赛中以总比分 3 : 1 完胜劲敌日本,时隔 12 年重夺世界杯冠军。

第二节　排球基本技术教学理论与方法

排球技术是指在排球规则允许的条件下，运动员采用的各种合理的击球动作和其他配合动作的总称。排球技术分为无球技术和有球技术两大类，详细分为准备姿势、移动、发球、垫球、传球、扣球、拦网7项技术。

一、准备姿势

运动员在起动、移动和击球前所采用的合理的身体姿势，称为准备姿势。合理的准备姿势是指要使身体重心处于相对稳定状态，又要便于移动和完成多项击球动作，为迅速起动、快速移动及击球创造最好的条件。

（一）准备姿势的种类

依据比赛中（或练习中）完成各项技术动作的需要，按照身体重心的高低，准备姿势可分为稍蹲、半蹲和低蹲3种。

1.稍蹲准备姿势。两脚左右开立与肩同宽，一脚在前，两膝微屈，身体重心位于两脚之间并稍靠近前脚，后脚跟稍提起，上体微前倾，两臂放松、自然弯曲并置于腹前。两眼注视来球并兼顾场上情况，两脚保持微动状态。（图7-2-1）

2.半蹲准备姿势。两脚左右开立稍比肩宽，一脚稍前，两脚尖稍内收，脚跟稍提起。膝关节保持一定的弯曲，上体前倾，重心靠前。两臂放松、自然弯曲，双手置于腹前。全身肌肉放松，两眼注视来球，两腿始终保持微动。（图7-2-2）

3.低蹲准备姿势。这种准备姿势比前面两种身体重心更低、更靠前，两脚左右、前后的距离更宽些，膝部弯曲的程度更大些，肩部垂直线过膝，膝部垂直线超过脚尖，两手臂置于胸、腹之间。（图7-2-3）

图7-2-1　稍蹲准备姿势　　　图7-2-2　半蹲准备姿势　　　图7-2-3　低蹲准备姿势

（二）练习方法

1.徒手模仿练习。

2.两人一组，一人做动作，一人纠正，相互指导学习。

3.在原地或行进间跑步时，根据不同的手势、口令、信号，做不同的准备姿势。

二、移动

运动员从起动到制动之间的位移动作称为移动。移动是为了及时接近球，保持好人与球的位置关系以便击球，同时也是为了迅速占据场上有利位置，争取时间和空间。

（一）移动步法

移动步法包括并步与滑步、跨步和跨跳步、交叉步、跑步。

1. 并步与滑步。当来球距身体一步左右时可采用并步移动。并步时，前脚向来球方向跨出一步，后脚迅速蹬地跟上，并做好击球前的准备姿势。其特点是容易保持身体平衡，便于做击球动作。并步可向前、后、左、右各方向移动。当来球与身体的距离较远，用并步无法接近来球时，可采用连续并步即滑步。

2. 跨步和跨跳步。当来球较低，距身体 2 米左右时可采用跨步移动。跨步时，后脚用力支撑蹬地，前脚迅速向来球方向跨出一大步，身体重心移至前腿上，后腿随重心前移自然跟上，两臂做好迎球动作。其特点是跨距大，便于向前、斜前方降低重心进行低点击球。如果采用跨步移动仍不能接近球，可采用跨跳步移动。（图 7-2-4）

图 7-2-4 跨步和跨跳步

3. 交叉步。当来球在体侧 3 米左右时可采用交叉步移动。如向右侧交叉步移动时上体稍向右转，左脚从右脚前向右交叉迈出一步，然后右脚再向右侧方向跨出一大步，同时重心移至右脚，身体转向来球方向保持击球前的姿势。其特点是步子大、动作快，便于制动。

4. 跑步。当来球的落点离身体较远时，可采用跑步移动。跑步移动的特点是移动速度快，便于随时改变方向。

（二）练习方法

1. 一般由半蹲准备姿势开始，看信号后做前、后、左、右的各种移动步法的练习。
2. 两人相对站立，一人随意做各种移动步法，另一人跟随着做同方向的移动。
3. 在两条边线之间，做滑步和交叉步的步法练习。
4. 两人一组，相距 2 ~ 3 米，一人向前、后、左、右抛球，另一人移动把球接住，然后立即抛回，连续做一定次数。
5. 两人一组，移动接地滚球。
6. 两人一组，做好半蹲准备姿势，做相互摸背游戏。要求始终保持低姿势移动，方向不限，以摸到对方的背为胜。

三、传球

利用全身协调力量并通过手指、手腕的弹力，将球传至一定目标的击球动作称为传球。传球是排球运动中的一项重要的基本技术，是组织进攻战术的基础。

（一）传球技术

传球技术主要包括正面传球、背向传球、侧向传球、跳传球。

1. 正面传球

面对目标的传球叫正面传球。它是传球中最基本的方法，是掌握和运用其他各种传球技术的基础。（图 7-2-5）

图 7-2-5　正面传球

（1）准备姿势：采用稍蹲准备姿势，上体稍挺起，抬头看球，两手自然抬起、屈肘后放松置于额前。

（2）迎球动作：当来球接近额前时，开始蹬地、伸膝、伸臂，手指微张，从脸前向前上方迎出，全身各部位动作应协调一致。

（3）击球点：在额前上方约一球距离处。

（4）手型：当手触球时，十指应自然张开使两手成半球状，手腕稍后仰，以拇指内侧、食指全部、中指的二三指节触球的后下部，无名指和小指在球两侧辅助控制传球方向，两拇指相对近"一"字形。（图 7-2-6）

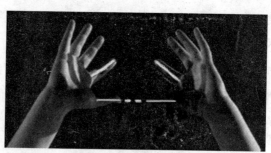

图 7-2-6　传球手形

（5）用力方法：在迎球动作的基础上，当手和球即将接触前，手腕和手指要有前屈迎球的动作。当手和球接触时，各大关节应继续伸展，最后用手指、手腕的弹力将球击出。

2. 背向传球

背对传球目标的传球称为背向传球。背向传球是传球技术中的一种基本方法，在比赛中应用得较多。（图 7-2-7）

图 7-2-7　背向传球

（1）准备姿势：上体比正面传球时稍后仰，双手自然抬起并置于脸前。

（2）迎球动作：抬上臂、挺胸、上体后屈。

（3）击球点：在额上方，比正面传球略偏后。

（4）手型：与正面传球相同，但触球时手腕要稍后仰，掌心向上，拇指托在球下，击球的下部。

（5）用力方法：利用蹬腿、屈体、抬臂、伸肘和手指、手腕的弹力，把球向后上方传出。

3. 侧向传球

身体侧对传球目标，在不转动身体的情况下，靠双臂向侧方传球的动作称为侧向传球。侧向传球的准备姿势、手型及迎球动作同正面传球，但击球点应偏向传出方向一侧。迎球时，通过下肢蹬地使身体重心向上伸展，上体和双臂向传球方向一侧伸展。异侧手臂动作的幅度要大些，伸展的速度也应快些，以双臂和上体侧屈的协调动作将球传出。（图 7-2-8）

图 7-2-8　侧向传球

4. 跳传球

跳传球是指跳起在空中的传球，其传球形式有原地、助跑、双脚和单脚跳传。

（二）练习方法

1. 双手持球，用手腕轻传，体会正确的手型。

2. 原地连续自传。做好准备姿势，连续在额前上方垂直传球。熟练后可传一次低球和一次高球，交替进行，体会控制球的动作。

3. 传固定球。两人一组，一人按传球手型持球于额前，另一人用手扶住球。持球者向额上方做推送动作，体会传球手型、身体和手臂的协调用力。

4. 两人一组对传球，距离可由近到远，注意传球时的出手动作。

5. 对墙传球，主要体会协调用力。

6. 行进间或移动中自传球练习。

7. 两人移动对传。一人原地向另一人的前、后、左、右方向传球，让其移动传球。

8. 隔网传球练习。两人隔网在两边的进攻线内进行上手传球。

9. 传准练习。两人相距 3～5 米，一人抛球，另一人将球传向固定标志。

10. 改变方向传球。两人一组，相距 4 米，一人抛球，一人转方向对墙（或挡网）传球，抛球者的角度为 30°～90°，并逐渐加大。

11. 三人一组，三角传球。

四、垫球

除用手指弹击动作外的身体任何部位击球的动作称为垫球。垫球是排球的基本技术之一，最常见的是前臂垫球。

（一）垫球技术

垫球技术主要包括正面双手垫球、体侧双手垫球、背向双手垫球、跨步垫球、单手垫球、挡球、滚翻垫球、前扑垫球、鱼跃垫球。

1. 正面双手垫球

正面双手垫球是指运动员用双手在腹前将球垫起的动作方法。（图 7-2-9）

图 7-2-9　正面双手垫球

（1）准备姿势：面对来球，成半蹲或稍蹲姿势站立。

（2）垫球手型：常用的双手垫球手型有三种。两手掌跟紧靠，手指重叠互握，两拇指平行向前，手腕下压，两前臂外翻成一个平面，此手型被称为叠掌式。除此之外，还有抱拳式和互靠式。

（3）垫球动作：当球飞到腹前约一臂距离时，两臂加紧前伸，插入球下，同时配合蹬地、跟腰、提肩、顶肘、压腕、抬臂等全身协调动作迎击来球，身体重心随着击球动作向前上方移动。

（4）击球点：保持在腹前高度。

（5）球触手臂部位和击球部位：用前臂手腕关节以上 10 厘米左右的两小臂桡骨内侧所构成的平面击球的后下部。

（6）击球后动作：在击球瞬间，两臂要保持稳定，身体重心继续协调地向抬臂方向伴送球。垫击动作结束后，立即松开双臂，做好下一动作的准备。

2. 体侧双手垫球

在身体侧面用双手垫球称为体侧双手垫球。当来球飞向体侧，队员来不及移动至正对来球时，可采用体侧双手垫球。其特点是伸臂动作快，控制范围大，但不易控制垫球方向，准确性不及正面双手垫球。

3. 背向双手垫球

背对垫球目标，从身前向背后的双手垫球称为背向双手垫球。背向双手垫球时，要判断好来球的方向，快速移动到球的落点处，背对垫出球的方向，两臂夹紧伸直。击球时，用蹬地、抬头挺胸、展腹和上体后仰的动作带动两臂向后上方摆动抬送，以前臂触球的前下方，将球向后上方击出。背向双手垫球的击球点一般应在肩前上方。

4. 跨步垫球

向前或向侧跨一步垫球的动作称为跨步垫球。跨步垫球是当来球离身体前方或斜前方较远而低，队员来不及移动至对正球时采用，在接发球和防守中运用较多。它也是各种低姿垫球动作的基础。

5. 单手垫球

当来球快速飞向一侧较远距离，来不及用双手垫球时采用。单手垫球的优点是动作快，手臂伸得远，击球范围大。不足是触球面积小，控制球的能力差，故在能用双手垫球时尽量不用单手垫球。

6. 挡球

来球高、速度快、力量大，不便于传球和垫球时，用双手或单手在胸部以上挡击来球的动作称为挡球。其特点是伸手动作快，挡击胸、肩部以下高度的来球较方便，可扩大防守范围，是垫球的重要补充。但挡球不便于协调用力，因而控制球的落点和方向比传、垫球差。挡球有双手挡球和单手挡球两种。

（1）双手挡球：多用于挡击胸部以上力量大、速度快的来球，手型有抱拳式和并掌式两种。抱拳式是一手半握拳，另一手外抱，两手掌外侧所形成的平面朝前；并掌式是两手虎口交叉，两手掌外侧合并成勺形的平面朝前。

挡球时，手臂屈肘上举，肘部朝前，手腕后伸，以手掌外侧和掌跟所组成的平面挡击球的后下部。击球瞬间，手腕要紧张，用适度的力量将球向前上方挡起，击球点一般在脸额或两肩的前上方。

（2）单手挡球：击球点高，便于挡头部上方或侧上方的高球。有时对飞向身后的高球，可跳起用单手将球挡回。

（二）练习方法

1. 原地连续自垫球。

2. 垫固定球。两人一组，一人持球于腹前，另一人用垫球动作击球。

3. 垫抛球。两人一组，一人抛球，一人垫球。

4. 对墙垫球练习。距墙 2 米处连续对墙自垫球练习。

5. 移动自垫球练习。每人向前、后、左、右自垫球，要求正面垫球。

6. 两人一组，一人原地传球或垫球，另一人向前、后、左、右移动垫球。

7. 两人对垫球，距离由近而远，垫不同弧度的球。

8. 三人一组，三角垫球。

9. 三人一组跑动垫球，或四人一组三角移动垫球。

10. 两人一组，相距 9 米，一发一垫，轮流交换进行。

11. 两人一组，一扣一防练习。

五、发球

队员在发球区用一只手将自己抛起的球直接击入对方场区的技术动作称为发球。

（一）发球技术

发球技术主要包括正面上、下手发球，侧面下手发球，正面、勾手发飘球，跳发球。

1. 正面上手发球

正面上手发球是指发球队员面对球网站立，利用收腹、转体动作带动手臂加速挥动，在右肩的前上方用全手掌击球过网的发球方法。（图 7-2-10）

图 7-2-10　正面上手发球

（1）准备姿势：面对球网，两脚自然开立，左脚在前，左手托球于体前。

（2）抛球与引臂：左手将球平稳地抛于右肩的前上方，高度适中，同时右臂抬起，屈肘后引，肘与肩平，上体稍向右侧转动，抬头，挺胸，展腹，手臂自然张开。

（3）挥臂击球：利用蹬地，使上体向左转动，同时收腹，带动手臂向前上方快速挥动。在右肩前上方伸直手臂的最高点，用全手掌击球的后中下部。击球时，手指自然张开与球吻合，手腕要迅速主动做推压动作，使击出的球呈上旋飞行。击球后，随着重心前移，迅速入场。

2. 正面下手发球

正面下手发球是指发球队员面对球网，手臂由后下方向前摆动，在体前腹部高度击球过网的一种发球方法。（图7-2-11）

图7-2-11　正面下手发球

（1）准备姿势：面对球网，两脚前后开立，左脚在前，两膝微屈，上体前倾，左手持球置于腹前。

（2）抛球：左手将球轻轻抛起在体前右侧，球离手约一球左右高度，同时右臂伸直，以肩为轴向后摆动。

（3）击球：右脚蹬地，身体重心随着右臂由后向前摆动而前移，在腹前以全手掌击球的后下部。击球后，随击球动作重心前移，迅速进场比赛。

3. 侧面下手发球

侧对球网，手臂由后经下方向前摆动，在体前腹部高度击球过网的发球称为侧面下手发球。这种发球动作较简单，容易掌握，可借助转体力量来击球，便于用力，适合于女子初学者。发球失误少，但攻击性不强。（图7-2-12）

图7-2-12　侧面下手发球

（1）准备姿势：左肩对网，两脚左右开立，约与肩同宽，两膝微屈，上体稍前倾，重心落在两脚之间。

（2）抛球：左手将球平稳上抛于胸前，距身体约一臂远，球离手高度约一个半球。抛球同时，右臂摆至右侧后下方。

（3）挥臂击球：利用右脚蹬地向左转体的力量，带动右臂向前上方摆动，在腹前用全掌、虎口或掌跟击球后下方。击球后，身体转向球网，并迅速进场比赛。

4. 正面、勾手发飘球

正面发飘球近似正面上手发球，是指击球力量通过球的重心，使发出的球不旋转、产生飘晃飞行效果的一种发球方法。勾手发飘球是指发球队员侧对球网站立发出的飘球：用掌跟击球，手臂的挥动轨迹应有一段直线运动。

5. 跳发球

跳发球是指发球队员利用助跑跳起，像扣球似的将球击入对方场区的一种发球方法。采用这种方式发球，由于击球点的升高，能充分地发力，增强发球的攻击性。

（二）练习方法

1. 徒手模仿发球练习。

2. 抛球练习。在网边、墙边或篮圈下面，抛击固定目标，要求平稳上抛，球的位置、高度和距离都要固定。

3. 原地做抛球、抬臂和引臂的配合练习。

4. 击固定球。一人持球于击球点高度，另一人击球。

5. 对墙发球。站在距离墙边 6 ~ 9 米处，发高度为 3 米左右的球。

6. 两人一组，短距离对发球，尽量发在对方手中。

7. 隔网短距离发球过网。要求抛球平稳，用力适当，击球准确。

8. 站在端线后做发球过网的各种练习。

9. 发球成功率练习。在发球过网的前提下，提高成功率并进行比赛。

10. 发球准确性练习。在规定的区域内进行直线球、斜线球或定点球的练习。

11. 发球攻击性练习。降低发球弧度，加快发球速度和力量的练习。

六、扣球

队员跳起在空中，用一只手或手臂将本方场区上空高于球网上沿的球击入对方场区的一种击球方法称为扣球。它是排球运动技术中最有效的进攻手段，是得分和争夺发球权的重要方法。

（一）扣球技术

扣球技术主要包括正面扣球、单脚起跳扣球、勾手扣球、扣快球。

1. 正面扣球

正面扣球是扣球技术中最基本的一种方法。由于面对球网，便于观察，准确性较高，加之挥臂灵活，能根据对方防守情况，随时改变扣球的路线和力量，控制落点，因而进

攻效果较好。下面以右手正面扣球为例来分析其动作方法和技术要领。（图 7-2-13）

图 7-2-13 正面扣球

（1）准备姿势：扣球助跑前采用稍蹲准备姿势，两臂自然下垂，站在离网 3 米左右处，身体转向来球方向，观察来球，做好向各个方向助跑起跳的准备。

（2）助跑：助跑开始时，左脚先向前迈出一步，接着右脚再快速跨出一大步；左脚及时并上，踏在右脚之前；两脚尖稍向右转。两臂绕体侧向上引摆。

（3）起跳：在助跑跨出最后一步（即第二步），左脚并上、踏地制动的同时，两臂自后积极向前摆动。随着双腿蹬地向上起跳，两臂配合起跳，有力地向上摆动。

（4）空中击球：起跳后，挺胸展腹，上体稍向右转，右臂向后上方抬起，身体呈反弓形。挥臂时，以速度转体，收腹动作发力，以此带动肩、肘、腕各部位关节向前上方呈鞭甩动作挥动。击球时，五指微张，以掌心为主，全掌包满球，在手臂伸直至最高点的前上方击球的后中部，同时主动用力屈腕、屈指向前推压，使扣出的球呈上旋。

（5）落地：落地时，以两脚前脚掌先着地再迅速过渡到全脚掌着地，同时顺势屈膝、收腹，以缓冲下落的力量，并立即做好下一个动作的准备。

2. 单脚起跳扣球

单脚起跳扣球是指助跑的最后一步以单脚踏地，另一只脚直接向前上方摆动帮助起跳的一种扣球方法。在现代排球中，由于各种冲跳扣球的大量采用，这种扣球有了新的发展前景。

3. 勾手扣球

勾手扣球是指队员起跳后左肩对网，右臂从身体右侧通过转体动作发力，向头前、上方做轮摆式挥动击球的扣球方法，适用于远网和由后排调整过来的斜网球。

4. 扣快球

（1）近体快球：扣球队员在二传队员体前或体侧约一臂距离处扣的快球叫近体快球。这种快球一般在一传到位而靠近球网的情况下进行，动作方法与正面扣球大致相同，特点是二传距离短、速度快、节奏快，因而实扣效果和掩护作用好。

（2）半高球：又称半快球，是在二传队员附近起跳、扣超出网口两个半球高度的球。半高球比一般扣球速度快，比快球速度慢。队员可利用高点看清对方拦网者的手，一边改变扣球手法和扣球路线。

（3）短平快球：在二传队员体前 2 ~ 3 米处，扣二传队员传过来的快速平弧度球，叫短平快球。这种球速度快、弧线平，进攻节奏快，在网上进攻点多，有利于避开对方的拦网。

（4）平拉开扣球：扣球队员在 4 号位标志杆附近，扣二传队员传来的长距离的平快球。这种扣球，二传球弧线低而平，飞行速度快，因而进攻的突然性大，进攻区域宽，容易摆脱对方的集体拦网。

（5）背快球：在二传队员背后约 50 厘米处扣的快球叫背快球，其扣球方法与扣近体快球相同。但因二传队员看不见扣球队员助跑起跳的情况，需要扣球队员主动配合，去适应二传。

（二）练习方法

1. 原地双脚起跳摆臂练习。

2. 一步或两步助跑起跳练习。

3. 徒手模仿扣球挥臂动作练习。将系有橡皮筋的球固定在一定高度，助跑起跳扣球。

4. 两人一组，一人手持球高举做固定球，另一人扣该固定球。

5. 两人一组，间隔 6 米，用扣球手臂持球于头上方，将球抛出，体会扣球发力的连贯动作。

6. 对墙扣球。将球自抛，然后对地面扣球，使球从地面反弹到墙上。

7. 低网原地自抛扣球练习。

8. 上网扣固定球，固定适中，在进攻线上助跑、上步、起跳，将球扣过网。

9. 助跑自抛自扣练习。

10. 助跑起跳，扣同伴抛来的球。

11. 结合同伴的二传，练习扣球。

12. 在单人拦网的情况下，避开拦网队员的手扣球。

七、拦网

前排队员将手伸向球网上空阻挡对方的来球并触及球称为拦网。拦网是排球运动的基本技术之一，是防守的第一道防线。

拦网技术分为单人拦网和集体拦网两种。

1. 单人拦网（图 7-2-14）

（1）准备姿势：队员面对球网，两脚左右开立，约与肩同宽，距网 30 ~ 40 厘米，两膝微屈，两臂自然屈肘置于胸前。

（2）移动：常用的步法有滑步、并步、交叉步、跑步等。无论采用哪一种移动步法，都要做好制动作，以保证向上跳起，避免触网和冲撞同队队员。

（3）起跳：原地起跳时，两腿屈膝，重心降低，随机用力蹬地。两臂以肩发力，在体侧近身处，做划弧前后摆动，帮助身体迅速起跳。移动后的起跳，其起跳动作与原地起跳一样，但要注意制动并使移动与起跳动作紧密衔接。

（4）空中动作：起跳时，两手从额前沿球网向上方伸出，两臂伸直并保持平行，两肩上提。拦网时，两臂应伸过网去接近球。两手自然张开，屈指、屈腕，呈半球状。

当手触球时，两手要突然紧张，手腕用力下压盖在球的前上方。

（5）落地：拦网后，要做含胸动作，以保持身体平衡。手臂要先后摆或上提，从网上收回至本方上空，再屈肘向下收臂，以免触网。与此同时，屈膝缓冲，双脚落地，随即转身面向后场，准备接应来球或做下一个动作。

2. 集体拦网（图 7-2-15）

集体拦网是指以单人拦网为基础，通过两人或三人的集体配合，扩大拦网范围，提高拦网效果，减小后排防守压力的战术形式。

图 7-2-14 单人拦网　　　　　　图 7-2-15 集体拦网

（1）双人拦网：由前排两个队员互相靠近，同时起跳组成的拦网。双人拦网是集体拦网的一种，是比赛中最常用的一种拦网形式，主要是在对方大力扣球时采用。拦网的技术动作与单人拦网相同。

（2）三人拦网：以 3 号位队员主拦直线；其他队员配合拦网，拦斜线。

第三节　排球基本战术教学理论与方法

一、排球战术概述

（一）排球战术概念

排球战术是指运动员在比赛中根据排球运动的比赛规则、比赛双方的具体情况和临场变化，合理运用个人技术和全队队员互相协调配合的组织形式和方法。

（二）排球战术分类

排球战术可分为个人战术和集体战术两大类。个人战术又分为发球战术、接发球战术、二传战术、扣球战术、拦网战术、防守战术 6 个战术系统。集体战术分为接发球及其进攻（简称一攻）、接扣球及其进攻（防反）、接拦回球及其进攻（保攻）、接传垫球及其进攻（推攻）4 个战术系统。

二、阵容配备、交换位置、信号联系及自由防守队员的运用

（一）阵容配备

阵容配备是指合理地使用本队队员的一种组织手段。其目的在于把全队的力量有效地组织起来，最大限度地发挥每一个队员的特长和作用。

根据各队不同的技术水平和战术特点，一般有以下3种阵容配备：

（1）"四二"配备：由2名二传队员、4名进攻队员（其中2名主攻队员、2名副攻队员）组成，他们分别站在对角的位置上。每一轮次前排都有1名二传队员和2名进攻队员，便于组织前排二传传球的两个点进攻和后排二传插上传球的三点进攻。（图7-3-1）

（2）"五一"配备：由1名二传队员、5名进攻队员组成。（图7-3-2）

（3）"三三"配备：由3名进攻队员与3名二传队员间隔站位，使每一轮次都有传扣，是初学者常用的一种阵容配备。（图7-3-3）

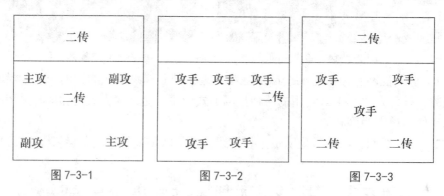

| 图 7-3-1 | 图 7-3-2 | 图 7-3-3 |

（二）交换位置

为了最大限度地发挥每个队员的特长，调动一切积极因素，加强攻防力量，同时弥补阵容配备上的某些缺陷，在规则允许的条件下，可以采用交换位置的方法组织战术。

排球竞赛规则允许在发球击球后，双方队员可以在本方场区内任意交换位置。根据排球比赛中站位的特点与要求，一般采用以下3种换位方法：

1. 前排队员之间的换位

（1）为了便于组织进攻战术，将二传队员换到2号位或3号位。

（2）为了加强进攻力量，将攻击能力强的队员，换到便于扣球的位置上。

（3）为了加强拦网，遏制对方的重点进攻，将身材高大或弹跳力好、拦网能力强的队员，换到主要拦网区即3号位，或换到对方进攻力量最强的相对应的位置上。

2. 后排队员之间的换位

（1）为了发挥个人特长，可采用专位防守。当本方发球后或接起对方的发球后，后排队员各自换到自己的专位防守区。

（2）为了加强后排防守，可将防守能力强的队员，换到对方扣球落点最多的位置；将防守能力较弱的队员，换到防守任务相对较轻的位置。

3.前、后排队员之间的换位

后排的二传队员插上时，可从 1、6 号或 5 号位插上到 2、3 号位之间的位置上，准备做二传；前排的 2、3、4 号位的队员则及时后撤，准备接球或进攻。

（三）信号联系

1.信号联系

信号联系是指为了统一行动目标，完成集体战术配合，根据本队情况，由教练员和运动员共同制定的一种行动信号。

2.信号联系的方法

（1）语言联系

使用口头呼喊来进行直接联系的方法称为语言联系。使用时，语言要精练、清晰，一般只用一两个字，如"快""高""背"等；也可以将战术编成号数，使用时以代号进行联系。比赛中，运用语言联系比较多。其缺点是容易暴露战术意图。

（2）手势信号

通过实现确定的各种手势，表明各种进攻战术变化的配合称为手势信号。手势信号一般在接发球进攻时采用，如二传队员在前排或者后排插上时，用手势提醒其他队员。其优点是隐蔽性强。

（四）自由防守队员的运用

自由防守队员是指不经裁判允许，不受换人次数的限制，可以替换后排任何一名队员完成任务，并在规则允许的范围内自由进出比赛场地参加比赛的队员，简称"自由人"。

"自由人"的设置，是国际排球联合会在 1998 年正式实施的一项新规则，是有利于防守战术的一项新规定。合理地运用"自由人"，已成为一个队在比赛中成功运用战术的重要组成部分。"自由人"可以及时替换场上进攻能力强而防守能力相对较弱的队员，也可以及时替换因扣球、拦网而体力消耗过大的主力队员，还可以适时传递教练员的临场指挥意图。

三、排球集体战术

排球集体战术是指运动员在比赛中，为突破对方防守或抑制对方进攻，灵活地运用合理攻防战术，按照一定的形式，采用有组织、有目的、有针对性的集体配合行动。

（一）进攻战术

进攻战术是指在截对方发过来、扣过来、拦过来和传、垫过来的球后，全队所采用的有目的、有组织的配合进攻行动。进攻战术通常有 3 种进攻阵型。

1."中一二"进攻

"中一二"进攻阵型也称"中二三"进攻阵型，是指由 3 号位队员做二传，将球传给 2、4 号位队员或后排 3 名队员进攻的组织形式。其优点是一传的目标明确且容易掌握，有利于组织进攻；二传在网前接应一传的移动距离近，向 2、4 号位传球的距离较短，准确性较高。缺点是战术变化太少，进攻点不多，对方容易识破进攻意图。（图 7-3-4）

2. "边一二"进攻

"边一二"进攻阵型也称"边二三"进攻阵型，是指 2 号位队员做二传，将球传给 3、4 号位队员进攻或后排队员进攻的组织形式。其优点是 2 名进攻队员的位置相邻，便于组织各种进攻配合，战术变化较多。缺点是对一传的要求较高，如 5 号位接一传时，向 2 号位垫球距离较远，控制球的难度大。另外，对二传的传球及分配球的能力要求也较高。（图 7-3-5）

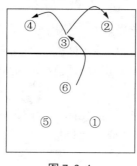

图 7-3-4   图 7-3-5

3. "插上"进攻

"插上"进攻阵型也称"插二三"进攻阵型，是指二传队员从后排插上到前排做二传，把球传给前排 4、3、2 号位队员进攻的组织形式。

（二）防守战术

防守战术分为接发球防守、接扣球防守、接拦回球防守和接传、垫球防守战术。

1. 接发球的防守战术

接发球阵型的种类按其接发球人数，可分为 5 人接发球、4 人接发球、3 人接发球、2 人接发球。这里重点介绍 5 人接发球。

5 人接发球站位阵型指除 1 名二传队员站在网前或从后排插上准备二传不接发球外，其余 5 名队员都负担着一传任务的接发球站位阵型。其优点是队员分布均衡，每人接发球的范围相对减小；接发球时，已站成了基本的进攻阵型，组织战术比较方便，适合接发球水平不太高的球队。其缺点是二传队员从 5 号位插上时距离较长，组织各种进攻难度加大；3 号位队员接球时，不便组成快攻战术，不利于队员间的及时换位；队员之间中间地带较多，配合不默契时，容易互相干扰。

场上队员的位置，根据本方采用的进攻战术及对方采用的发球战术的情况，常用下面几种基本站位。

（1）"一三二"阵型站位，其优点是 5 名队员分布均衡，每名队员接球的范围相对减小，职责分明。缺点是队员之间的交界点增多，会出现互相干扰、互抢互让的现象。（图 7-3-6）

（2）"一二一二"阵型站位，其优点是队员分布均衡，分工明确，有利于接边、

角的发球和弧度高、速度慢、落点分散的球。缺点是不利于接对方发到场地中后区的大力球和飘球。（图7-3-7）

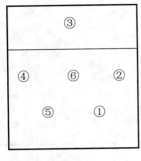

图 7-3-6

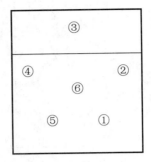

图 7-3-7

2. 接扣球的防守战术

根据前排拦网队员的多少，可将接扣球的防守阵型分为：无人拦网、单人拦网、双人拦网和三人拦网防守阵型。

（1）无人拦网的防守阵型

无人拦网的防守阵型，是一种最简单的防守阵型。适用于初学者或在对方攻击力不盛时，以及对方战术变化多导致本方无人拦网时采用。其站位方法与5人接发球的基本站位相同。

（2）单人拦网的防守阵型

当对方进攻能力较弱时，或对方战术多变来不及组织集体拦网时，可采用单人拦网的防守阵型。

（3）双人拦网的防守阵型

对方水平较高、进攻力量较强、进攻路线变化较多时，多采用这种防守阵型。双人拦网通常分为"边跟进"和"心跟进"两种防守阵型。

① "边跟进"防守阵型。

在对方攻击力较强、战术变化多、吊球较少时采用。例如，当对方4号位队员进攻时，我方2、3号位队员拦网，其他4名队员负责防守各自的区域。如遇对方吊前区，由边上1号位队员跟进防守。其优点是加强了拦网，防守对方大力扣球较为有利。缺点是球场中间空隙较大，防守较为困难。（图7-3-8）

② "心跟进"防守阵型。

在本方拦网能力强、对方采取打吊结合时采用。对方4号位队员进攻时，我方2、3号位队员拦网，后排中心的6号位队员在本方拦网时跟在拦网队员之后进行保护，其余3名队员组成后排弧形防守。其优点是加强了网前的防守能力。缺点是后排防守队员之间的空当较大，防守力量薄弱。（图7-3-9）

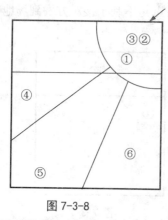

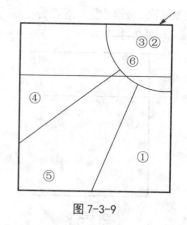

图 7-3-8   图 7-3-9

3. 接拦回球的防守战术

接拦回球的防守阵型，应根据本方的进攻战术和对方拦网队员的情况，以及参加防守的人数来确定。通常采用5人、4人、3人等阵型。这里重点介绍5人接拦回球。

根据扣篮情况，5人接拦回球可采用以下不同的站位：

（1）"三二"站位。这种站位使用得最为普遍，在对方拦网强、拦回去落点大多集中在网前时采用。以4号位进攻为例，3、5、6号位队员组成第一道防线，1、2号位队员组成第二道防线。

（2）"二二一"站位。这种站位在对方拦网落球点比较分散时采用。以4号位进攻为例，3、5号位队员组成第一道防线，2、6号位队员组成第二道防线，1号位队员组成第三道防线。

（3）"二三"站位。这种站位在对方拦网能力一般，拦回球落点地比较分散时采用。以4号位进攻为例，3、5号位队员组成第一道防线，1、2、6号位队员组成第二道防线。

4. 接传、垫球的防守战术

当对方无法组织进攻，被迫将球传、垫、挡过网时，本方的防守便可称为接传、垫球的防守。这种情况在初学者中出现较多，高水平比赛中偶尔也会出现。可以采用"中、边一二"或"心二传"阵型，以利于组织各种进攻战术。

四、排球战术练习

（一）"中一二"进攻阵型练习

1. 徒手模仿"中一二"进攻战术练习

首先按"中一二"进攻阵型站位，然后进行不结合球的模仿跑动和轮转练习，了解各个位置的分工和配合方法。

2. 基本阵型练习

一名队员在6号位抛球，3号位队员把球分别传给2、4号队员进攻，扣球后相互交换位置。队员跑位、扣球熟练后，可采用隔网抛球、专人垫球的方法，并逐步提高难度。

3. 结合接发球练习

（1）一名队员隔网近距离发球，后排队员垫球，2号位队员扣前快球，4号位队员扣一般球。

（2）一名队员隔网近距离发球，5号位队员接发球，3号位队员传球，2、4号位队员扣一般球，后排队员可以进行后排进攻。（图7-3-10）

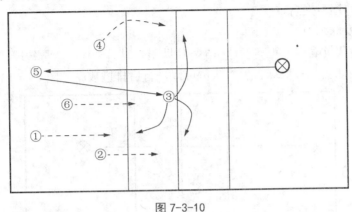

图 7-3-10

（3）通过改变发球位置、距离以及增加拦网队员，提高队员"中一二"战术的运用能力。

4.结合接扣球练习

（1）一名队员在场边扣球，6号位队员防守，2、4号位队员扣一般球，1、5号队员进行后排进攻。（图7-3-11）

（2）一名队员在4号位扣球，两名队员拦网，其他队员参与防守及进攻。（图7-3-12）

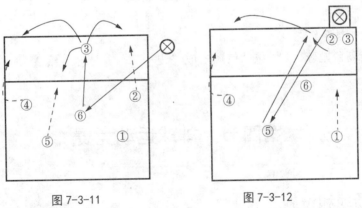

图 7-3-11   图 7-3-12

5.结合接拦回球练习

（1）一名队员可站在高台上掷模拟的各种拦回球，场上队员各负其责，力争将球防起并组织进攻。

（2）双方拦网，场上队员分工配合，力争将球拦回去并组织进攻。

（二）"边一二"进攻阵型练习

1.徒手模仿"边一二"进攻战术练习

队员首先按"边一二"进攻阵型站位，然后进行结合球的模仿跑动和轮转练习，了解各个位置的分工和配合方法。

2. 基本阵型练习

一名队员在 5 号位抛球，2 号位队员把球分别传给 3 号位队员扣近体快球、4 号位队员拉开进攻，扣球后相互交换位置。队员跑位、扣球熟练后，可采用隔网抛球、专人垫球的方法，并逐步提高难度。

3. 结合接发球练习

（1）一名队员隔网近距离发球，5 号位队员垫球，2 号位队员传球，3 号位队员扣前快球，4 号位队员扣一般球，后排队员可以进行后排进攻。（图 7-3-13）

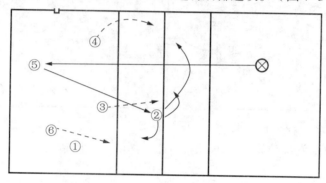

图 7-3-13

（2）通过改变发球位置、距离以及增加拦网队员，提高队员"边一二"战术的运用能力。

4. 结合接扣球练习

一名队员场边扣球，6 号位队员防守，3 号位队员扣快球，4 号位队员扣一般球，5 号位队员进行后排进攻。

5. 结合后排插上练习

一名队员高台抛球，1 号位队员插上成"边一二"，把球传给 2、3、4 号位队员或后排队员进攻。

第四节　排球运动竞赛

一、比赛场地和设施

排球比赛场地包括比赛场区和无障碍区。比赛场区为 18 米 ×9 米的长方形。国际排联组织的世界性大型比赛场地边线外的无障碍区至少宽 5 米，端线外至少宽 8 米，比赛场区上空的无障碍空间从地面量起至少 12.5 米。比赛场地的地面是浅色的，由木质或合成物质构成。比赛场地和无障碍区为两种不同的颜色，场区上所有的界线为白色，宽为 5 厘米。（图 7-4-1）

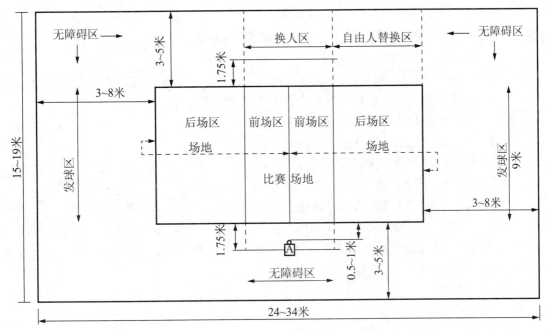

图 7-4-1 比赛场地

球网架设在中线上空，高度为男子 2.43 米，女子 2.24 米。球网为黑色，宽 1 米、长 9.5 ~ 10 米，网眼直径为 10 厘米。球网上有两条宽 5 厘米、长 1 米的白色带子为标志带，分别系在球网两端，垂直于边线。标志杆是有韧性的两根杆子，长 1.8 米，直径为 10 毫米，由玻璃纤维类似质料制成。两根标志杆分别设置在标志带外沿球网的两侧。

二、比赛规则简介

（一）球队组成及基本规则

排球是一项集体比赛项目，每队由 12 名队员组成，两队各派 6 名队员在由球网分开的场地上进行比赛。

比赛的目的是各队遵照规则，将球击过网，使其落在对方场区的地面上，而防止球落在本方场区的地面上。每队可击球 3 次（拦网触球除外），将球击回对方场区。

比赛由发球开始，发球队员击球使其从网上飞至对方场区，比赛由此连续进行，直至球落地、出界或某一队不能合法地将球击回对方场区。

（二）五局三胜制

排球比赛采用五局三胜制，胜三局的队胜一场。比赛中，某队胜 1 球，即得 1 分（每球得分制）。接发球队胜 1 球时得 1 分，同时获得发球权，队员按顺时针方向轮转一个位置。每局比赛（决胜局第五局除外）先得 25 分并同时领先对手 2 分的队胜一局。当比分为 24 : 24 时，比赛继续进行至某队领先 2 分（如 26 : 24、27 : 25）为止。决胜局先得 15 分并同时领先对手 2 分的队获胜。当比分为 14 : 14 时，比赛继续进行至某队领先 2 分（如 16 : 14、17 : 15）为止。

（三）发球犯规

发球犯规包括发球击球时的犯规和发球击球后的犯规。

1. 发球击球时的犯规

（1）发球队员在击球时或击球跳起时踏及场区（包括端线）或发球区以外的地面。

（2）发球队员在第一裁判鸣哨允许后 8 秒内未将球击出。

（3）球未被抛起或持球手未清楚地撤离就击球。

（4）双手击球或单手将球抛出、推出。

（5）将球抛起准备发球却未击球。

2. 发球击球后的犯规

（1）球触及发球队其他队员或球整体没有从过网区内通过球网的垂直平面。

（2）球越过发球掩护的个人或集体。在发球时，某一队员或两名以上队员密集站位或挥臂跳跃、移动遮挡接发球队员，且发出去的球从他或他们上空飞过，则构成个人或集体发球掩护犯规。

（3）界外球。

（四）位置错误

排球规则规定，当发球队员击球时，如果场上队员不在正确位置上，则构成位置错误犯规。下列情况均为位置错误犯规：

（1）发球队员击球时，场上其他队员未完全站在本场区内。

（2）发球队员击球时，场上队员未按"每一名前排队员至少有一只脚的一部分比同列后排队员的双脚距中线更近"的规定站位。

（3）发球队员击球时，场上队员未按"每一名左边（右边）队员至少有一只脚的一部分比网排中间队员的双脚距左（右）边线更近"的规定站位。

（五）击球时的犯规

（1）连击犯规：排球比赛时，运动员身体任何部分均可触球，但一名队员（拦网队员除外）连续击球两次或球连续触及其身体的不同部位即为连击犯规。但在第一次击球时，允许队员在同一击球动作中，球连续触及其身体的不同部位。

（2）持球犯规：排球运动员在比赛中，身体的任何部位均可触球，但球必须被击出，不得接住或抛出，否则即为持球犯规。

（3）第四次击球犯规：一个队连续触球四次（拦网除外）为四次击球犯规。队员不论是主动击球还是被动触及，均算该队员击球一次。

（4）借助击球犯规：队员在比赛场地内借助同伴或任何物体的支持进行击球，皆为借助击球犯规。

（六）队员在网球附近的犯规

队员在网球附近的犯规包括过网击球犯规、过中线犯规、触网犯规和网下穿越进入对方空间妨碍对方比赛犯规等。

（1）对方进行攻击球前或击球时，在对方空间触及球为过网击球犯规。

（2）比赛进行中，队员整只脚、手或身体其他任何部位越过中线并接触对方场地，为过中线犯规。

（3）比赛过程中，队员触网或触标志杆不是犯规。但队员在击球时或干扰比赛情况下的触网或触标志杆为犯规。队员击球后可以触及网及网柱、全网长以外的网绳或其他任何物体，但不得影响比赛。

（4）比赛过程中，在不妨碍比赛的情况下，允许队员在网下穿越进入对方空间。若网下穿越进入对方空间的队员妨碍了对方比赛，则为犯规。

（七）同时击球

双方队员或同队队员可以同时触球。同队的两名或两名以上队员同时触到球，被记为两次或两次以上击球（拦网除外）。双方队员在网上同时击球后，如果球落入场内，应继续比赛，获得球的一方仍可击球三次。

（八）拦网犯规

拦网犯规包括过网拦网犯规、后排队员拦网犯规、拦发球犯规和从标志杆外伸入对方空间的拦网犯规几种情况。

（1）在对方进攻性击球前或击球时，在对方空间拦网触球为过网拦网犯规。判断过网拦网犯规的依据是进攻队员与拦网队员触球时间的先后。

（2）后排队员或后排自由防守队员完成拦网或参加了完成拦网的集体，为后排队员拦网犯规。

（3）拦对方发过来的球为拦发球犯规。

（4）从标志杆外伸入对方空间拦网并触球为拦网犯规。

第五节　排球运动常见损伤及处理

一、排球运动损伤概述

所谓排球运动损伤，就是指在排球运动过程中发生的一切损伤。排球运动损伤的发生因素具有多重性，涉及训练安排、技术动作、训练水平、心理素质等多种因素，特别是由于排球运动技术很多时候都是在半蹲状态或腾空起跳下完成，因而极易导致踝、膝、腰、肩等部位损伤。

二、排球运动损伤的部位

排球运动是一项于空中处理球体的运动，运动员的大部分技术动作都是在腾空跳起或半蹲状态下完成的，因而膝部的伤病率最高。另外，运动员在完成跳发球、扣球和拦网等动作时，上下肢之间必须有很好的配合，而连接上下肢的枢纽即腰、背部在排球运动中也常受到损伤。肩部、脚踝及手腕等部位，也是排球运动中常出现损伤的部位。

1.膝关节

膝关节是人体相对脆弱的部位，而排球运动中的发球、接球、救球、起跳、扣球、拦网等动作，需要膝关节不断地处于 130°～150° 的屈伸状态，同时还要承受很大的扭转力，很容易造成膝部半月板韧带损伤及各种关节疾病。

2. 腰、背部

排球运动员在训练或比赛过程中，为了完成接球、腾空击球和拦网等相关技术动作，必须将自己的身体进行一定程度的扭转和弯曲，使腰部和背部不断地进行应急伸展或弯曲。在技术动作或身体状况不佳的情况下，就很容易造成腰、背部的运动损伤。

3. 肩关节

从生理结构的角度看，肩关节囊薄且韧带少，使得肩关节运动灵活性高但稳定性差。在排球运动中，如果对排球技术动作掌握得不是很好，比如扣球挥臂的动作不正确，就很容易造成肩部的韧带拉伤甚至韧带撕裂。另外，由于频繁的扣球动作，同样会造成肌腱和腱鞘之间反复摩擦，从而引起肌腱腱鞘炎症等。

4. 踝关节

踝关节主要由内侧和外侧韧带支撑，其中内侧韧带比较厚，外侧韧带比较细，承受力较差。在排球运动中，运动员要随时应对一些突发事件，使得运动员脚踝内侧韧带经常处于过分拉紧而外侧韧带又经常处于挤压或外侧受力的状态，造成踝关节损伤。

三、排球运动损伤的处理

1. 非开放性排球运动损伤的处理

对于韧带扭伤、肌腱拉伤等非开放性排球运动损伤的处理，需要立即停止运动，同时采用冰敷以消除肿胀和疼痛，并将损伤的部位抬高至心脏的水平面，避免对伤处的按摩。在冰敷一到两天后，可以改用热敷以驱散淤血。

2. 开放性排球运动损伤的处理

（1）对于开放性且出血的伤口，第一时间使用绷或者经过消毒的毛巾进行包扎，并及时到医院进行处理。

（2）对于擦伤，则可以通过擦拭消毒药水进行处理。

3. 运动员昏厥的处理

对于因各种原因引起的运动员昏厥，首先要判断运动员昏厥的原因，并立即将昏倒者放平，使其躺在较舒适的地方，取头低脚高位（低与高均不超过 30°），尽量少搬动病人。同时，要求周围空气清新和流通。其次，迅速解开病人的领口和腰带，随时清除口咽中的分泌物，以利于呼吸。再次，按压刺激昏厥者人中、足三里以及涌泉等穴位，必要时则进行人工呼吸及胸外挤压进行抢救，并同时拨打120等急救电话或送医院抢治。

习题

1. 排球基本技术是由哪几项组成的？
2. 排球基本进攻战术有哪些？
3. 排球基本防守战术有哪些？
4. 排球运动损伤出现的原因是什么？如何在运动中有效预防？

第八章 乒乓球

本章主要介绍乒乓球的基本技术、基本战术和竞赛规则等，其中主要讲述了基本技术、基本战术的练习方法。目的是通过本章的学习，使学生初步了解乒乓球的一些基本理论知识，掌握几种基本技术和基本战术，并把所学的战术熟练地运用到实践中，进而从乒乓球运动中获得情趣和欢乐，并且达到锻炼身体、增强体质、改善生活质量的效果。

第一节 乒乓球运动概述

乒乓球运动起源于英国。早期的乒乓球运动是由网球运动演变而来的。20世纪初，乒乓球运动在欧洲和亚洲蓬勃发展。乒乓球运动是集技能、体能和智能于一体的隔网对抗的运动项目。运动员打出的每一个球，都包含了速度、旋转、力量、弧线和落点5个竞技要素，具有很强的观赏性。乒乓球运动具有速度快、变化多、技巧性与趣味性强的特点，不受年龄、性别的限制，运动量可大可小，具有较高的锻炼价值。经常参加可发展人体的灵敏性、协调性，从而增强肢体活动能力，提高肢体的活动速度，培养人的机智果断、敢于竞争的优良品质。因此，乒乓球运动深受广大群众的喜爱。从20世纪50年代至今，我国涌现了很多世界一流的乒乓球运动员，国际赛场上空无数次升起五星红旗。他们是国家和人民的骄傲。因此，乒乓球在我国也被尊称为"国球"。

第二节 乒乓球基本技术教学理论与方法

乒乓球技术主要包括握拍、准备姿势、步法移动、发球与接发球、推挡球、攻球、搓球、弧圈球等技术。

一、握拍技术

（一）直拍握法

食指和拇指自然弯曲，食指的第二指关节和拇指的第一指关节分别压住球拍的两肩，食指与拇指间的距离要适中（一般以一指宽距离为宜）。中指、无名指、小指自然弯曲斜型重叠，中指的第一指关节侧面顶在球拍背面约1/3处。（图8-2-1）

图 8-2-1　直拍握法

（二）横拍握法

因手指动作与八字相似，横拍握法又称"八字式"握法：虎口压住球拍右上肩，中指、无名指和小指自然地握住拍柄，拇指在球拍的正面轻贴于中指旁边，食指自然伸直斜贴在球拍的背面。深握时，虎口紧贴球拍；浅握时，虎口轻微贴拍。（图 8-2-2）

图 8-2-2　横拍握法

二、准备姿势（以右手握拍为例）

动作要领：两脚平行站立且略比肩宽，身体稍左倾，面向球台。两膝微屈并内旋，重心置于脚间，上体稍前倾，含胸收腹，两眼注视来球。持拍手臂自然弯曲，肘部稍微外张，置于身体右侧，手腕放松、持拍于腹前；非持拍手臂自然弯曲于身体左侧，前臂、手腕自然放松。（图 8-2-3）

图 8-2-3　准备姿势

三、步法移动技术

步法移动是指乒乓球运动员为选择适合的击球位置所采用的脚步移动方法。其种类有单步、并步、跨步、跳步、垫步、交叉步、侧身步、小碎步等。

（一）单步

以一只脚前脚掌为轴，另一只脚向前、后、左、右不同方向移动。当移动完成时，身体重心也随之落到摆动脚上。

（二）并步

先以来球方向异侧的脚用力蹬地并向另一只脚移动半步或一小步，另一只脚在并步落地后即向同方向移动。

（三）跨步

来球方向异侧的脚用力蹬地，另一只脚向来球方向侧跨一大步，而蹬地脚也迅速跟着移动。球一离拍后应立即还原，保持准备姿势。

（四）跳步

来球方向异侧的前脚掌内侧用力蹬地，使两脚同时离开地面向前、后、左、右跳动，蹬地脚先落地。

（五）垫步

两脚的前脚掌几乎同时上下轻轻跳一下或垫一下，有时两脚是不离开地面的。垫步可以向前、后、左、右移动，其要点体现在"垫"上，垫的动作幅度只相当于正常步伐的半步。

（六）交叉步

交叉步应先以靠近来球方向的脚作为支撑脚，使远离来球的脚迅速向前、后、左、右不同的方向跨出一大步，而原作为支撑的脚跟着前脚的移动方向再迈一步。在移动时，膝关节始终保持弯曲，与来球方向同侧脚外旋、异侧腿内旋，腰、髋迅速转向来球方向，与挥拍击球同步进行。

（七）侧身步

1.单步侧身

右脚向左脚后方跨一步后侧身击球。这种侧身移动速度快，移动步伐小，通常在来球处于身体中间附近的位置或与对方相持的情况下使用。

2.跨步侧身

左脚向左侧跨一步，右脚向左侧后方移动，同时上体收腹，侧转腰，重心落在右脚上。它具有移动快、范围较小、侧身较充分、发力较大等特点。快攻打法较多采用此步法。

（八）小碎步

小碎步是一种频率较高的小跑步，也是以上几种步法的组合步，起着调节身体重心、接球位置和时间的作用。对各种技术动作、战术运用都起着承上启下和衔接的积极作用。小碎步是步法中尤为重要的步法，也是衡量一个人步法跑得是否合理的一个重要因素。

四、发球与接发球技术

（一）发球技术

在乒乓球技术中，发球是唯一不受对方来球制约的技术。它具有极强的主动性，可以选择最适合自己的站位，按照自己的意图把球发到对方球台的任何位置。发球的方法是多种多样的，按形式来划分，可分为低抛发球、高抛发球和下蹲式发球；按方位来划分，可分为正手发球、反手发球和侧身发球；按性质来划分，可分为速度类发球、落点类发球、旋转类发球（如侧上、侧下、转与不转、长球、短球）等。下面对正手发转与不转球、反手发转与不转球技术加以分述。

1. 正手发转与不转球

动作要领：站位时左脚在前，右脚在后，抛球的同时持拍手向后上方引拍。拍面稍后仰，手腕适当外展，手臂放松，腰向右转，以便于发力。当球抛起落至网高时，持拍手迅速用力向前下方挥动，挥拍动作尽可能停住，以便于还原。发下旋球时，用球拍的下半部分去摩擦球的中下部，拇指、食指、手腕在触球的瞬间加强爆发力，尽量多摩擦球，体会球拍吃住球的感觉。发不转球时，用球拍的中上部分去触碰球的中下部，拍面稍后仰。（图 8-2-4）

图 8-2-4　正手发转与不转球

2. 反手发转与不转球

动作要领：两脚平行或右脚稍前，重心降低，持拍手的肩部略低于对侧肩。抛球时，持拍手向后上方引拍，拍面后仰，同时身体顺势向左侧适当转动，以便发力。发下旋球时，用球拍的前半部分去摩擦球的中下部，在触球的瞬间手腕用力摩擦球。发不转球时，用球拍的后半部分去碰击球的中部，手腕和前臂有向前送球的感觉。（图 8-2-5）

图 8-2-5　反手发转与不转球

（二）接发球技术

接发球和发球一样，其好坏都能直接得分或失分。好的接发球技术不仅可以直接得分，还能破坏和限制对方的抢攻，从而为自己的进攻创造有利条件。接发球的方法很多，通常采用推挡、攻球、搓球、削球、摆短等技术来回球。

练习方法：

1. 徒手模仿各发球动作，体会抛、引、挥等动作。

2. 用多球进行发球练习。

3. 两人台上练习，一人做规定线路的各种发球练习，另一人做接发球练习，规定用推、攻、搓中的任何一种技术接对方的单一发球。

五、推挡球技术

推挡是直拍快攻打法的基本技术之一，特别是在左推右攻打法中占有极其重要的地位。由于推挡站位近、动作小、落点多变、速度快并具有一定的力量，所以在比赛中能主动调动和压制对手，为正手攻和侧身攻创造有利时机，在被动和相持时还可以起到积极防守和从相持转为主动的作用。

动作要领：站位离台约 40 ～ 50 厘米，多在球台左半台的 1/3 处；两脚开立，比肩略宽，左脚稍前，右脚略后。上体略前倾，身体重心在两脚间，双膝微屈。拍面呈半横状，拍形近于垂直；握拍时，食指用力、拇指放松，上臂与肘部自然靠近身体右侧，上臂与前臂的夹角约为 100°，肩部放松。击球前，前臂与台面平行伸向来球。当来球跳至上升期时，前臂和手腕迅速向前略向上推出去。触球的瞬间手腕外旋，食指用力，拇指放松，拍面稍前倾击球中上部。击球后，迅速收回球拍，还原成击球前的准备姿势。（图 8-2-6、图 8-2-7）

图 8-2-6　直拍推挡球技术

图 8-2-7　横拍推挡球技术

练习方法：

1. 做徒手推挡球的模仿动作（持球拍），体会动作要领。

2. 两人上球台对练推挡球，落点不限，但基本控制在半个台面。

3. 先练习直线推挡，再练习斜线推挡，并逐渐加快击球速度。

4. 直线或斜线快、慢推挡练习。

5. 一点推对方两点（一直一斜）。

六、攻球技术

攻球是乒乓球技术中重要的基本技术之一，是在比赛中争取主动和得分的主要手段，分为正手攻球和反手攻球技术。

（一）正手攻球

动作要领：站位靠近球台，左脚稍前站立，身体离台约 50 厘米，重心落在两脚之间，持拍屈肘于胸腹前。当来球将落至台面时，前臂外展将球拍后引至身体后侧稍后，重心随即移动到右脚。当来球从台面弹起时，上臂带动前臂向左前上方快速挥动，并配合前臂内旋的动作使拍形前倾，在上升期击球的中上部。击球过程中，身体重心从右脚移至左脚，以腰部带动大臂，大臂带动小臂。击球后球拍继续挥至头部高度，然后迅速还原成击球前的准备姿势。（图 8-2-8）

图 8-2-8 正手攻球技术

（二）直板反手攻球

动作要领：站位靠近球台，右脚稍前，身体重心在左脚上。肘关节略前顶，前臂外旋，手腕稍内屈并向左后上方引拍。击球时，拇指和中指用力，食指自然放松，在来球的高点期或下降前期摩擦球的中上部向前方挥动，利用腰部的力量协助发力。击球后，手臂随势前送，并迅速还原成准备姿势。（图 8-2-9）

图 8-2-9 直拍反手攻球技术

练习方法：

1. 徒手模仿正、反手攻球动作，体会挥臂、腰部扭转和重心转换等动作要领。

2. 练习者站位近台中偏右（左），在右（左）角端线附近自抛自攻对方在右（左）边斜线。体会前臂内收发力和手腕内（外）旋及击球点。

3. 两人对练，一人自抛自攻，另一人用挡球回击，互换练习。

4. 两人对练，一人正（反）手攻球，一人推挡回击，互换练习。

5. 两人对练，一人一点攻两点，另一个两点推挡一点，互换练习。

6. 两人正（反）手对攻斜线。

7. 两人对攻中路直线。

七、搓球技术

搓球是近台还击下旋球的一种基本技术，一般在左半台使用较多。它的技术特点是动作幅度不大，出手较快，过网后的弧线较低，旋转与落点变化比较丰富。用它来回接下旋球是一种比较稳妥的方法。它的种类较多，根据击球时间、落点和旋转的不同，分快搓、慢搓、转与不转搓球、侧旋搓球等。这里主要介绍慢搓球技术。

（一）正手慢搓

动作要领：近台站位，右脚稍前，手臂自然弯曲，手腕外旋，拍面稍后仰，向右上方引拍。在来球的下降前期用球拍的下半部摩擦球的中下部，在前臂加速向前下方用力的同时手腕内旋配合用力。击球后，前臂随势前送，立即放松并迅速还原。（图 8-2-10）

图 8-2-10 正手慢搓球技术

（二）反手慢搓

动作要领：近台站位，左脚稍前，前臂和手腕内旋将球拍引至腹前上方，拍面后仰。在来球下降前期用球拍的下半部摩擦球的中下部，在前臂加速向前下方用力的同时手腕外展配合用力。击球后，前臂随势前送，立即放松并迅速还原。（图 8-2-11）

图 8-2-11 反手慢搓球技术

练习方法：

1.徒手模仿搓球动作，掌握技术要领。

2.自己在台上抛球，将球搓过球网。

3.一人发下旋球，一人将球搓回。

4.两人先对搓中路直线，再对搓斜线。

八、弧圈球技术

弧圈球是一种将力量、速度和旋转结合为一体的进攻型技术，是比赛中的主要得分手段。弧圈球的发展历史不算长，但其发展速度却非常快，特别是欧洲选手运用正反手两面拉弧圈球力争主动，快冲突破，低拉高打，进一步提高了弧圈球在比赛中的作用。弧圈球技术的出现和发展也促进了快攻打法、削球打法以及其他打法的变化和发展。

正手拉弧圈球

动作要领：拉弧圈球时，左脚在前，身体重心较低。手臂自然下垂并向右后下方引拍，身体随之向右转动，右肩下沉，重心在右脚上。拍触球时拍面稍前倾，上臂带动前臂向前上方挥动，手腕配合发力，身体向左侧转动。在来球的下降前期击球的中部或中上部，在摩擦球的瞬间迅速收缩前臂以加大摩擦力。击球后，身体稍向上抬起，随势挥拍至头部高度，重心移至左脚并迅速还原。（图 8-2-12）

图 8-2-12　正手拉弧圈球技术

练习方法：

1.徒手模仿拉弧圈球动作。

2.陪练者发出台的平击球，练习者正手拉弧圈球。

3.陪练者发出台的下旋球，练习者拉弧圈球。体会击球时摩擦和撞击球的感觉，以及拍形和击球部位。

4.陪练者推挡，练习者连续拉弧圈球。

第三节　乒乓球基本战术教学理论与方法

乒乓球运动战术是指运动员根据对方的类型打法及技术特点，并结合临场的发展变化情况而采用各种技术的原则和方法。对不同的对手、不同的打法，要根据自身的特点有针对性地使用相应的技术、战术，有的放矢，才能取得良好的效果。

一、发球抢攻（拉）战术

内容介绍：发球抢攻（拉）战术是以旋转、线路、落点以及速度不同的发球来增加对方回击的难度，使其出现机会球，或降低回球质量，然后抢先进攻（拉），以争取主动或直接得分。这是乒乓球所有打法特别是进攻型打法的主要战术和得分手段。

练习方法：

1. 练习者发不同旋转但落点线路固定的球，创造上手机会，伺机抢攻（拉）。

2. 练习者发不同旋转和线路及不固定落点的球，创造上手机会，伺机抢攻（拉）。

3. 发球后连续进攻练习。

二、推攻（拉）战术

内容介绍：站位近台，反手推出手快，突然性强，线路变化和节奏变化比较多。主要运用正手攻（拉）球和反手推挡的速度和力量，并结合落点变化和节奏变化来压制和调动对方，以争取主动获得分。

练习方法：

1. 一个人推挡球，一个人练习正手攻（拉）球，要求用中等力量打。练习形式有攻斜线、攻中路、攻直线，在1/2台范围内攻（拉）球，或在2/3台范围内攻（拉）球。要求推挡球的落点在规定范围内有所变化。攻（拉）球者要在走动中练习。

2. 有规律的两点打一点的左推右攻（拉）练习。

3. 两点打一点的正反手两面推攻（拉）练习。

4. 推挡变线正手推攻（拉）练习。

三、搓攻（拉）战术

内容介绍：主要运用"转、低、变、快"的搓球控制对方，以寻找机会，然后采用低突、快点或拉攻等技术展开攻势并进入连续进攻。在搓球中遇到机会球时进行扣杀，常常带有突然性，往往可以直接得分。搓攻（拉）战术是乒乓球各种打法不可缺少的辅助战术。

练习方法：

1. 对搓斜线，由其中一方在对搓中侧身起板抢攻（拉）逐渐过渡到双方都可在搓中寻找机会抢攻（拉）。

2. 一方一点搓两点，另一方左搓右攻（拉）。

3. 两点对两点对搓，搓中由一方起板抢攻（拉），逐渐过渡到双方都可在搓中寻找机会抢攻（拉）。

第四节　乒乓球运动竞赛

一、乒乓球竞赛项目和方法

（一）竞赛项目

竞赛项目可由举办单位根据实际情况在竞赛规程中规定。一般在国内外大型的乒乓球比赛中（如全国锦标赛和世界锦标赛）应包括男子团体、女子团体、男子单打、女子单打、男子双打、女子双打、混合双打。

（二）竞赛方法

比赛以 11 分为一局，团体比赛采用五局三胜制，单项比赛采用七局四胜制。

二、乒乓球竞赛的主要规则及裁判法

（一）球台

球台的上层表面称为比赛台面，应为与水平面平行的长方形，长 2.74 米，宽 1.525 米，离地面高 76 厘米。比赛台面不包括球台台面的侧面。比赛台面可用任何材料制成，应具有一致的弹性，即当标准球从离台面 30 厘米高处落至台面时，弹起高度应约为 23 厘米。比赛台面应呈均匀的暗色，无光泽。沿比赛台面边缘有一条 2 厘米宽的白色边线和端线。比赛台面由一个与端线平行且垂直的球网划分为两个相等的台区，各台区的整个面积应是一个整体。双打时，各台区应由一条 3 毫米宽的白色中线划分为两个相等的"半区"。中线与边线平行，并视为右半区的一部分。

（二）球网装置

球网装置包括球网、悬网绳、网柱及将它们固定在球台上的夹钳部分。球网应悬挂在一根绳子上，绳子两端系在高 15.25 厘米的直立网柱上，网柱外缘离开边线外缘的距离为 15.25 厘米。整个球网的顶端距离比赛台面 15.25 厘米。整个球网的底边应尽量贴近比赛台面，其两端应尽量贴近网柱。

（三）球

球应为圆球体，直径为 40 毫米。球重 2.7 克，呈白色或橙黄色，且无光泽。

（四）球拍

球拍的大小、形状和重量不限，但底板应平整、坚硬。底板厚度至少应有 85% 的天然木料。加强底板的黏合层可用诸如碳纤维、玻璃纤维或压缩纸等纤维材料，每层黏合层不超过底板总厚度的 7.5% 或 0.35 毫米。球拍两面不论是否有覆盖物，必须无光泽，且一面为鲜红色，另一面为黑色。比赛开始时及过程中运动员需要更换球拍时，必须向对方和裁判员展示他将要使用的球拍，并允许他们检查。

（五）比赛条件

赛区空间应不少于 14 米长、7 米宽、5 米高。赛区由 75 厘米高的同一深色的挡板围起。与相邻的赛区及观众隔开。世乒赛和奥运会比赛中，台面照明应均匀且不得低于 1000 勒克斯，其他地方的照明度不得低于 500 勒克斯；其他比赛中，台面上的照明度不得低于 600 勒克斯，其他地方的照明度不得低于 400 勒克斯，光源距离地面不得少于 5 米。

（六）回合

球处于比赛状态的一段时间。

（七）"球处于比赛状态"

"球处于比赛状态"是指从发球时球被有意向上抛起前静止在不执拍的手掌上的最后一瞬间开始，直到球触及比赛台面、球网装置、执拍手手中的球拍或执拍手手腕以下部位以外的任何物体，或者到该回合被判得分或重发球的这段时间。

（八）击球

击球是指用握在手中的球拍或执拍手手腕以下部位触球。

（九）阻挡

阻挡是指对方击球后，向比赛台面方向运动的球，在没有触及本方台区也未越过端线之前，即触及本方运动员或其穿戴的任何物品。

（十）越过或绕过球网装置

除从球网和比赛台面之间通过以及从球网和网架之间通过的情况外，球均应视为越过或绕过球网装置。

（十一）球台的端线

球台的端线包括球台端线以及端线两端的无限延长线。

（十二）合法发球

发球时，球应放在不执拍手的手掌上，手掌张开并伸平，在发球方的端线之后、比赛台面的水平面之上球保持静止。发球员须用手将球几乎垂直地向上抛起，不得使球旋转，并使球在离开不执拍手的手掌之后上升不少于 16 厘米，球下降到被击出前不能碰到任何物体。当球从抛起的最高点下降时，发球员方可击球，使球首先触及本方台区，然后越过或绕过球网装置，再触及接发球员的台区。在双打中，球应先后触及发球员和接发球员的右半区。从球离开运动员手掌的那一刻到球被击中，球都应该在球台平面的高度之上和在发球选手的端线之上。当球被击中时，发球选手或他的双打队友的身体与衣服的任何部位都不能在球与网之间的范围内。防止在接发球选手视线以外的隐蔽式发球。从球被抛出到击中的这段时间，都必须保持在球台平面高度之上。运动员发球时，应让裁判员或副裁判员看清他是否按照合法发球的规定发球。如果裁判员怀疑发球员某个发球动作的正确性，并且他或者副裁判员都不能确信该发球动作不合法，一场比赛中此现象第一次出现时，裁判员可以警告发球员而不予判分。如果在同一场比赛中，发球员或其双打同伴发球动作的正确性再次受到怀疑时，不管是否出于同样的原因，均判接发球方得 1 分。无论是否第一次，只要发球员明显没有按照合法发球的规定发球，他将被判失 1 分，无须警告。运动员因身体伤病而不能严格遵守合法发球的某些规定时，可由裁判员做出免于执行的决定，但需要在赛前向裁判员说明。

（十三）合法还击

对方发球或还击后，本方运动员必须击球，使球直接越过或绕过球网装置或触及球网装置后，再触及对方台区。

（十四）比赛次序

在单打中，首先由发球员合法发球，再由接发球员合法还击，然后两者交替合法还击。在双打中，首先由发球员合法发球，再由接发球员合法还击，然后由发球员的同伴合法还击，再由接发球员的同伴合法还击。此后，运动员按此次序轮流合法还击。

（十五）重发球

回合出现下列情况应判重发球：如果发球员发出的球，在越过或绕过球网装置时触及球网装置，此后成为合法发球或被接发球员或其同伴阻挡；如果接发球员或接发球方未准备好时，球已发出，而且接发球员或接发球方没有企图击球；由于发生了运动员无法控制的干扰，而使运动员未能合法发球、合法还击或遵守规则；裁判员或副裁判员暂停比赛。

（十六）一局比赛、一场比赛

在一局比赛中，先得 11 分的一方为胜方。10 平后，先多得 2 分的一方为胜方。一场比赛应采用五局三胜制或七局四胜制。一场比赛应连续进行，除非是经许可的间歇。

（十七）发球、接发球和场地方位的选择

选择发球、接发球和场地方位的权力应由抽签来决定。中签者可以选择先发球或先接发球，或选择先在场地某一方位。当一方运动员选择了先发球或先接发球或选择了先在场地某一方位后，另一方运动员必须有另一个选择的权力。在每发球两次之后接发球方即成为发球方，依此类推，直到该局比赛结束。如果双方比分都达到 10 分，实行轮换发球法。这时发球和接发球次序仍然不变，但每人只轮发一球。一局中在某一方位比赛的一方，在该场的下一局应换到另一方位。单打决胜局中，当有一方满 5 分时应交换方位。

（十八）轮换发球法

如果一局比赛进行到 10 分钟仍未结束（双方都已获得至少 9 分时除外），或者在

此之前任何时间，应双方运动员要求，应实行轮换发球法。当时限到时，球仍处于比赛状态，裁判员应立即暂停比赛。由被暂停回合的发球员发球，继续比赛。当时限到时，球未处于比赛状态，应由前一回合的接发球员发球，继续比赛。此后，每个运动员都轮发 1 球，直至该局结束。如果接发球方进行了 13 次合法还击，则判发球方失 1 分。轮换发球法一经实行，或一局比赛进行了 10 分钟，该场比赛剩余的部分必须实行轮换发球法，直至该场比赛结束。

第五节　乒乓球运动常见损伤及预防、治疗

一、腰背部损伤

乒乓球运动时，腰、背部随着球拍的挥动要完成前屈、侧弯、旋转等动作，容易造成腰部肌肉损伤。

主要症状：腰部酸痛、沉重，运动中及运动后症状明显，腰、背部劳累后症状加重。

预防及治疗方法：调整运动量，运动时佩戴支具，对损伤部位加以按摩、理疗、封闭、针灸，状况比较严重的需手术治疗。

二、肩部损伤

乒乓球运动是以肩关节的活动为基础的运动。乒乓球运动中提拉、扣杀、削球等动作，上臂需反复内旋、外展，长期大量运动或急性损伤时，都可能造成肩部损伤。

主要症状：损伤后的肩部疼痛，肩部活动受限制肌肉痉挛和肌肉萎缩。

预防及治疗方法：调整运动量，加强上肢肌肉的训练，根据病情轻重可用固定、封闭、理疗或手术等方法处理。

三、三角软骨盘损伤

乒乓球运动时进行的推挡、反手攻球、反手快拉、快拨、反手弧圈球，容易使下尺桡关节趋向分离，牵扯三角软骨盘而造成肩袖损伤。

主要症状：旋转前臂时出现腕关节小拇指侧疼痛，腕部无力感、弹响、交锁。

预防及治疗方法：前提是明确损伤原因，减少运动量，必要时固定制动、局部封闭、理疗、按摩，严重时需经手术治疗。

四、髌腱末端病

乒乓球运动时除了上肢运动，步法也很重要。长期大量的运动或者不恰当的运动可能会导致膝关节劳损、疼痛。

主要症状：膝关节痛，痛点在髌尖或髌腱处，半蹲、跑跳、上下楼时加重。

预防及治疗方法：调整运动量，加强下肢肌肉训练，佩戴支具保护，按摩、理疗。

五、跟腱腱围炎

跟腱是人体最大的肌腱，近端是腓肠肌、比目鱼肌的肌腱，远端止于跟骨后下方。乒乓球运动因为需要不停地移动步伐，扣杀等动作时还需以足踏地发力，所以当运动量较大时，可能会造成跟腱局部损伤，出现跟腱腱围炎甚至跟腱断裂。

主要症状：最初感觉跟腱在运动前后疼痛，准备活动后疼痛多可消失。如继续重复损伤动作，症状加重，以致走路甚至不负重的屈伸踝关节时也出现疼痛。晚期跟腱常出现棱形肿大。

预防及治疗方法：减少运动量，局部封闭，慢跑、理疗、手术治疗。

六、肱二头肌长头肌腱腱鞘炎

肱二头肌是上臂前方的重要肌肉组织。乒乓球运动中反复的提拉、扣杀、削球、弧圈球等动作，上臂前方的肱二头肌必须进行反复收缩才可发力，长期大量运动后容易造成此疾病。

主要症状：一次致伤或慢性病变再伤时，在受伤当时即有疼痛，随即疼痛加剧，肩关节活动明显受限，疼痛部位多在上臂前外侧。

预防及治疗方法：如出现早期状况，冰敷患处减缓疼痛。后期可通过按摩、理疗、外用药物等方法处理。如出现脱位，应及时到医院处理。

习题

1. 简述乒乓球运动的起源。
2. 乒乓球运动中常用的步法有哪几种？简述其特点。
3. 击球技术共有哪几大项？这些技术的动作要领分别是什么？
4. 请对发球抢攻（拉）战术进行简单介绍。
5. 请介绍乒乓球竞赛中合法发球的具体要求。
6. 乒乓球运动中的常见损伤有哪些？简述其损伤的发病原因。

第九章　羽毛球

羽毛球是一项室内、室外兼顾的运动。依据参与的人数，可以分为单打与双打。羽毛球运动对选手的体格要求并不很高，却比较讲究耐力，极适合东方人发展。羽毛球拍一般由拍头、拍杆、拍柄及拍框与拍杆的接头构成。一支球拍的长度不超过68厘米。其中，球拍柄与球拍杆长度不超过41厘米；拍框长度为28厘米，宽为23厘米。随着科学技术的发展，球拍的发展向着重量越来越轻、拍框越来越硬、拍杆弹性越来越好的方向发展。

第一节　羽毛球运动概述

一、羽毛球运动的简介

现代羽毛球运动起源于英国。据说1873年在苏格兰格拉斯哥郡的伯明顿庄园举行的宴会上，由于下雨客人们只能待在室内，有几个从印度回来的退役军官就向大家介绍了一种隔网用拍子来回击打球的游戏，人们对此产生了很大的兴趣。后来人们就以伯明顿（Badminton）作为此项运动的名称。1893年英国成立了羽毛球协会，1899年举行了第一届全英羽毛球锦标赛。此后，羽毛球运动就传到了世界各地。

羽毛球运动是深受广大群众喜爱的小型球类运动，由于它运动器材简便，不受场地限制：两把拍子一个球，无论走到哪里，无论有网无网，无论室内、室外，只要有一小块空地，就能进行活动和锻炼。羽毛球运动有其特有的风格，一方面，它是一项技巧性很强的竞技性比赛项目；另一方面，它是一项普及型很强、老少皆宜的活动，既能强身健体，又充满乐趣。无论是从事竞技性运动，还是从事一般性的大众健身活动，都需要在场上不停地移动跳跃、转体、挥拍击球。因此，青年男女经常进行羽毛球锻炼，能促进生长发育，提高身体各方面的机能，培养不怕困难、不甘心落后、顽强拼搏的精神，从而提高身体素质，促进身心健康。

二、羽毛球运动的起源

根据《民族体育集锦》记载："中国在远古时期就有类似羽毛球游戏活动的存在，这种活动主要分布在我国西南等地区。"据英国《大不列颠百科全书》记载："至少在2000年前，在中国、日本、印度、泰国等就流行这项游戏活动了。"羽毛球运动的起源众说纷纭，主要的说法有以下几种：

（一）起源于日本

相传羽毛球最早出现于14～15世纪时的日本，球拍是木制的，球用樱桃核插上羽毛制成。由于球托是樱桃核而太重，球飞行速度太快，使得球的羽毛极易损坏，加之球的造价太高，所以该项运动流行了一段时间就慢慢消失了。

（二）出现在印度

大约 18 世纪时，印度的普那出现了一种与早年日本的羽毛球极相似的游戏，球用直径约 6 厘米的圆形硬纸板，中间插羽毛球制成（类似我国的毽子），板是木质的，玩法是两人相对站着、手执木板来回击球。

（三）诞生在英国

现代羽毛球运动诞生于英国，大约在 1800 年左右，由网球派生而来。我们可以注意到现今的羽毛球场地和网球场地仍非常相似。1870 年，出现了用羽毛、软木做的球和穿弦的球拍。1873 年，英国公爵鲍弗特在格拉斯哥郡伯明顿庄园里进行了一次羽毛球游戏表演。从此，羽毛球运动便逐渐开展起来，"伯明顿"即成了羽毛球的名字，所以此项运动的英文的写法是"Badminton"。那时的活动场地是葫芦形，两头宽中间窄，窄处挂网，直至 1901 年才改作长方形。

起初，羽毛球运动并没有一致进行的形式。羽毛球游戏刚兴起时，没有人数、分数和场地的限制，练习者只需要互相对击。现代羽毛球从伯明顿庄园开始，有了一定的分数、场地、人数限制。直到 1875 年，第一本写羽毛球规则的书在英国问世。当时的规则很简单，规定了场地呈长方形、中间挂网的高度、双方对击的要求，并没有单打、双打的区别。随着人们观赏水平的提高及技术、战术的发展，规则也随之变化，出现了单、双打场地的区别及发球区的规定、发球得分及发球得分后的换区等规则。为了使比赛激烈、精彩，又规定了双方打满 13 平、14 平（女子单打打成 9 平、10 平）时要进行加分比赛。国际羽联正在制定新的规则，特别是对决胜局的比赛时间加以限制，力求使羽毛球比赛更加紧张激烈、精彩纷呈。

第二节 羽毛球基本技术教学理论与方法

一、羽毛球握拍法、球感适应性练习与发球技术练习

（一）握拍法

对于初学者而言，实用和合适的羽毛球握拍法是基础，将拍面看作是自己的手掌的延长是非常有意义的。

1. 握拍方法

（1）正手握拍方法

用非持拍手握住拍杆，让穿弦拍面垂直指向地面，拍柄朝向自己身体。用持拍手握在拍柄上，虎口对准球拍拍柄左上面与斜面的夹角，大拇指和食指位于拍柄中、前部位，小拇指、无名指和中指并拢位于拍柄后（底）端，拍柄底端与小鱼际齐平，食指与中指稍稍分开。（图 9-2-1）

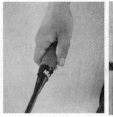

图 9-2-1　正手握拍

（2）反手握拍方法

反手握拍方法是在正手握拍的基础上，将拇指伸直并用其第一指节内侧顶贴在拍柄内侧的宽面上，食指收回与拇指同（或略）高，用拇指和食指将球拍稍向外转，中指、无名指、小指紧握拍柄，拍柄近端靠在小指根部。（图 9-2-2）

图 9-2-2　反手握拍

2.要点

（1）平时握拍要松，只有在击球的瞬间才将球拍握紧发力。

（2）在任何情况下都必须保持正确的握拍方法，强化正确握拍概念和意识。

3.常见错误及纠正方法

（1）握拍太紧，握拍方法不固定

纠正方法：

① 在正确的握拍后，用手指将球拍不断地进行转动，做突然握紧然后还原放松的动作。

② 平时多进行一些徒手的挥拍练习，重点体会从松握球拍到击球瞬间突然握紧球拍的发力方法与手指的灵活性。

（2）一把抓的握拍

纠正方法：

①通过技术示范，进行模仿练习。

②让握拍手自由转动拍柄后，按照正确的动作要领，反复练习。

（3）反手击球时，没有转换成反手握拍

纠正方法：

①让握拍手自由转动拍柄，完成正手与反手握拍的动作转换。

②练习正手、反手握拍的转换，在自己面前横画"〇"。

（二）球感适应性练习

球感适应性练习是一种比较适合初学者学习羽毛球的手段。球感适应性练习可以有很多种，教师或教练员也可以自己想一些简单、有趣的球感适应性练习方法。

1. 正拍颠球

方法：采用正手握拍法握住球拍，用球拍正面向上颠球。

2. 反拍颠球

方法：采用正手握拍法握住球拍，用反拍面向上颠球。

3. 正、反拍颠球

方法：采用正手握拍法握住球拍，用正、反拍面交替向上颠球。

以上三种方法的要求与作用：

① 要求：练习者尽可能站在原地不动。

② 作用：使练习者了解羽毛球的习性。

4. 运动中颠球

要求：尽可能控制好球的飞行路线，提高练习者控制球的能力。

方法：在走、跑、坐等不同形势下进行颠球。

作用：在熟悉球性的基础上，增加击球的难度。

5. 向上击高球

要求：击打得越高越好。

方法：用正、反拍面、运用手腕闪动的爆发力向上击球。

作用：在熟悉球性的基础上，锻炼练习者的手腕闪动发力的能力，提高控制球的能力。

6. 颠球接力

方法：用直行或蛇形（绕障碍）等方法分组进行颠球接力。

作用：锻炼练习者在跑动中控制球的能力。

7. 地面接球

方法：用正、反拍面从地面把球接起。

作用：体会静止状态下的球与球拍接触的感觉。

8. 空中接球

方法：用正、反拍面接住空中下落的来球。

作用：体会不同速度、不同角度的来球与球拍接触的感觉。

9. 击打目标

方法：练习者用球拍把球击打到指定的位置（如垫子、桶、毛巾等）。

作用：锻炼练习者控制球落点的能力。

10. 击、接球

方法：两人或多人一组把球击向同伴，同伴空中接住来球。

作用：锻炼练习者控球的能力。

11. 打墙

方法：练习者距墙 2 ~ 3 米，利用墙体的反弹，用正、反手向墙来回打球。

作用：锻炼练习者手腕的爆发力和击球的准确性。

12. 循环跑击球

方法：分两组，第一位练习者打完一拍后退到最后一位，第二位接着打第二拍，循环反复。

作用：锻炼练习者在移动中控制击球的能力。

（三）发球技术练习

训练重点：发球技术动作规范。

羽毛球技术十分讲求技术动作的一致性。有了技术动作一致性的保证，比赛时才能根据场上对方运动员的体能状况、具体站位和临场技术状况，击出千变万化的球，最终争取获胜。因此，对初学者，或在羽毛球学习启蒙阶段的学习者，发球技术动作的规范体现在技术环节的一致性尤为重要。发球技术的主要技术环节为：准备姿势、引拍、击球和击球后的随球动作。技术的一致性主要体现在前面两个技术环节。

1. 正手发球技术

（1）正手发网前球

发网前球就是把球发到对方发球区内的前发球线附近。球拍触球时，拍面从右向左斜切击球，使球刚好越网而过，落在对方前发球线附近。（图9-2-3）

图 9-2-3　正手发网前球

（2）正手发高远球

左脚在前，脚尖朝向球网；右脚在后，脚尖朝向右斜前方。两脚间距离约与肩同宽，重心在两脚之间，自然放松站立，身体稍侧向球网。身体稍向左转，形成左肩向球网，身体重心转移至右脚；右臂向右后上方摆起，完成引拍动作。（图9-2-4）

图 9-2-4　正手发高远球

（3）正手发高平球

姿势、动作和发正手高远球一样，只是发力方向和击球点不同：发高平球时，球运行的抛物线不大，从而使球迅速地越过对方场区空中而落到底线附近。球在空中的路线

和地面形成的仰角是45°左右。（图9-2-5）

①准备姿势

站位靠中线，距前发球线约1米处。左脚在前，足尖指向球网；右脚在后，足尖指向右前方。两腿自然开立与肩同宽，身体重心放在右脚上，左手持球自然伸平举于胸前，右手持拍自然屈肘于身体右侧。（图9-2-6）

图9-2-5　正手发高平球　　　　　　　图9-2-6　准备姿势

②引拍

在准备姿势的基础上，身体向右后转，左肩对网，右臂随着肘向右后上提，上体微前倾。前臂稍展开，手腕尽量伸展，把球拍后引至一定高度。

③击球

随着左手放球，身体自然由右向左转肩，重心前移。前臂带动手腕由伸展至微屈，闪动手腕，以正拍面击球。

④随球动作

击球后持拍臂随动作惯性自然向左前或上方挥动，然后将拍收回至体前并将握拍调整成放松的手握拍形式。

2. 反手发球技术

（1）反手发网前球

反手发网前球就是运用反手发球技术把球发至对方发球区内前发球线附近。击球时，球拍由后向前推送击球，使球运行的弧线最高点略高于网顶。球拍触球时，拍面呈切削式击球，使球落到对方场区的前发球线附近。（图9-2-7）

图9-2-7　反手发网前球

①准备姿势

站位接近前发球线，右脚在前，重心在右脚，左脚跟提起。右手采用反手握拍法持拍于腹前，肘关节屈，手腕前屈；左手捏住球的羽毛，斜放在球拍后面。

②引拍

把球拍稍向后拉动至一定的距离。

③击球

前臂向前上方击打，同时带动手腕由屈至微伸而向前摆动，利用拇指的顶力用拍反面推击球的左斜侧面。

④随球动作

击球后，前臂继续往上摆动到一定高度后回收至胸前。

3. 发球技术训练手段

（1）根据动作要领徒手挥拍，挥拍动作由慢逐渐过渡到正常发球速度。

（2）对墙进行发球练习。

（3）用多球在正规比赛场地上反复练习。

（4）击打目标练习。

4. 错误动作与纠正手段

（1）正手发高远球时，挥拍线路不是由后向下再向左上画弧，而是横扫。

纠正方法：

①通过技术示范，进行模仿练习。

②用绳吊一只球在一定位置上，进行练习。

（2）正手发高远球时，没有用手腕的爆发力击打球，而是出现甩臂动作（即靠大臂用力）。

纠正方法：

① 按照技术动作要领进行慢动作模仿练习。

② 对墙进行发高远球或击打球练习。

（3）左手放球与右手挥拍的时机配合不好，击球不准。

纠正方法：

① 进一步熟悉球性，在不同的高度进行颠球，体会击球时机。

② 同伴抛球，练习掌握在不同的高度击球的时机。

二、羽毛球后场技术练习

练习重点：后场主要技术动作规范。

羽毛球技术十分讲求技术动作的规范性。掌握规范的后场技术动作，才能保证动作表现上的相似性，在比赛时迷惑对手，取得主动，击出千变万化的球，最终争取获胜。因此，对初学者，或在羽毛球学习启蒙阶段的学习者，后场主要技术动作的规范，如击高远球、吊网前球、杀球，体现在技术环节的一致性尤为重要。

（一）后场击球技术

1. 准备动作

左脚在前，右脚在后，两脚自然与肩同宽，身体侧向球网，重心在后脚上。左手自然上举，眼睛注视来球。右手采用正手握拍法持拍，屈臂举于右侧，拍面面向球网。

2. 引拍

上臂随身体向右转体，稍做回环上举，身体充分伸展。

3. 击球

4. 随球动作

5. 跳起击球要领

右脚起跳，随即在空中转体并完成引拍、击球动作。击球动作是在空中最高点完成，落地瞬间，左脚前掌内侧着地，膝关节自然伸直以便能用力蹬地，使身体重心前倾，而后右脚落地。

（二）后场击球技术练习手段、错误与纠正

1. 击高远球

（1）击高远球训练手段

① 原地徒手挥拍练习，加起跳挥拍。

② 多球练习原地逐渐过渡到移动中击球。

③ 单球对练，可以先由较好的练习者陪练再过渡到同等练习者对练。

（2）错误动作与纠正

① 击球点偏后。

纠正方法：

A. 把羽毛球放在正确位置上，让练习者练习击球。

B. 用多球把球送到练习者浅一点儿的位置，让练习者练习在正确击球点击球。

② 击球时大臂用力过多，小臂和手腕爆发力不够。

纠正方法：

A. 徒手挥拍，要求手臂不动，用手腕挥拍，用拍头在天空画半圆。

B. 面向墙壁，抬起持拍手臂，用小臂带动手腕向上、向墙面挥动，练习小臂的挥动。

C. 多球练习，练习者先用手腕发力轻打球，再逐渐过渡到用规范动作击高远球。

③ 击出的球过平或过高或过浅。

纠正方法：

A. 击球过平：将悬吊球放在练习者击高远球的位置处，练习将球向前上方击打。

B. 击球过高或过浅：加强手腕力量，提高挥拍速度，从而从手腕击球过渡到正常动作击球。

2. 吊网前球

（1）吊网前球训练手段

① 原地徒手挥拍练习，加起跳挥拍。

② 从多球原地练习逐渐过渡到移动中击球。

③ 单球对练，可以先由较好的练习者陪练再过渡到同等练习者对练。

（2）错误与纠正

① 击球点低，造成球不过网或过网太平。

纠正方法：

A. 徒手挥拍，注意向最高点挥拍击球。

B. 用绳吊一球在空中适当位置，练习者反复击打球。

② 手腕较硬，切球动作不明显。

纠正方法：

A. 原地高举持拍手臂，用手腕单做切球动作练习。

B. 用绳吊一球在空中适当位置，练习者反复进行切球练习。

3. 杀球

（1）杀球训练手段

① 用持拍手的拇指、食指与中指捏住球，手臂向上举起伸直，用手腕由后向前下方闪动，将球抛向前下方，练习手腕下压动作。

② 在没有球网的场地上，将球发到练习者的前上方（杀球的正确位置处），让练习者练习杀球。

③ 在球场上，用多球将球发送到练习者球场的前发球线附近，让练习者练习近网杀球。

④ 在球场上，用多球将球发送到中场附近，让练习者练习中场杀球。

⑤ 在球场上，用多球将球发送到后场任何位置，让练习者练习移动中杀球。

（2）错误与纠正

① 手腕下压动作不明显，球飞行轨迹不够陡。

纠正方法：

A. 用多球将球送至近网处，让练习者用小力量练习杀球的手腕下压动作，再逐步将击球位置向后场移动。

B. 提高练习者的击球点，用多球将球送到练习者的前上方，练习者力争在最高点向下压杀。

② 杀球不够凶狠。

纠正方法：

A. 用树枝条挥动，练习挥拍动作的连贯和协调。

B. 用球拍进行徒手挥拍练习，提高挥拍的速度和力量。

③ 杀球下网。

纠正方法：

提高练习者的击球点，用多球将球送到练习者的前上方，练习者力争在最高点向下压杀。

三、羽毛球前场主要技术练习

训练重点：前场主要技术动作规范。

羽毛球网前技术是体现动作表现一致性的最有代表性的技术。我们常常为优秀羽毛球运动员在国际羽毛球比赛中表现出的网前技术而倾倒。这得益于其扎实的网前基本技术。因此，对初学者，或在羽毛球学习启蒙阶段的学习者，网前技术动作的规范体现在技术环节的一致性极其重要。

（一）正手网前技术主要技术环节

1. 准备动作

右侧身面对正手网前，右脚在前，膝微屈，前脚掌着地，右手握拍于体前。

2. 引拍

朝来球向前跨一步，提高身体重心，前臂要往前上方举，拍子前伸，稍上仰，斜对网，迎着来球。这一击球前的动作是正手放、搓、勾、推一致性的体现。

3. 击球

4. 随球动作

击球后前脚回动并收拍于体前，还原成放松的正手握拍形式。

5. 正手网前技术

正手网前技术主要有：正手放网前球、正手搓球、正手推球、正手勾球。

（二）反手网前技术主要技术环节

1. 准备动作

左侧身面对反手网前，反手握拍于左体侧，右脚在前，膝微屈，前脚掌着地。

2. 引拍

反手握拍，稍展，屈腕，朝来球方向前跨一步，提高身体重心，前臂要往前上方举，拍子前伸，稍上仰，斜对网，迎着来球。这一击球前的动作是反手放、搓、勾、推一致性的体现。

3. 击球

4. 随球动作

击球后前脚回动并收拍于体前，还原成放松的正手握拍形式。

5. 反手网前技术

反手网前技术主要有：反手放网前球、反手搓球、反手推球、反手勾球。

（三）前场技术练习、错误与纠正

1. 正、反手挑球练习方法

（1）同伴抛球于网前，练习者用正、反手将球挑起至对方底线。

（2）同伴发球至网前，练习者用正、反手将球挑起至对方底线。

（3）同伴从后场吊网前球，练习者用正、反手挑高球到对方后场。

（4）同伴杀球至练习者中场，练习者用正、反手将球挑起至对方底线。

2. 正、反手搓球，正、反手勾球，正、反手扑球的练习方法

（1）同伴用手抛球至网前，练习者用正、反手搓、勾球回过网。

（2）同伴用正手搓球过网，练习者用正、反手将搓球回过网。

（3）两名练习者分别站在本方场地的左、右侧网前，做向对角勾球练习。

3. 错误与纠正方法

（1）出手动作慢，击球点低。

纠正方法：

①练习者把球拍放在网上沿，同伴抛球，反复练习高点击球。

②同伴抛球，练习者练习跨一步上网击球动作，要求动作快。

（2）握拍太紧，动作僵硬。

纠正方法：

①根据握拍动作要领，练习者反复练习正、反手握拍，手在网上沿击球。

②用绳吊球在网上沿，练习者用放松的动作反复练习搓切动作。

（3）搓球部位不正确，球不翻转。

纠正方法：

①根据规范动作，反复练习搓切动作和捻动动作。

②同伴抛球，练习者反复进行搓切球练习。

四、羽毛球基本步法教学练习

（一）准备姿势

羽毛球的准备姿势，是一种让身体处于能够同时向任何方向运动的准备姿势。其正确姿势为：双脚自然开立，与肩同宽，身体重心均匀放在双脚前脚掌上，上身前倾，踝关节、膝关节和髋关节稍稍弯曲，双臂在肘关节处弯曲成90°，持拍手将拍持于胸前，目光向前注视来球。

（二）羽毛球基本步法规范动作

步法有基本步法和场上移动步法。基本步法指跨步、蹬步、并步、垫步、跳步等。场上步法指在场区移动的方法，一般都是从场地中心位置开始，其按移动方向可分为上网、后退和两侧步法。场上步法的结构由起动、移动、到位击球（制动）和回位（回动）几个基本环节组成。右手持拍者，到位击球时的最后一步一般都是右脚在前；而左脚总是靠近中心位置，向着场地中心。

1.上网移动步法

（1）右边上网：可采用两步或三步跨步移动的方法，也可采用垫一步再跨一大步移动的方法上网。

（2）左边上网：同右边上网，只是移动方向是朝左边网前。

2.两侧移动步法（接杀球）

（1）向右侧移动步法：离中心较近时用蹬跨一大步到位击球。如离中心较远，则垫一小步后右脚再跨一步。

（2）向左侧移动步法：与向右侧移动步法相同。离中心较近时，则左脚先移动一小步，再左转体，右脚跨一大步到位击球。

3.起跳腾空步法

步子到位后，为了争取时间高点击球，而单脚或双脚起跳，居高临下，凌空一击的步法叫起跳腾空步法。它主要采用并步加蹬跳步，这种步法在两底线和两侧突击进攻时较多使用。

4.后退移动步法

（1）正手后退步法：一般采用侧身后退，有利于到位后挥拍击球。采用并步加跳步，向右后场移动。

（2）头顶后退步法：基本同正手后退步法，只是移动方向是在左后场，且用头顶击球。

5. 前后场连贯移动步法

连贯移动是指两个或两个以上击球动作之间的移动是连贯的。其原因大致有两种：一种是战术目的明确或预测判断有十分把握的情况下，步法移动迅速。另一种是双方互相还击的球速都比较快，如接杀抽、放网、勾、推这样一类技术，运动员跑起来步法之间衔接很快，也被认为是连贯的。其实，无论什么情况，两个技术动作之间的步法必然稍有停顿现象。无非是节奏掌握得好，就不为人所注意。

击球动作与步法之间、步法与步法之间的节奏应如何掌握？击球以后急急忙忙赶回中心位置，站在那里静止地等待着对方的来球，这样并不好，因为从静止到运动既消耗体力又难以起动，这样的停顿是不可取的（有时也不可避免）。尤其是双打，挑球后往往只好在那里等着，但双打防守范围较小，停顿的时间应该选择在对方即将击球的瞬间。

综上所述，步法有一定的移动规律，掌握了这个规律，在场上就显得轻松自如。但来球的落点是千变万化的，步法也要随机应变，灵活调整。这种调整并不破坏步法的规律性，而是使步法灵活。

第三节　羽毛球基本战术教学理论与方法

一、羽毛球运动的战术特点

（一）以技术为基础

任何战术都是由各种技术组成并由各种技术表现出来的。高质量的战术，必定以高水平的技术为基础。一个新颖的战术或是由新技术组成，或是改变原有技术运用的方式。故技术是战术的基础，又通过战术来表现和发挥。高水平的技术有利于高质量的战术的产生，高质量的战术的运用又会刺激技术的提高和发展。

（二）进攻与防守转换迅速

羽毛球比赛中攻防转换的速度是非常快的：从对方发球开始，就酝酿着进攻。一个回合中，几次攻防的转换，仅在几秒或十几秒内完成。这构成了羽毛球比赛的一大特点。

（三）战术组合的随机性

攻防转换速度对攻防战术影响很大：许多预定的战术由于进攻的速度太快使防守跟不上而无法运用。不过，运动员在激烈的争夺中又会随机创造、组合一些新配合和新的战术，从而使战术富有生机，使比赛更加扣人心弦。

（四）我国羽毛球战术指导思想

我国羽毛球的战术指导思想是以我为主，以快为主，以攻为主。

二、单打战术

战术与技术打法是紧密相连的。在实际中，战术要根据双方的打法和场上的具体情况而定，要以己之长攻彼之短，这是原则。

（一）发球抢攻战术

从发球起，利用发球的变化，争取主动控制对方，取得主动，创造进攻机会。这种战术，是用网前低球结合平快球、平高球，争取第三拍的主动进攻。

（二）接发球战术

接发球一般来说处于被动，但由于发球时受到诸多规则的限制，接发球时，如果能利用好接发球的技术，就多了一些主动的机会。

（三）攻后场战术

运用打高远球和平高球技术，打到对方后场两角，把对方紧压在底线。当对方回击半场高球时，就可以扣杀进攻。

（四）拉、吊结合杀球战术

运用快速、准确的平高球、吊球，把球打到对方场区的四个角上，使对方在场上来回奔跑。当对方回球质量下降时，进攻杀球。

（五）吊、杀上网战术

运用后场轻杀、点杀、劈杀配合吊球。

（六）防守反攻战术

先以高球诱使对方进攻，消耗其体力。当对方体力下降、速度减慢时，发起主动进攻，扭转被动局面。

三、双打战术

（一）攻直线战术

攻直线战术的杀球路线和落点都是直线，主要杀直线（中线或边线）球，靠杀球的力量和落点来取得主动，没有固定的目标和对象。当对方的来球靠边线时，攻球的落点在边线上；当对方的来球在中间时，就朝中路进攻。

（二）攻后场战术

攻后场战术是指当对方后场扣杀能力差时，可采用平高球、推平球、接杀球挑底线等方法，把对方逼在底线两角移动击球。当对方还击出半高球或网前高球时，抓住机会，大力扣杀。

（三）攻中路战术

攻中路战术是力争把球都集中在对方两人之间的结合部，并靠近防守能力较差者一边。

（四）攻人战术

攻人战术也称二打一战术，是两人集中攻击对方技术或心理较弱的人。当发现对方有一个人失误率比较高或防守时球路单调，就可以集中力量打他，打乱对方防守站位，使自己处于主动或得分。

（五）后攻前封战术

后攻前封战术是后场一人见高球就大力扣杀创造机会，前场另一人以扑球、搓球、勾球、推球等控制网前，或拦截对方的吊、扑杀来封住前半场，使整个攻防连贯而又有节奏地变化。

（六）防守反攻战术

防守反攻战术是在积极防守中寻找反攻的机会，以摆脱困境，转被动为主动。

四、固定线路的简单战术练习方法

（一）单一技术练习

（1）两人一组，在场地两边，做打直线或斜线对角高远球练习。
（2）两人一组，在场地两边，做吊直线、挑高直线、吊对角线、挑对角线球练习。
（3）两人一组，在场地两边，做网前推、放直线球练习。

（二）技术组合练习

1. 正手一点对两点练习
甲在指定位置，原地起跳击乙发来的高球到对方场区两底角，底角移动击高球到甲站的位置。
2. 挑一点吊两点练习
甲站在后场指定位置吊直线球，乙挑球到甲站的位置，甲再吊网前对角线，乙再将球挑到指定位置。
3. 吊直线上网搓球练习
甲站在底线，将来球直线吊至对方网前，乙将来球回到甲的前场区，甲移动上网并把球搓回对方网前。
4. 杀上网练习
（1）头顶杀、上网搓：甲在左底线，用头顶杀向对方后场对角线，乙将球回至甲前场，甲上网将球搓向对方网前。
（2）头顶杀、上网勾：甲在左底线，用头顶杀向对方后场对角线，乙将球回至甲前场，甲上网将球勾向对方对角网前。

第四节 羽毛球运动竞赛

一、场地标准

羽毛球场双打球场的标准尺寸长度是 13.40 米，宽度是 6.10 米；单打为长 13.40 米，宽 5.18 米（图 9-4-1）。理想的羽毛球比赛场地是用弹性的木材拼接而成的（只要不是把小木块竖着拼接即可）。目前国际比赛已采用化学合成材料作为可移动的球场。不论是采用木板地面还是合成材料地面，都必须保证运动员在比赛中不感到太滑或太黏，并有一定的弹性。

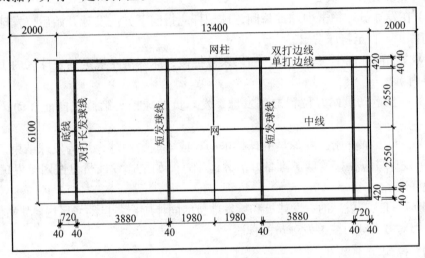

图 9-4-1 羽毛球场地标准（单位 cm）

二、比赛规则

（一）计分方法

（1）除非另有商定，一场比赛应以三局两胜定胜负。

（2）对方"违例"或球触及对方场区内的地面成死球，则该方胜这一回合并得 1 分。

（3）20 平后，连续得 2 分的一方胜该局。

（4）29 平后，先到 30 分的一方胜该局。

（5）除（3）和（4）的情况外，先得 21 分的一方胜一局。

（6）一局的胜方在下一局首先发球。

（二）交换场区

（1）第一局结束时。

（2）第二局结束时。（如果有第三局）

（3）在第三局比赛中，一方先得 11 分时。

（4）如果运动员未按（1）、（2）和（3）的规定交换场区，一经发现，在死球时立即交换，已得比分有效。

（三）发球

（1）一旦发球员和接发球员做好准备，任何一方都不得延误发球。发球时发球员球拍的拍头做完后摆，任何迟滞都是延误发球。发球员的球拍应首先击中球托。

（2）发球员和接发球员应站在斜对角的发球区内，脚不触及发球区和接发球区的界线。

（3）从发球开始至发球结束前，发球员和接发球员的两脚必须都有一部分与球场地面接触，不得移动。发球员发球时，应击中球。

（4）在发球员球拍击中球的瞬间，整个球应低于发球员的腰部。腰指的是发球员最低肋骨下缘的水平切线。

（5）在发球员球拍击中球的瞬间，球拍杆应指向下方。发球开始后，发球员必须连续向前挥拍，直至将球发出。

（6）发出的球向上飞行过网，如果未被拦截，球应落在规定的发球区内（即落在线上或界内）。

（7）一旦运动员站好位置准备发球，发球员的球拍头第一次向前挥动，即为发球开始。

（8）一旦发球开始，发球员的球拍击中球或未能击中球，均为发球结束。

（9）发球员应在接发球员准备好后才能发球。如果接发球员已试图接发球，即被视为已做好准备。

（10）双打比赛发球时，发球员和接发球员的同伴应在各自的场区内。其站位不限，但不得阻挡对方发球员或接发球员的视线。

（四）违例

（1）球从网孔或网下穿过；球不过网；球触及运动员的身体和衣服；球触及球场外其他物体或人。

（2）比赛中，球拍与球的最初接触点不在击球者网的这一边（击球者在击中球后，球拍可以随球过网）。

（3）击球时，球停滞在球拍上，紧接着被拖带抛出。

（4）同一运动员两次挥拍，连续两次击中球。

（5）比赛时，运动员的球拍、身体或衣服触及球网或球网的支撑物。

（6）运动员的球拍或身体从网上侵入对方场区。

（7）运动员的球拍或身体从网下侵入对方场区，妨碍了对方或分散了对方注意力。

（8）比赛时，运动员故意分散对方注意力的任何举动，如喊叫、故作姿态等。

（9）同方两名运动员连续击中球。

（10）球触及运动员球拍后继续向其后场飞行。

（11）发球时，球挂在网上、停在网顶或过网后挂在网上。

（五）重发球

（1）发球员在接发球员未做好准备时发球。

（2）在发球过程中，发球员和接发球员都被判违例。

（3）发球被击出，球过网后挂在网上或停在网顶。

（4）比赛中，球托与球的其他部分完全分离。

（5）裁判员认为比赛被干扰或教练干扰了对方运动员的比赛。

（6）司线员未看清，裁判员不能做出裁决时。

（7）不能预见或意外的情况。

"重发球"时，该次发球无效。

（六）死球

（1）球撞网或网柱后开始向击球者网的这一方地面落下。

（2）球触及地面。

（3）宣报了"违例"或"重发球"。

（七）发球区和接发球区

（1）一局中，发球方的分数为0或双数时，双方运动员均应在各自的右发球区发球或接发球。

（2）一局中，发球方的分数为单数时，双方运动员均应在各自的左发球区发球或接发球。

（八）"违例"的判罚

（1）发球方"违例"则失去发球权，接球方得1分。

（2）接球方"违例"则发球方得1分。

（九）裁判工作

根据比赛的性质和裁判员人数，由裁判长确定比赛采用几人裁判制。

（1）三人裁判制。设裁判员1人，司线员2人。

（2）五人裁判制。设裁判员1人，发球裁判员和记分显示员各1人，司线员2人。

（3）七人裁判制。设裁判员1人，发球裁判员和记分显示员各1人，司线员4人。

第五节　羽毛球运动常见损伤及处理

肘关节内、外侧软组织损伤的病因与病理

1.病因与病理

肘关节内侧软组织损伤最常见的原因是：首先是羽毛球正手扣杀或击球过程中出现错误的技术动作，特别是在上臂外展、肘关节屈90°、肘部低于肩部时进行羽毛球扣

杀动作，则最易致伤。其次是突然地或是猛烈地做前臂旋前和屈腕的主动收缩或肘关节爆发或过伸，使肌肉和韧带不能适应和承担该动作的力学要求。其他原因包括局部负荷过度，局部受到过度的牵扯或出现疲劳，准备活动不充分，如：正手回击和扣杀时，羽毛球拍的反作用力或进行鞭打击球时所致的肘关节爆发或过伸，或者如做抽球、扣杀动作时所要求的屈腕动作。而肘关节外侧软组织损伤的发生主要是由反拍扣杀、抽打训练过多、肌肉性能差、准备活动不充分、局部存有滑囊等因素所致。损伤原理为：伸手肌群突然收缩，使肌肉或关节囊韧带受到剧烈牵拉或因经常做前臂的旋后或伸腕动作，使深层组织反复摩擦、挤压，造成局部劳损性病变、滑囊的过分刺激而引起。

2. 症状与诊断

多数伤者都能讲述出急性受伤的历史或过程。急性损伤者，伤后即觉肘内、外侧疼痛，局部肿胀，甚至皮下瘀血（内侧软组织损伤多见，大多表明有组织撕裂）。肘关节活动受限，常不能完全伸肘或屈肘。而慢性伤者，肿胀往往不明显，但伤者常诉说在完成扣杀或抽球、快打时，动作质量不高。做肘关节被动外展外旋或屈肘、屈腕或前臂旋前抗阻力收缩活动时（检查内侧伤），损伤部位有明显压痛。做腕关节背伸、前臂旋后抗阻力活动和肘关节稍弯曲、手半握拳，腕关节尽量掌屈，然后前臂旋前并逐渐伸直时（检查外侧伤），均可出现疼痛明显加重。如在检查时发现肘关节有松动，侧板肘关节间隙加宽或外内翻角度增加，或出现肌肉上端有凹陷或裂隙等现象，则表明有肌肉韧带完全断裂的可能（内侧伤者多见）。

3. 处理与伤后恢复练习

急性损伤期，伤肘应适当休息制动。损伤即刻与早期可局部冷敷，加压包扎，外敷新伤药。24～48小时后，可考虑进行理疗、按摩、外敷中药；局部封闭注射肾上腺皮质激素类药物，往往能收到较好的疗效。对慢性伤者，应以理疗、按摩、针灸治疗为主。对有肌肉韧带断裂或伴有撕脱性骨折者，宜进行手术缝合术等。在伤后练习与康复安排时，急性期要停止进行容易再伤或加重损伤的一些动作的活动，如：正反手的扣杀、抽球等。要等到损伤部位已基本没有疼痛后，才可进行这些动作的练习，一般大约需2～3周的时间。而且运动量和强度等都要逐渐增加。在伤后练习与康复时，应佩戴保护装置，如护肘、弹力绷带等；要加强前臂肌肉群的力量练习和伸展性练习。对肘内侧软组织损伤者，特别是肘关节有一定松弛者，进入正式练习的时间更应长一些，否则很容易导致再损伤和肘关节的进一步松弛，从而发展成慢性劳损，甚至成为骨关节病。

习题

1. 羽毛球基本技术是由哪几项组成的？

2. 正手发球和反手发球的基本技术环节有哪些？

3. 正手击打高远球的技术要点是什么？

4. 羽毛球单打和双打分别有哪些基本战术？

5. 试述合法发球与合法接发球。

6. 当司线员因视线被挡不能裁决时，裁判员应如何处理？

7. 羽毛球运动中常见的运动损伤有哪些？

第十章　网球

网球是一项优雅却又不乏激烈的运动。网球是一项 2 人或 4 人在中间隔一道网的场地上用球拍往返拍击一个有弹性的橡皮小球的球类运动。本章内容主要介绍网球的基本技术、战术及规则，通过学习、体会打法要领，能够达到掌握基本的网球技术并且在比赛中对其加以合理运用，欣赏高水平的网球赛事，丰富业余文化生活，提高观察和判断比赛能力的目的。

第一节　网球运动概述

网球运动是指在规定的场地上，两名或两队球员隔网对抗，用球拍击球过网以造成对方失误得分的运动。最早起源于 12 至 13 世纪法国传教士用手掌击球的一种游戏，当时称之为"掌球戏"。14 世纪成为法国宫廷里的室内消遣娱乐活动。14 世纪中叶，法国王储将本国制作的小球赠给英国国王亨利五世，于是这种供贵族玩的古式网球传入英国，英国国王爱德华三世在宫内建造了一处室内球场。从此，网球开始在英国流行起来，并成为英国上层社会的一种娱乐活动，所以网球有"贵族运动"之雅称。由于制作这种球的橡胶以埃及坦尼斯镇生产的为好，因而就将这种运动称为"坦尼斯"。

1873 年，英国人沃尔特·克洛普顿·温菲尔德将早期网球打法加以改进，使之成为夏天在草坪上进行的一种体育活动，并取名为"草地网球"。此后网球便成为一项室内外都能进行活动的体育项目，现代网球也从此开始。1874 年网球越过大西洋传入美国，并很快流传开来。1881 年，美国全国草地网球协会宣告成立。与此同时，协会还制定了一系列的规则。这些规则包括计分方法、球拍和球的规格以及球场的尺寸等，使网球成为一种有章法可循的现代体育运动，并被列入比赛项目。

网球运动有其独特的健身价值。有人统计过在一场较高水平的网球比赛中，运动员所跑的路程是 5000 米左右，有的甚至达 10000 米，不低于一场激烈的足球赛。所以，参加网球运动，能锻炼人的力量、速度、耐力、柔韧和灵敏等方面的身体素质。

第二节　网球基本技术教学理论与方法

一、握拍法

网球握拍法分东方式、西方式、大陆式和双手式等多种握拍方式。学习打网球，首先要掌握握拍的方法。哪一种握拍方法最好，无一定论。对于初学网球者，可

先学习东方式握拍法，以此作为基础，然后根据个人的力量、速度变换握法。（图
10-2-1、10-2-2）

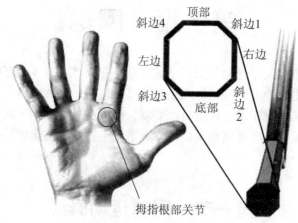

图 10-2-1　网球握拍法

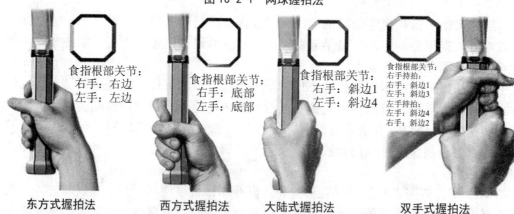

东方式握拍法　　西方式握拍法　　大陆式握拍法　　双手式握拍法

图 10-2-2　网球握拍法

（一）东方式握拍法

动作要领：先使球拍面与地面垂直，右手好似与球拍柄握手，右手掌根与拍柄右上斜面紧贴，虎口正对拍柄右上侧棱，拇指环绕拍柄并握住拍柄左垂直面，食指微向上一些并与中指分离。

（二）西方式握拍法

动作要领：在正手握拍的基础上，把手向左转 1/4 圈，使虎口"V"字形对准拍柄的左上侧棱，拇指紧贴在左垂直面上，食指下关节要紧压在右上斜面上。

（三）大陆式握拍法

动作要领：将球拍侧立，从上而下握柄，犹如手握铁锤的姿势，使虎口"V"字形对正拍柄上平面，手掌根抵住拍柄的正上方，拇指包卷拍柄，食指关节紧贴在拍柄的右上斜面。

（四）双手式握拍法

动作要领：右手是东方式反手握拍法，而左手是东方式正手握拍法且握在拍柄的

前方。

准备姿势：面对对方场区站立，双脚比肩稍宽，左右开立，膝关节微屈，上体稍前倾，重心落在前脚掌上，保持便于迅速启动的姿势，右手握住拍柄，左手扶拍颈部分，将拍子置于胸腹之间，眼睛注视对手或来球。

二、基本步法

网球步法包括跑步、交叉步、并步、侧步、滑步、后退步和小碎步等，但有两种网球专项步法是必须加以熟练掌握的。

（一）分腿垫步

分腿垫步是一种起到衔接、变速的串联步法，它能及时地调整身体状态，使你能快速地向任何方向移动。它可运用于底线击球、接发球、随球上网、发球上网等技术中。

（二）击球步法

击球步法是打落地球时挥拍击球的脚步动作。它分为开放式步法、关闭式步法和半关闭式步法。

三、发球与接发球

发球是网球的基本技术之一，也是唯一由自己掌握而不受对方影响的技术。发球是比赛开始的第一个动作，也应当看作是进攻的开始。发球技术一般分为平击发球、切削发球和上旋发球三种。发球技术由发球姿势、抛球与后摆、击球及随挥动作组成。合理的发球动作包括：站在规定位置，抛球，拍触球，球越网，球落在对方对角的发球区。

（一）发球（图 10-2-3）

图 10-2-3 发球

1.动作要领

（1）发球姿势：全身放松，站在底线后离中心点 50 厘米处；两脚分开，与肩同宽，面朝对手；两膝微屈，重心放在后脚上；左手持球；右手轻托球拍在腰部，拍头指向前方。

（2）抛球与后摆拉拍动作：抛球与后摆拉拍动作是同步进行的。右臂将球拍自然下落，从体侧向后引拍；拍头经右脚背向身体后边摆，并继续向上摆；左手同时下降。当球拍从体后向头上摆动时，身体要转体、屈膝、展肩，左手柔和地在左脚前上方举到最高点并平稳地把球抛向空中。这时右肘向后外展与肩同高，拍头指向天空，身体形成最大限度背弓。从抛球开始，身体重心从准备姿势的左脚移向右脚。然后，身体重心又往前移，这时身体侧对球网。

（3）挥拍击球：左手向上抛球后，右臂肘关节放松，使身体向前转，手臂做一个绕圈挠背动作。当球下落到接近击球点时，迅速向上挥拍击球，左脚蹬地，手臂和身体充分展开。此时肩、手臂已经向回转，形成两肩平行于球网。为了充分发力，要做重心前移、蹬地、转体、挥拍动作，使之协调、连贯，同时以肘带肩扣腕将球击出，即右手臂要做出带碗鞭打动作，注意两眼始终盯住球，不要低头。

（4）击球后的随挥动作：击球后继续随挥的动作。将球拍经体前左膝侧面挥向身体后，上体向场内倾斜，重心前移，右脚上步，维持身体平衡。

（5）击球点的位置：击球点的位置在左脚前，距离身体重心投影点约60厘米处。

2.发球的种类及其特点

发球大致可分为平击发球、切削发球和上旋发球。

（1）平击发球

平击发球是球速最快、威胁较大的一种发球方式，其优点是力量大、球速快、反弹低、威胁大，缺点是成功率较低。平击发球时，两眼注视着球，把握好击球点，用球拍面中心平直对准球，在右眼前上方击球的后中上部。要提高发球的准确率，必须充分向上、向前伸展手臂和身体，从而获得最高击球点。击球时，要积极地做好"带碗"和"鞭打"动作。

（2）切削发球

切削发球是球拍从球右上方往下方切削球的一种发球方式，其优点是球速快、威力大、命中率较高。抛出球的位置在身体的右侧斜上方，所以要利用身体的转动，使球拍迅速从右侧中上方向左下方挥摆。击球的中部偏右侧，使球产生右侧旋转并略带下旋。球落地后弹力减弱。

（3）上旋发球

上旋发球是球拍通过向上摩擦球，使球产生上旋为主、侧旋为辅的发球方法。其优点是发力越大，旋转越强，弧形飞行轨速越大，命中率也越高。由于落地后反弹高，落点在对方的左侧，迫使对手移动并用反手击球，从而形成较大的攻击力，为自己上网创造了较长的时间。其缺点是体力消耗较大。

3.练习方法

（1）侧身对墙进行抛球练习。

（2）徒手做发球前的准备姿势，模仿抛球及发球的完整动作。

（3）在场地上用多球进行抛球与击球相结合的练习。

（4）先练习不定点发球，后练习定点发球，逐步提高难度。

（5）教师在安排练习时，可规定在一定时间内发一定数量的球，并规定命中率。

（二）接发球

接发球是网球的基本技术之一。接发球的好坏往往决定着比赛的方向。要接好发球必须具备全面的基本技术。因为在接发球前，接球员对发过来的球的方向、速度、力量、旋转等都无法控制，所以对于发出的球就要做出准确判断和反应，选择恰当合理的击球方式来完成接发球动作。接发球的动作技术有握拍与站位、引拍、击球、随挥4个环节。

1.动作要领

（1）握拍与站位：双脚自然开立，与肩同宽，双膝微屈；重心前倾，拍头约与腰同高并指向对方；右手采用大陆式或东方正手式握拍，左手扶拍颈；判断来球准备接球时，迎上一二步，如正手接则握拍不变，如反手接则及时换东方反手式；接一发一般站在发球区中间偏右底线外，（准备正手打）接二发一般站在中间偏左底线内。（准备反手或侧身正手）

（2）引拍：判定来球决定正、反手接球。如对方发球不在左侧，则侧身对网，将球引入右侧前方，将拍引至身旁，同时转体或以直线或斜线击球。控制引拍幅度不要太大，高不过肩。对方球速越快，转体引拍越快，幅度就越小。

（3）击球：身体下蹲，重心迅速前移，击球瞬间拍面垂直于地面，手腕绷紧，保证在身前击球，后脚不要离地，保持身体稳定。

（4）随挥：击球后持球手臂顺势向左前方挥动，动作不要太大，双脚随即跟上，以准备下一个击球。

2.练习方法

（1）多球式练习。

（2）与发球员配合的接发球练习。

（3）提高接发球准确性的练习。

（4）提高接发球实验能力的练习。

四、正、反手击球

（一）正手击球

正手击球是进攻性击球最常用的基本技术之一，是高质量击球的基础。（图10-2-4）

图10-2-4　正手击球

1. 动作要领

（1）准备姿势

两脚开立比肩略宽，膝微屈，上体稍前倾，重心落在前脚掌上，右手握拍，左手轻托拍颈，拍头指向前方，两眼注视前方。采用东方式握拍法，特别是初学者。

（2）后摆引拍

当判断到对方来球在正手位时，迅速向后拉开球拍，同时转髋转肩。来球稍短或击球点较低时，左脚向右前方 45° 迈出，重心移至前脚；来球较长或反弹稍高时，右脚向左后方 45° 后撤，重心移至后脚上。向后引拍时，应尽量使用水平直线后拉，并使拍头水平或稍向上，不可下垂。

（3）挥拍击球

当后摆引拍结束并转入向前挥拍击球时，应积极主动向前迎球，肘关节稍弯，手腕固定（锁紧）并借助转髋转腰的力量，重心跟上击球。初学者应以中等力量和较慢的加速度击球，随着水平的提高就必须用爆发力快速击球。

（4）击球点的位置

击球点是指球拍与球相接触时球所处的位置。右手击球，击球点的位置在身体的右前方，高度与髋关节近似。通常膝关节到髋关节范围的球，都比较好打。

（5）击球后的随挥动作

击球后，球拍要沿着球飞行的方向充分挥动，肘关节向前跟进、前送球拍，身体转动并正对进攻方向，球拍挥至左肩上方结束，肘关节向前指向进攻方向。击球后，身体、手臂放松，并迅速还原成准备姿势，为下一拍的击球做充分准备。

2. 练习方法

（1）无球状态下进行模仿练习。

（2）对墙击球练习。

（3）多球练习。

（二）反手击球

反手击球动作是回击身体左侧来球的击球技术，也是常有的击球动作之一，包括单手反手击球和双手反手击球。

1. 单手反手击球动作要领

（1）准备姿势

当对方来球飞向反手位时，要迅速变换为反手握拍。准备姿势与正手击球的准备姿势一样。

（2）后摆引拍

身体向左转，来球较短时，右脚向前跨步击球；来球较深时，左脚向后撤一步迎前击球。在向后引拍时，左手轻托拍颈，帮助右手将球拍向身体左后方挥摆，并形成右肩侧对球网。引拍结束时手臂要靠近身体，保持适当自然的弯曲。

（3）挥拍击球

向前挥拍击球时，应积极主动地前迎，同时配合转腰转肩，利用转体的力量使身体重心前移。挥拍迎击球时，拍面与地面垂直，手腕固定，肘关节稍弯曲外展，使球拍由下而上挥出。

（4）击球点的位置

击球点在右脚的侧前方，球的高度在膝关节和髋关节之间最方便击球。

（5）击球后的随挥动作

击球后，身体顺势转向球网。在挥拍动作时，球拍和手臂充分伸展，使球拍挥到身体的右前上方并与头部高度接近，然后迅速还原成准备姿势。

2. 双手反手击球动作要领（图 10-2-5）

图 10-2-5 反手击球

（1）准备姿势

准备姿势与正手击球完全一样。

（2）后摆引拍

两眼注视对手击球动作和来球。当判断来球朝反手位飞行时，应采用右脚向前跨一步或左脚向后撤一步，使身体侧对来球，向后充分引拍，拍面稍开放一点儿，身体重心在左脚上，两膝微屈，重心稍下降，右肩前探，下额靠右肩，后引时手臂贴身体，手腕靠近腰部，使球拍的拍头稍低于击球点。

（3）挥拍击球

向前挥拍击球时，一定要靠重心前移来带动转体向前挥拍。在挥拍过程中紧盯来球，尽量保持拍面垂直于地面，并沿着由下向前上的轨迹协调、一致发力，击球的中部或中部偏下的位置。

（4）击球点的位置

击球点一定要固定在体侧，离身体一个球拍的距离，高度在膝关节与腰部之间。

（5）击球后的随挥动作

击球后随挥要充分。向前上方略向右肩方向挥拍，止于右肩前上方。同时，左臂不要挡住脸部。

3. 练习方法

（1）根据击球技术和步法要求，可先进行徒手或持拍挥拍练习，体会挥拍时向后拉拍、转肩及腰部扭转和重心交换等动作要领。

（2）挥拍时可先进行单个动作的分解练习。

（3）在原地练习挥拍的基础上，结合步法做挥拍练习。

（4）由教练送多球进行单个动作的击球练习。

五、截球、高压球、高挑球、放短球

（一）截球

截球是指来球落地前被凌空拦截的球。它是网球技术中的一种攻击性击球方法，它回球速度快、力量重、威胁大。无论在单打还是双打中，截球都是一种主动进攻得分的重要技术。截球一般在近网处使用，也可在场内任何地方截击空中来球。截球分为正手截球和反手截球，下面以正手截球为例进行介绍。

1. 动作要领

当判断对方来球方向后，立即转肩，以转肩带动球拍后摆；左脚朝来球方向跨出；拍头高于握拍手，握紧球拍，绷紧手腕，在身体的前面迎击球；击球后有一个幅度较小的随挥动作，球拍挥向球击出的方向，并恢复成准备姿势。

2. 练习方法

（1）先做徒手模仿挥拍练习，然后再持拍模仿练习，并逐渐结合步法做挥拍练习。

（2）用多球进行单个动作网前截击练习。

（3）由两名学生在场上发球线附近进行截球，并拦击凌空球。

（4）在网前中场或近网对底线进行截击练习。

（5）通过技术组合练习截球。

（二）高压球

高压球又叫杀球，是在头顶上用扣杀动作还击球的一种击球技术，被称为击球中的一枚"重炮"，是迅速直接得分的锐利武器。高压球与截球一样属于上网击球技术。根据对方挑起球的高低程度和落点不同，高压球可分为原地高压球、跳起高压球和后退高压球等。

1. 动作要领

当对方挑起的球较高时，快速侧身，眼睛盯球，脚下积极移动，前手指球，后手引拍准备；当球到击球高度时，以最快的速度转肩，整个手臂伸直；当球拍接近球时，做收腹、挥臂、扣腕动作，使球拍通过手腕的扣击将球击出。

2. 练习方法

（1）徒手挥拍练习。

（2）对墙高压球练习。

（3）两人一组，一人挑高球，一人练习高压球。

（三）高挑球

高挑球技术是指还击的球越过网前对手的头顶落入对方场区，主要用于对付网前进攻。

1. 动作要领

准备时将球拍做好充分的后摆。击球时，手腕紧张，向前上方挥拍，击球的下部，挥拍动作尽可能向前上方送出。注意根据对手在场上的位置确定球的高度和落点。

2.练习方法

（1）徒手挥拍练习。

（2）自抛球挑高球练习。

（四）放短球

1.动作要领

一般是处在大网前的击球员突然回击近网短球，使活动于底线的对方来不及还击。

2.练习方法

（1）用多球练习，先定位练习，然后在跑动中练习。

（2）在底线正、反拍抽击球对练中，练习突然放短球。

第三节　网球基本战术教学理论与方法

网球比赛比的是控制，包括对球的控制、对自己情绪的控制、对自己注意力的控制。而技术是控制的基础，战术是控制的实施。战术是练习者在比赛中根据网球运动规律及临场比赛情况的发展变化合理运用技术而采取的有目的、有针对性的行动。因此，网球战术的制定与运用必须要以对技术的掌握为基础，而技术是为战术服务的：通过战术合理地把技术运用于比赛中，才能获得比赛的胜利。

一、单打战术

单打战术的运用要求有独立作战的能力：既能控制球路，不轻易失误；又能大力抽杀，积极主动进攻。对初学者来说，应根据自己的技术特点，掌握下列三种基本的战术打法。

（一）发球战术

发球是得分的开始，只有好的发球才能确保处于有利的局面。当今网球比赛，发球已经成为最直接、最简便、最有效的得分武器。最好的发球是速度、落点及旋转的完美结合。

1.发球的站位

一般来说，单打发球的站位距中点较近，便于左右前后移动准备下一次击球，但应根据比赛情况、自身的特点和对手的站位加以改变。

2.发球落点

发球落点通常取决于球的旋转类型和飞行路线，球拍的角度决定球的旋转和方向。一般发球的落点有三个：内角、外角、中路。在右区，通常用平击球发至对手的内角，用切削球发至对手的外角，用稳健的上旋球发至对手的中路、追身和外角；在左区，通常采用平击球发至对手的外角，用切削球发至对手的内角，用上旋球发至对手的中路、追身、外角。当然，可以将不同性质的球发向对手发球区的任何一个点。通过发不同性质的球，打乱对手的节奏，增加其接发球的难度。

3. 变化发球方式

发球前先观察对手的站位情况：当对手在端线外接球，可以发切削球，使对方离位去救球。如果对手站在端线里接发球时，可以发速度较快的中路球，使他来不及决定是用正手接发球还是反手接发球。有些选手习惯快速还击，喜欢接快球，这时可以发旋转球以打乱他的接球节奏。而当他适应旋转球时，再改发快速的平击球。

4. 发球稳定性

众所周知，许多世界级职业网球选手都具有极高的发球水平。他们可以利用高速的发球直接得分，同时也给自己在比赛中树立起信心。

一般练习者通过认真的练习也能达到一定的水平。但在比赛中，许多人对发球存在一个误区，总想发使对手碰不到球而直接得分的 ACE 球，可结果往往因为用力过猛而造成一发失误。也许有人认为第一发球失误不要紧，反正还有第二发球，果真是那样想的话，就大错特错了。试想，在 10 次大力发球中只有一两次成功，那么出现发球失误的机会则大大增加了，对比赛又能有什么意义呢？因此，只有充分利用不断变化的、稳定的发球，才能取得较好的比赛效果。稳定、变化、速度中等的发球比凶狠而不稳定的发球能创造更多的得分机会。

（二）接发球战术

接发球一般处于被动地位，但处理得好会减少被动，甚至变被动为主动。运用接发球战术取决于以下几点：①接发球是仅仅想把球打回去还是想马上进攻；②对手发球后是上网还是留在底线；③对手是大力发球还是旋转发球。

1. 接发球站位

接发球站位一般应在对手可能发出的最大角度的角分线处，使正、反手各有 1/2 的接球机会。当正、反手技术有明显差异时，可适当让出一些位置，让强侧手多控制一些区域；而接球前后位置的确定，则应根据对手的发球水平及特点而定：如果对手发球强劲，则可适当退后一些距离，在端线后 1 ~ 2 米处接发球；如果对手发球速度不快，那就要积极前移，在端线处甚至端线内接发球。

2. 接发球战术

（1）安全的接发球线路是打斜线球，因为斜线球从球网中间通过，而球网中间的高度要比两侧低 17.6 厘米；同时斜线距离长不易出界，落点区域也大。

（2）当对手大力发球且速度很快时，首先要克服恐惧的心理；其次，站位适当靠后，握紧球拍将球挡回。

（3）当发球员发球上网时，可打过网下坠的上旋低球至对手脚下，造成对手截击困难，使其回不出高质量的反弹球，继而二次破网得分。

（4）当多方发大角度弹出边线的球时，若球速慢，可用进攻方法还击直线球或斜线球；若球速快，应积极向前迎球，在球向外旋转弹跳之前把球抽、切或推挡回去。

（5）当发球员发球后不上网时，接发球的首要目标是将球打深，不给对手抢攻的机会。

（6）当对手二发时，应确立进攻的意识，只要可能就积极迎前在端线里面接发球，尽量在球的上升期击球，或猛击来球至对方底线深处，或打一角度球拉开对手，或接发球上网，不给对手以喘息的机会。

（7）当接发球效果不佳时，就应改变或使用不同的方法，如站得前一些或更后一些，打得轻一些或更重一些、角度小一些或更大一些，运用挑高球和放短球技术，等等，积极变化节奏以赢得主动。

（8）针对特定发球的战术

① 对手左区平击发球：球至外角，坚决地沿发球飞行的轨迹还击。

② 对手左区切削发球：球至内角，以一深度球还击到对手的底线中央。

③ 对手左区上旋发球：球至外角后高跳，可还击至对手的反手角或以小斜线还击。

④ 对手右区平击发球：利用深度和速率沿发球飞行的轨迹还击。

⑤ 对手右区切削发球：尽可能早地还击至发球员一侧。

⑥ 对手右区上旋发球：球至外角，坚决地将球还击至对手的脚边或以小斜线还击。

总之，采用什么方法接发球，要视临场比赛情况而定，并随着比赛进程的变化而加以及时调整。

（三）底线战术

底线战术是以底线正、反手击球为基础的战术，利用速度、旋转、落点的变化来创造进攻得分的机会。当今网坛大部分男、女选手都是以打底线球为主的运动员，底线战术已被发挥得淋漓尽致。底线型选手可分为积极进攻型和防守反击型。积极进攻型打法的球员，战术以主动进攻为前提，以快速、大力、准确、凶狠取胜。防守反击型球员，战术以良好的底线控球能力、判断反应快、步法灵活、体力好为主，常凭借击球准确的特点来调动对方，达到在防守中寻找反击得分的机会，最终以准确、稳定赢得比赛的胜利。

1. 积极进攻型选手常采用的底线战术

（1）压制反手，突击正手战术

这种战术适用于对付反手较弱的对手，即集中力量攻击对手反手，迫使对手逐步离开场区中央的位置。经过连续攻击对手反手后，对手的站位已完全偏离终点，这时突然改变击球方向，把球击向对手右区，使对手鞭长莫及。在集中力量攻击对手反手时，击球落点要深，加以力量和旋转的变化，使对手忙于招架而无法有力回击。同时，当出现机会时，也应及时上网截击。

（2）两面攻战术

两面攻战术是利用底线正、反拍强大的连续进攻能力，配合速度和落点的变化与对手展开阵地战，最大限度地调动对方左右来回跑动，消耗其体力，力争主动，从而达到攻击对手、控制对手的目的。

（3）拉攻战术

拉攻战术是底线型打法中比较普遍的一种战术。它是以底线正、反拍拉上旋球，或正抢拉上旋、反拍切削球来使对方左右跑动，一旦出现机会，马上给予致命一击。

（4）侧身攻战术

侧身攻战术是底线进攻型打法中的一项主要进攻手段。它利用强有力的正拍抽球，配合良好的判断和步法移动，在2/3的场地区域内用正拍对对方施加有力的攻击。这不仅避免了反手的弱点，而且能够利用凶狠的正手抽击，给对手以强大的压力，从而取得优势。如果攻击斜线，击球后要迅速回位，以免对方回球至你的正手位深处。也可攻击直线并随球上网，继而截击得分。

（5）紧逼战术

紧逼战术是以快速的节奏对对手进行攻击的一种战术，也是当今世界上优秀选手们常用的一种进攻方法。紧逼战术主要是发挥其良好的底线正、反抽击球技术，迎击上升球，通过准确的落点控制节节紧逼，以达到攻击对手的目的。

2. 防守反击型选手常采用的底线战术

（1）"牛皮糖"打法

防守反击型选手的取胜诀窍就是耐心：要稳健地击球过网，使对手陷入没完没了的、耗费精力的来回球当中。不要急于进攻，耐心等待进攻机会的出现。一旦对手回出浅球，便可迅速上前打出一记致命的中场得分球；或迫使对手回出质量不高的球，继而截击得分。企图从底线一下打死对手是非常困难的事，而且很容易造成失误。在初学者及中等水平的选手中，每场比赛的胜负实际上是看谁"自杀"得少些。即使是职业选手间的比赛，因对手无谓失误或被迫失误所得的分也远远多于主动得分。因此，要尽力保持让球"活着"。

（2）积极调动对手打法

这种打法的攻击性主要依靠落点的变化和准确：虽然球速不如进攻性球手的快，但经常让对手在运动中击球，降低了对手击球的成功率。发球或接发球后，如果自己不上网，应该让对手也留在端线后面，这样对手打出直接得分球的机会就大大减少。事实上，在一个多拍的底线来回球中，常会使对手失去耐心并因急于取胜而犯错。所以，防守型打法的球员要利用强烈的上旋球把对手牢牢地控制在底线左右两个大角以充分调动对手。同时，在多拍对打中，对手也在想尽办法调动你，迫使你失误。当处于被动情况时，可打弧度很大的中路上旋深球，在为自己赢得回位时间的同时，减小对手的回球角度。

（3）挑高球战术打法

对付上网型对手的方法是使上网人离开前场，即利用挑高球迫使他从网前回到后场。如果对手采用高压得分，也要坚持这样做，因为不能让对手毫无顾忌地上网截击，要让他知道过于靠近球网就有可能被挑过顶球，使他有所顾虑，从而降低上网的成功率。这样对手因顾虑挑高球而向后退，自己就更容易破网或打其脚下球了。

（4）不同状态下的防守反击战术

① 当对手运用发球上网战术进攻时，接发球可采用迎上借力接球，把球打到对方脚下或两边小角，然后准备第二板反击破网。

② 当对手进行底线紧逼进攻战术时，可采用底线正、反拍拉上旋球至对方底线两边大角深处，不给对手进攻得分机会，然后再伺机进行反击。

③ 当对手运用随球上网进攻时，应提高底线破网第一板的成功率和突击性，以寻求第二次破网反击的机会。

二、双打战术

双打是网球运动中的一个重要项目，和单打比赛一样具有悠久的历史。网球双打与单打的技术、战术特点截然不同，双打对某些方面的技术要求很高，如发球、接发球水平，场上反应判断能力，冷静处理网前球的能力，进攻及防守反击的能力，等等。战术上双打讲究整体的配合与反配合。配合一方面是意识上的，另一方面则是技术上的取长补短。一对选手能把这两方面有效结合，那么这对选手的实力将大大超过两个人单打实力的总和；反之，两个单打高手配合也不一定能成为双打高手。对初学者来说，个人技术的不熟练是可以通过合理的双打战术来互补的。要进行双打比赛，就要了解和掌握双打的技术和战术。双打与单打的明显区别是：节奏快、场地大、人数多、击球的路线和落点有所不同，网前争夺更加激烈，谁控制了网前制高点谁就有更多的进攻得分机会。双打中的战术主要有双底线战术、双上网战术和一网前一底线战术三种。

（一）双打的战术与站位

双打比赛中的"站位"是非常关键的一个环节。同伴应尽量避免站在同一层面上，交错站位使二人形成有层次感的两道防守屏障。在此基础上，应加强积极补位的意识。二人均衡地分布在对方可能来球的角度范围内，不给对手留出空当。

1. 一网前一底线战术和站位

站位：前后站位。同伴站在网前，发球员在端线处；同样，接发球员在端线，同伴站在网前。这样的站位法是最常用的站位方式，通常在一人网前技术好而另一人底线技术好时采用。

战术：一网前一底线战术是同伴站在网前，发球员发完球后留在端线处与对手周旋。同样，接发球方也可采用此战术。

2. 双底线战术和站位

站位：双底线战术的站位是同伴站在端线，发球员发完球后也留在端线的站位法。同样，接发球方也可采用此战术。

战术：网前信心与技术不足但底线技术出众的选手多使用双底线战术。

3. 双上网站位和战术

站位：双上网战术的站位和一网前一底线战术的前后站位法完全相同。

战术：同伴站在网前而发球员发球后立即上网；或是接发球员同伴站在网前而接发球员接完发球后立即上网。

（二）双打的基本配合

双打需要两个队员配合默契，如果能把两个人的长处结合起来，就能达到很高的水平。双打的根本是两个人如同一个整体，无论何时都要并肩作战，移动要一致，相互间的距离始终保持在 3.5 米左右。由于双打战术灵活机动，变化多端，无论是在高水平的对攻战还是在中等水平的攻防战，能做到瞬间默契配合是很不容易的事。而这一点恰恰是双打战术的突出特点，是双打战术成功的关键。而默契配合是建立在两个人相互了解和信任基础上的，是通过长期的练习而产生的。好的双打应紧密合作，相辅相成，在场上应有呼有应、打出气势，即使因实力不如对手而失败，两人的合作也是愉快的。对同伴出现的失误不能表示不满或相互埋怨，否则对比赛的控制是非常不利的。二人之间的相互鼓励有助于比赛朝好的方向发展。

1. 发球的配合

双打的发球以旋转和落点为主。因为相对于单打每个人需要控制的面积缩小，接发球抢攻直接得分的机会相对较少，没必要死拼发球。发球前一定要让同伴了解自己发球的落点，以便同伴做好抢网的准备。双打比赛比单打更注重一发成功率，落点以内角和中路居多，从而迫使对手无法击出大角度的回球，有利于同伴网前截击得分。

2. 接发球的配合

双打接发球的难度比单打大：本已处于被动位置，对方又有一名队员在网前，接发球很容易被截击，故接发球者的同伴应注意加强保护。同时，接发球时主动进攻，向前逼近，会给发球者造成心理压力，从而变被动为主动，瓦解发球方的优势。接发球最好的选择是打斜线球。如果发球方抢网很凶的话，可通过打直线抑制对手抢网。当发觉对手已形成双上网的阵势，最佳选择是将球击向对手中路的脚下，这是让双上网方最不舒服的地方。

3. 协同防守

如果同伴出现十分被动的局面，要给予支持和援助。当同伴被迫挑高球时，自己要立刻后退，形成共同防御的态势。如果同伴被拉出边线，自己要立即向同伴靠近，封住对手主要击球线路；否则，在自己与同伴之间会留下很大的空当，使对手很容易打出破网球。

4. 网前的配合

在双打比赛中，经常会看到双方在网前用快速的截击球互相对攻的场面。为了控制网前，练习者除了要有良好的判断、熟练的脚步、快速的反应和稳定的截击技术外，还要一起进退，共同筑起网前围墙。网前拦网应根据对手站位情况拦至对方上网者的脚下或空当之处。

5. 抢网战术

（1）发球前要做出是否抢网的决定

抢网是指网前者突然横向或向斜前方移动，拦截正常管辖区域之外的来球。它要求网前者有敏捷的思维、准确的判断及快速的步法，并需事先和同伴用暗号或语言交流商定。

需要注意的是，不能让对手猜透你的意图，而且一旦做出决定就应坚决贯彻到比赛中。

（2）抢网时机

抢网时，要求判断准确、移动及时，应在对手击球的瞬间起动，不能提前移动，否则会把自己的意图暴露给对手，让对手轻易得分。

（3）抢网击球路线

抢网的最佳击球路线第一是对手之间的空当处，第二是对方网前者的脚下，这样的球往往使对手很难防守，即使不能直接得分，也使对手无法发动进攻，从而破坏他的节奏。

（4）防守空当区域

当网前者抢网时，在积极进攻的同时，也容易造成防守的失衡。因此，发球员要及时补位，补防同伴因抢网而出现的空当，维持攻守平衡。

第四节　网球运动竞赛

一、网球比赛概述

网球比赛有单打和双打两种形式，正式比赛项目分为 7 项：男子团体、女子团体、男子单打、女子单打、男子双打、女子双打和男女混合双打。每场比赛，男子单打和双打一般采用五盘三胜制或三盘两胜制，女子单打、双打与男女混合双打采用三盘二胜制。戴维斯杯和国际网球四大公开赛的男子比赛均采用五盘三胜制。

网球比赛用一种特殊的记分方法记录每场比赛的胜负。记录的最小单位是分，然后是局，最后是盘。每一局采用 0、15、30、40、平分和 Game 的记分方法。比赛时先得 1 分呼报 15，再得 1 分呼报 30，得第 3 分呼报 40，第 4 分呼报 Game，即本局结束。如果比分为 40∶40 时，叫平分，一方必须再连得 2 分才算胜此局。比赛双方，谁先胜 6 局者为胜一盘。如果各胜 5 局，一方必须再连胜 2 局才能结束这一盘，这就是长盘制。为了控制比赛时间，近十几年普遍采用平局决胜制，即当局数为 6∶6 时，只再打一局来决胜负。在这一局中，谁先赢得 7 分者为胜这一盘。如果在此局打成 5∶5 平分，一方仍需连得 2 分才算胜此局，即胜此盘。

在网球比赛时，运动员各占半个场区。发球一方先在端线终点的右区发球，球发到对方另一侧的发球区方为有效。每 1 分有两次发球机会。第一次发球出界或下网叫一次失误，第二次发球再失误叫双误，失 1 分。第 2 分换在左区发球，第 3 分再回到右区。如此轮换，直到本局结束。下一局改由对方发球。每 1、3、5、7、9 等单数局交换场地。每次发球为有效球后，双方来回击球，可在空中还击，也可落地一次后还击。

二、网球比赛的具体规则

（一）发球前的规定

发球员在发球前应站在端线后、中点与边线的假定延长线之间的区域里，用手将球向空中抛起，在球接触地面前用拍击球。

（二）发球时的规定

发球员在整个发球动作中不得通过行走或跑动改变原站的位置；两脚只准在规定位置内，不得触及其他区域。

（三）发球员的位置

1. 每局开始先从右区端线后发球，得或失 1 分后，换到左区发球。
2. 发出的球应从网上越过，落到对角的对方发球区内或其周围的线上。

（四）发球失误

发球失误的情况包括：未击中球；发出的球在落地前触及固定物（球网、中心带和网边的布除外）；违反上述发球站位的规定。

发球员第一次发球失误后，应在原发球位置第二次发球。

（五）发球无效

发球触网后仍然落到对方发球区内或接发球员未做好准备，均应重发球。

（六）交换发球

第一局比赛终了，接球员成为发球员，发球员变为接球员。以后每局终了，均依次互相交换直至比赛结束。

（七）交换场地

双方应在每盘的第一、三、五等单数局结束后，以及每盘结束双方局数之和为单数时或决胜局比分相加为 6 和 6 的倍数时交换场地。

（八）发生下列任何一种情况，均判失分

1. 在球第二次着地前未能还击过网。
2. 还击的球触及对方场区界线以外的地面、固定物或其他物件。
3. 还击空中球失败。
4. 故意用球拍触球超过一次，或在比赛中故意用球拍接带或接住球。
5. 过网击球。
6. 抛拍击球。
7. "活球"期间运动员身体、球拍或穿戴的其他物件触及球网、网柱、单打支柱、绳或钢绳、中心带、网边的布或对方场区内的地面。

（九）压线球

落在线上的球都算界内球。

（十）阻碍击球

甲方的举动妨碍乙方击球时，该举动若属故意，判甲方失分；若系无意，则判重赛。

（十一）有效还击

以下任何一种情况，都是有效还击：
1. 球触球场固定物后，从网上越过落入对方场区内。
2. 对方发出或还击的球，落到本方有效场区内又反弹回去或被风吹回对方场区上空时，本方运动员挥拍过网击球，球落到对方场区内，其身体、衣服或球拍未触及球场固定物或对方场区的地面。
3. 合法击球后，球拍随球过网。
4. 对方发出的球或击出的球碰到本场区内的另一球，而还击的运动员仍能回球到对

方场区内。

还击的球，如果从单打和双打支柱间钢丝绳下穿过，并且没有触及钢丝绳、球网或双打杆而落到有效场区内，也算有效还击。

（十二）双打发球次序

每盘第一局开始，由发球方决定由何人首先发球；对方则同样地在第二局开始时决定由何人首先发球。第三局由第一局发球方的另一发球员发球。

（十三）双打接球次序

先接球的一方，应在第一局开始时，决定何人在接发球，并在这盘单数局继续先接发球；对方同样在第二局开始时，决定何人先接发球，并在这盘的双数局继续先接发球。

（十四）双打还击

接发球后，双方应轮流由其中任何一名队员还击。如运动员在其同队队员击球后，再以球拍触球，则判对方失分。

三、网球的场地规格与器材

（一）网球场地规格

网球场地为长方形，单打场地与双打场地规格有所不同，但球网中央高 0.914 米、网柱高为 1.07 米、除端线宽为 10 厘米外其他各线宽均为 5 厘米这三点是相同的。（图 10-4-1）

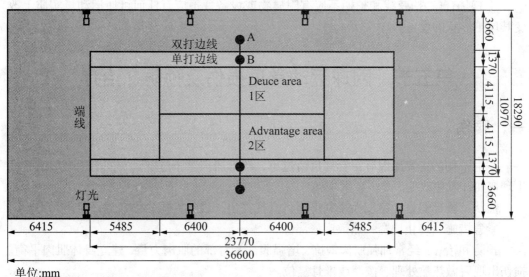

单位:mm

图 10-4-1　网球场地

（二）网球器材

1. 球场固定物

球场固定物包括球网、网柱、单打支柱、绳或钢丝绳、中心带、网边白布，还包括球场四周的挡网、看台、固定的或可移动座椅及其占有人的位置，安置在场边周围上空的设备，以及在各自位置上的裁判员、司线员，等等。

2. 网球的大小、重量和弹力

网球为白色或黄色，外表毛质均匀，没有缝线。球的直径是 6.35~6.67 厘米，重量是 56.7~58.47 克。球的弹力为从 2.5 米的高处自由落体时，能在平硬的场地上弹起 1.346~1.473 米。（图 10-4-2）

图 10-4-2　网球　　　　　　　　图 10-4-3　网球球拍

3. 网球球拍（图 10-4-3）

网球球拍如不符合下列规格，不得在比赛中使用。

（1）球拍的击球面必须是平的，由弦线上下交替编织或联结组成，其组成格式应完全一致。每条弦线必须与拍框联结，特别是穿线后其中心密度不能小于其他任何区域密度。

（2）拍框和拍柄的总长不得超过 81.28 厘米，总宽不得超过 31.75 厘米；拍框内沿总长不得超过 39.37 厘米，总宽不得超过 29.21 厘米。

（3）拍框、拍弦线和拍柄不应有附属物或设备，不应有任何可使运动员实质上改变其球拍形状的设备。

第五节　网球运动常见损伤及预防、治疗

一、腰伤

产生腰伤的主要原因有：脊柱负荷过重，腰部肌肉紧张过度，脊柱出现畸形或脊柱生理弯曲并发生改变。

症状：腰部僵直，突发性锐利疼痛；脊柱突出，以致大腿失去知觉，肌肉无力。

紧急措施：终止比赛，热敷疼痛部位。

预防和治疗：经常加强肌肉锻炼，增强腹部和背部的肌肉力量，建立身体肌肉平衡。损伤出现后做热敷处理、按摩或椎骨复位。

二、网球肘

网球肘是由于突然过分伸展肘关节附近的肌腱，使其嵌入肱骨上踝而引起的。多是反手击球动作不正确或是球拍过重、过大造成的前臂肌肉紧张过度或肘关节有炎症。

症状：肘部痛，尤其是在用力时。

紧急措施：用冰块按摩，缠绷带固定肘关节，必要的休息。

预防和治疗：增加臂力练习，纠正错误动作，检查球拍的重量和大小。损伤发生后要进行按摩、超声波疗法、包扎石膏绷带等。

注意：肘部出现疼痛后应立即休息，以防病情复杂化。

三、肩关节损伤

肩关节痛的主要原因是肩关节的屈伸肌肉、加固关节的韧带及关节囊等软组织运动负荷量过重，多是由于发球、高压球用力过猛造成的。

症状：肩关节在发球、击球、高压球时出现疼痛，并使手臂痉挛。

紧急措施：停止比赛，短时间固定肩关节。

预防和治疗：平时加强肩部肌肉的训练；赛前准备活动充分；提高发球、击球、高压球的技术动作。出现损伤后，可用消炎药物等。

四、踝关节扭伤

产生此类伤病的主要原因是运动中剧烈变向、鞋子不合适、网球场表面起伏不平或踩脚。

症状：踝部剧烈疼痛。如有内出血，则局部马上肿胀。

预防和治疗：选择合适的运动鞋，加强肌肉练习，运动时带护踝。出现损伤后，先冷敷、固定，及时就医。

五、半月板损伤

产生此类伤病的原因是屈膝制动击球、抢占最佳位置、变向，而膝关节同时完成快速伸膝并伴随旋内旋外的动作。

症状：半月板突出、变形、剧烈疼痛。

预防和治疗：准备活动充分，使用护膝，加强膝盖力量练习，选择合适的鞋子，规范技术动作。受伤后应长期休息，使用消炎软膏或注射剂或手术。

习题

1. 网球运动起源于哪里？什么时间传入中国的？
2. 网球握拍方法有几种？分别是什么？
3. 网球的基本技术主要有哪几种？
4. 网球单打战术中如何进行发球？
5. 网球比赛如何计分？
6. 简要列举网球运动容易造成的损伤有哪些。
7. 简述什么是网球肘。

第十一章　毽球

毽球运动已成为最受现代人欢迎的运动之一。踢毽球不仅能促进人的背、腿、躯干及骨骼、肌肉的正常发育，还能扩大肺活量，提高心脏等有机体的功能，改善代谢能力，培养对时间、空间的立体感，也有利于锻炼踝、膝、髋等关节的灵活性，使身体的协调性、柔韧性进一步得到发展，从而增强体质，促进健康。

第一节　毽球运动概述

毽球运动集成于我国民间体育中的踢毽子游戏，结合了现代球类运动的规律，是一种新兴的现代体育项目。踢毽子源于我国汉代，盛行于南北朝、隋唐。它以其特有的技巧性、激烈的对抗性和快速多变性，受到广大群众特别是青少年的喜爱。古代踢毽子有一人踢、两人踢、多人踢的踢法。20世纪30年代出现了两人对踢、四人两两对踢、六人三三对踢的踢法，并规定了界限，各占一方，落地为失分。到了20世纪30年代末，广州的一些三轮车工人在工作之余拉绳代网，隔网对踢，还规定了比较正规的场地，而且有了规则。人们把它叫作"过河踢"或"网毽"，这就是现代毽球运动的前身。从20世纪40年代到70年代末，"网毽"因其体积小便于携带、场地器材简便、经济实惠等特点，成为全国各地厂矿喜爱的职工体育项目。

1999年11月11日，国际毽球联合会在越南首都河内市成立。国际毽球联合会决定每年举办一届毽球世界杯。首届毽球世界杯于2000年7月15日至21日在匈牙利的乌伊萨斯市举行。比赛共设7个项目，即男子团体赛、女子团体赛、男子单人赛、女子单人赛、男子双人赛、女子双人赛、男女混合双人赛。

毽球是我国独有的民族体育运动之一。它不仅是锻炼身体的手段，也是一种优美的艺术表演。1983年，国家体委编写出《毽球竞赛规则》。1984年3月3日，国家体委颁发了《关于把毽球列为全国正式比赛项目的决定》的文件。踢毽子和网毽运动统称为"毽球运动"。

第二节　毽球基本技术教学理论与方法

毽球技术是指人们在踢球过程中所采取的动作方法的总称。毽球的主要基本技术包括脚内侧踢球（盘踢）、脚背踢球（蹦踢）、脚外侧踢球（拐踢）、大腿触球、脚前掌身后踢球、倒勾踢球、垫球、头部触球等。

一、毽球基本技术

（一）准备姿势与移动

1. 准备姿势：它是移动的开始，正确的身体准备姿势可为迅速移动提供条件。毽球比赛时的身体准备姿势一般有两种：

（1）两脚左右开立，略比髋宽，脚跟稍提起，脚掌内侧着地，两膝微屈、内扣，重心稍降，上体放松前倾，两臂自然屈于体侧，两脚保持动态，眼睛看着来球。

（2）两脚前后开立，一般支撑脚在前，踢球脚在后。

2. 移动：根据来球的距离远近、球速的快慢，采用各种不同的步法，使身体接近球的落点，以便能准确及时地触击球。移动主要包括进步、撤步与交叉步等。

（二）踢球

踢球是毽球的最基本技术。在进攻、防守以及攻防的转换中，根据不同的情况，采用不同的脚法就能踢出不同作用的球。

1. 脚内侧踢球

（1）技术要领：这是运用最多的踢法。踢球时，要以髋为轴，膝关节外展，小腿向上摆，击球的一瞬间踝关节内屈端平，用脚弓内侧把球向上踢起。（图11-2-1）

（2）练习方法

①初学者要牢记动作要领，用绳子吊起毽子，用脚内侧踢球。

②通过技术示范、看技术录像，进行模仿练习。

③徒手摆动腿练习。

④按照正确的动作要领，先用右脚踢起一次，要求垂直，用手接住，反复练习。

图 11-2-1　脚内侧踢球

⑤按照正确的动作要领，踢起两次，用手接住。通过反复练习，较熟练后，达到连续踢。

⑥左、右都可连续踢后，学习左右脚互换踢：左右两脚各踢一次接住，各踢两次接住。熟练后连续踢，次数越多越好。

2. 脚外侧踢球

（1）技术要领：常用于接身体侧面的来球。踢球时膝关节内收，小腿向体侧上摆，击球一瞬间勾足尖，踝关节外屈端平，用脚背外侧把球向上踢起。

（2）练习方法

①初学者要牢记动作要领。

②通过技术示范、看技术录像，进行模仿练习，支撑脚走"八"字。

③用绳把毽球或布包系起来，练习者拉住绳子踢球或布包，用脚外侧踢。

④按照正确的动作要领，先用右脚踢起一次，要求垂直，用手接住，反复练习。

⑤按照正确的动作要领，踢起两次，用手接住。

⑥通过反复练习，较熟练后，达到连续踢。

⑦左脚的练习与右脚相同。

⑧左、右都可连续踢后，学习左右脚互换踢：左右两脚各踢一次接住，各踢两次接住。熟练后连续踢，次数越多越好。

⑨内侧带动外侧练习。

3.脚背踢球

（1）技术要领：踢球时，大腿带动小腿。击球的一瞬间，脚背绷直，踝关节用力，小腿快速将球踢起。脚背踢球根据不同目的，又可分为正脚背踢球、正脚背体侧凌空踢球。它们分别用于发球、进攻、接球。（图11-2-2）

（2）练习方法

①初学者要牢记动作要领，徒手摆动腿练习。

②通过技术示范、看技术录像，进行模仿练习。

③用绳把毽球或布包系起来，练习者拉住绳子用脚背正面踢球或布包。

④按照正确的动作要领，先用右脚踢起一次，要求垂直，用手接住，反复练习。

图 11-2-2　脚背踢球

⑤按照正确的动作要领，用右脚踢起两次，用手接住。

⑥通过反复练习，较熟练后，达到连续踢。

⑦左脚的练习与右脚相同。

⑧左、右都可连续踢后，学习左右脚互换踢：左右两脚各踢一次接住，各踢两次接住。熟练后连续踢，次数越多越好。

⑨绷脚与其他技术的组合练习。

4.前脚掌身后踢球

主要用于救险球。当来球落在紧靠身体后面时，一腿微屈站立，踢球腿屈膝，小腿向后方摆起，使前脚掌对准来球，同时身体稍转向来球一侧。踢球的一瞬间，脚踝绷直用力，用前脚掌将球踢起。

5.倒勾踢球

和足球中的倒勾踢球类似，具有较好的隐蔽性、突然性，踢出的球速度快、力量大。背向网两脚平行站立，如右脚蹬地起跳，则左腿屈膝上摆。上摆到空中最高点时，左腿迅速下落，同时右腿屈膝，大腿带动小腿用力上摆，以脚趾或指跟部位踢球，随后左右脚先后落地，并保持身体平衡。

6.凌空踢球

这是一种技术较高、难度较大、进攻性很强的踢球技术。它类似倒勾踢球技术，所不同的是，凌空踢球时摆动腿要向外侧上摆；在击球的一瞬间，身体后仰侧转，踝关节自然绷直。

7.正面脚掌踢球

用脚掌的前半部分击球过网是一种进攻技术。面向网站立，左脚向前迈出一步支撑身体，右脚大腿带动小腿迅速上摆。当摆到距球10厘米左右时，展髋、展膝、伸腿、摆脚，将球踢过网。

（三）触球

在身体膝关节以上部位的踢球都叫触球，是毽球的接球方法之一，有点儿像足球中的停球，主要是为了缓冲来球的力量和为下一个踢球动作（如进攻或传球）做过渡调整。这是比较容易掌握的一项毽球技术。触球的方法也很多，大约可分为大腿触球、胸部触球、头部触球、肩触球等。

1. 大腿触球

（1）技术要领：当来球下落到略低于髋部时，用大腿的前半部分触球。

（2）练习方法

①初学者要牢记动作要领。

②通过技术示范、看技术录像，进行模仿练习。

③两臂屈于体前，用腿去碰手，强调脚尖指地。

④用绳把毽球或布包系起来，练习者拉住绳子用大腿击球或布包。

⑤按照正确的动作要领，先用右脚踢起一次，要求垂直，用手接住，反复练习。

⑥按照正确的动作要领，击起两次，用手接住。

⑦通过反复练习，较熟练后，达到连续踢。

⑧左腿的练习与右腿相同。

⑨左、右腿都可连续踢后，学习左右脚互换踢：左右两腿各击一次接住，各击球两次接住。熟练后连续做，次数越多越好。

⑩磕踢与其他技术的组合练习。如不用手抛球，改用盘踢，形成一磕一盘。

2. 胸部触球：来球时两臂自然微屈，两肩稍用力向后拉，上体稍后仰。同时，两脚蹬地，挺胸迎球。

3. 头部触球：来球时两脚蹬地，颈部稍紧张，向前摆头，用前额触球。

4. 肩触球：来球时肩稍后拉前摆，用肩部击球。

（四）胸拦网

胸拦网是毽球比赛防守反击时最重要的技术，是防守中的第一道防线。它包括单人拦网、双人拦网和三人拦网。拦网前的准备姿势是面对球网，双脚平行站立并与肩同宽，双膝微屈，自然收腹，上体稍向前移，两臂自然屈于体侧，目视球的动向。当对方攻球时，迅速判断并移动到起跳位置，两脚用力蹬地跳起，两臂垂直于体侧后摆，提腰收腹挺胸，用胸部拦击球。击球后身体自然下落，双脚前脚掌先着地，屈膝缓冲。

二、花样踢毽法

花样踢毽在我国流传了 1000 多年。全国各地的踢法南北风格迥异，名称也不尽相同。总体上可分为两大类，一类是以花样动作为主的个人踢，另一类是多人参加的集体踢。目前花样踢毽有 200 多种花样，以下介绍一些动作比较简单并在学校和社区容易普及的花样踢毽方法。

花样踢毽一般分为接落、绕转、穿插、跷踢、头顶等几部分。

（一）外落毽（停毽）

1. 技术要领：两脚自然开立，用手抛起毽子，或用各种踢法将毽子在体前踢起，高约同腰齐平（过高会使难度加大），然后大腿上摆，膝关节内扣，小腿稍向外下垂，踝关节紧张，脚尖外三趾向上勾起，用脚外侧上迎下降的毽子。当毽子距脚约 5 厘米时，大腿下摆，使毽子予以缓冲，停在脚背外侧。停留 2 秒钟后，抬大腿，将毽子轻轻抛起，再用另一脚背外侧接住。如此连续做抛接动作，形成两脚互换接毽。

2. 注意事项：做动作时要毽起脚起毽落脚落，这样才能使踢起的毽子得到缓冲。

3. 练习方法

（1）用手抛毽、脚停毽练习。

（2）用脚踢起再停毽练习。

（二）里接毽

1. 技术要领：两脚自然开立，用手抛起毽子，或用各种踢法将毽子在体前垂直踢起，不要超过腹部。接球时，髋关节放松，膝关节外展，大腿发力上摆，小腿自然向内上摆起，踝关节锁紧。用脚内侧上迎下降的毽子，毽子距脚内侧 5 厘米左右时，大腿随毽子下摆，用缓冲的方法将毽子落在脚内侧。停留 2 秒钟后，小腿发力将毽子轻轻抛起，再用另一脚内侧接住。如此连续做抛接动作，形成两脚互换接毽。

2. 注意事项：做动作时要毽起脚起、毽落脚落，这样才能使踢起的毽子得到缓冲。

3. 练习方法

（1）手抛毽，脚做动作。

（2）脚抛毽练习。

（3）多做脚迎毽子缓冲练习。

（三）里串腕

1. 技术要领：用各种踢法将毽子踢起，当毽子下落时，踢球脚做迎毽缓冲动作。毽子触脚下滑的一瞬间，髋关节、膝关节放松，小腿发力，向里做圆周摆动，使踝关节在空中围毽子绕 1 周，将毽子再接在脚内侧。大腿随小腿的摆动自然摆动，但不要过高过大。

2. 练习方法

（1）手抛毽，脚做动作。

（2）脚抛毽，做里串腕动作。

（3）多做脚迎毽子缓冲练习。

（四）穿花（臂绕花）

1. 技术要领：两手五指交叉于胸前，毽子放于一手的虎口或手心上，将毽抛起；右脚做盘踢动作，踢起的毽子高度在胸部以下腹部以上；使毽子从两臂合成的圆中间下落，穿圆而过，然后用盘踢动作将毽子踢起。当毽子从两臂合成的圆上面穿过时，交叉的手收回靠近腹部；当毽子从两臂前上升时，交叉的双手向外伸出。如此反复形成臂绕花。熟练后，可以反过来使毽子从圆底下穿圆而上，脚仍然做盘踢。

2. 练习方法

（1）徒手练习绕臂。

（2）一手拿毽子做穿越，另一手做绕肩。

（五）金钱眼（钻圈）

1. 技术要领：用盘踢将毽子踢起，高度在头部以下腹部以上，双手拇指与拇指、食指与食指相对成一个圆，其余手指顺势相对。使踢的毽子，从圈上串过，然后再用盘踢将毽子踢起。手不松开，重复练习。

2. 练习方法

（1）徒手练习串毽。

（2）用脚踢练习串毽。

（六）跳踢毽（小毽股）

1. 技术要领：用脚内侧将毽球在体前垂直踢起，高约同肩平齐。毽下降时，左大腿带动小腿向右前摆动，同时右腿发力起跳，成左上右下的后交叉腿，做右腿上摆、左腿下压的剪腿动作，右小腿发力。右足勾脚尖，用内侧将毽子在身体左侧垂直踢起。跳起踢毽后，两腿还原成直立。可连续做动作。

2. 练习方法

（1）先做原地不跳起来的动作。

（2）徒手做剪腿动作。

（3）用手将毽抛起来做跳踢毽动作。

（4）用脚内侧踢，连续做跳踢毽动作。

（七）跳起直腿踢毽（毽股）

1. 技术要领：将毽子在体前踢高一些，当毽子下降到肩部时，左腿膝关节伸直，大腿发力，向体前上摆；同时右腿发力起跳，左腿在空中蹬直。右腿起跳后，小腿发力向左上摆，使右小腿和左小腿在空中相碰，同时用右脚内侧将毽子在体左侧踢高一些。可连续做动作。

2. 练习方法

（1）先做原地跳起来的动作，不踢毽。

（2）注意身体平衡感。

（3）用手将毽抛起来做跳踢毽动作。

（4）用脚内侧踢，连续做跳踢毽动作。

（八）上头顶（佛顶珠）

1. 技术要领：用磕踢或蹦踢将毽子踢起略超过头顶，接毽时，眼看毽托，仰起头，双膝微屈回收下颌；用头上迎下降的毽子，使毽子予以缓冲，停在前额头顶部或头后部。停留2秒钟后，将毽子轻轻抛起，再用磕踢或蹦踢把毽子踢起，如此反复做抛停动作。

2. 练习方法

（1）用手抛毽，练习眼睛看球。

（2）多用头感觉毽。

（3）多体会用头缓冲毽。

第三节 毽球基本战术教学理论与方法

毽球比赛的战术，主要是通过个人技术的巧妙运用和两三人的有效配合，充分发扬自身长处，攻击对方的弱点，以争取比赛的优势。这里简单介绍毽球比赛的发球、传球、攻球以及进攻和防守配合等基本战术，供选择锻炼和实践运用。

一、毽球基本战术

（一）发球动作

发球动作一般有三种：脚内侧发球、脚正背发球、脚外侧发球。

1. 每局开始时，要多发带有攻击性的球，以创造直接得分的机会。

2. 发对方不适应的球，造成对方接球失误。一旦对方适应了，即刻改变发球方式。

3. 在比分接近的情况下，应发把握性较大、准确性较高的球，以保证发球不失误。

4. 发多样化的球，如长短结合的吊角球、网前球、后场角球等。

（二）二传球

第二人次接球为二传球，它是个人进攻战术之一，也是全队组织进攻的桥梁。

1. 传球一定要有一定高度、角度，而且要避开对方的拦网，为同伴采用头球进攻和倒勾球进攻创造条件。

2. 二传球应具有隐蔽性。传球人最好背对球网，使对方看不清传球动作、方向和战术意图。传球人如有自传倒勾直接攻击对方的能力，其攻击力则更强。

（三）头攻球

头攻球在比赛中虽采用不多，但仍是一种个人进攻战术。

1. 自传自顶：即自己将来球传起，然后用头的前额正面或侧面将球顶入对方场区。

2. 接传球头顶：接二传队员传来的球，用头顶技术将球顶入对方场区。

3. 掩护头顶：在同伴的掩护下，用头顶技术将球顶入对方场区。

（四）脚攻球

脚攻球是毽球比赛中最具有攻击性的技术，其战术运用主要有以下两种：

1. 自传或接二传球脚背倒勾，即自己将来球传起或接二传队员传来的球，用正脚背倒勾踢球方法将球击入对方场区。

2. 交踏攻球，即将对方击过网的网前高球或本方传向网前的高球，用脚前掌踏拍的方法，将球直接击入对方场区。

（五）基本进攻战术

在确定一个队的基本进攻战术时，首先要根据本方队员的具体情况、具体技术特点进行合理恰当的阵容配备。一般有"一、二"配备、"二、一"配备和"三、三"配备。

1. "一、二"配备：就是场上三名队员中有一名主攻手和两名传球手的组合形式。它是最基本的阵容配备，适用于最初阶段的比赛战术。

2. "二、一"配备：就是场上三名队员中有一名主攻手、一名副攻手和一名传球手的组合形式。这种阵容适用于场上有勾球手、踏球手各一人以及一名二传手的阵容。

3. "三、三"配备：就是场上三名队员都能攻球又能传球的组合形式。这种阵容配备是最先进的进攻战术配备，是现在国内众多高水平队伍都采用的一种阵容配备。

（六）防守战术

防守战术是根据场上对方进攻战术的不同特点，结合本队的具体情况制定的基本防守战术阵型，主要有以下三种：

1. "马蹄"形防守：就是三名队员在场上呈"马蹄"形站位防守。

2. "一拦二防"：就是三名防守队员中，有一名队员在网前拦网，另两名队员在他身后两侧站位防守。

3. "二拦一防"：就是三名防守队员中，有两名队员在网前拦网，另一名队员在中间后方站位防守。

二、花样套路

毽子的花样套路由 2 ~ 6 个花样组成，各花样相互联系，相互演变成各种套路，便于练习，适合表演和比赛。花样套路分个人套路和多人套路。

（一）花样踢毽动作套路编排要求

1. 编排要合理

整套动作的编排要符合规则的要求。每个动作要准确、不失误或少失误，一个花样和一个花样之间不能混淆，动作与动作之间的连接自然、流畅。整套动作看上去要优美。

2. 难易要结合

一整套花样动作应由静止、绕转、跳跃等动作变化组合；动作线路要明确，不要拖泥带水；动作的发力和动作的完成恰到好处。整套动作要包括较容易和较难的花样，而且看上去是一个协调而有节奏的整体。

3. 变化要多样

一整套花样动作中，踢法要变化多端、穿插有序、不单调，应由多个花样动作组成，在变化中要上下、前后、快慢、难易结合，动作要灵活巧妙、美观大方，这样才具有观赏性。

4. 要有一定难度

一整套花样动作要由至少 6 个花样动作组成。这些动作中要有难度和数量的分配，应包括初级难度动作、中级难度动作和高级难度动作。整套动作应完美无缺，有始有终。

（二）多人花样套路

以 4 人踢毽为例，每人 1 只毽子，相互配合。同时开始，同时结束。要求：成排、成列或成圆，队形整齐、步法一致、数目相同。

1. 4 个人，每人右手掌放一只毽子，排成一行，相距不少于一臂，其中 1 人领毽喊口令。听到口令后，4 人同时用右脚开始"盘踢"20 次，第 21 次改用"磕踢"10 次，第 31 次改用"盘踢"1 次，然后用手将毽子接住。

2. 4 个人，每人右手掌放一只毽子，排成一行，相距不少于一臂，其中 1 人领毽喊口令。听到口令后，4 人同时用右脚开始"盘踢"10 次，然后同时原地左转；第 11 次改用"磕踢"，然后 4 人按逆时针方向左转 4 次，每转 90°"磕踢"1 次；转到正面时改用"盘踢"1 次，同时将毽子接住。

3. 4 个人，每人右手掌放一只毽子，排成一行，相距不少于一臂，其中 1 人领毽喊口令。听到口令后，4 人同时用右脚开始"盘踢"10 次。第 11 次 4 人同时原地左转改用"磕踢"，边踢边向前进，第 1 人应大步向前，第 2、3、4 人逐渐缩小步幅，围着场地"磕踢"一周，走成 1 个圆形。这时 4 人面向圆心，继续"磕踢"，逐渐缩小圆圈面积，然后 4 人同时踢 10 次；第 11 次时，除领毽人以外的 3 人将毽子接住，用一个毽子轮踢。

4. 围裹：围裹是指 3 人以上用一只毽子依次踢。踢毽子的人都面向里，毽子顺时针传踢，每人 1 次。踢毽人每踢 1 次，4 人则按逆时针方向跨出半步（弧形跨出）。在传踢的过程中，每个踢毽子的人，都可用各种踢法，配合翻身、过脖、转身等技术。

（1）过脖技术。用各种踢法将毽子在体前垂直踢起，高约同耳部平齐。踢完后向右弧形跨出半步，使毽子从右肩前，经颈部后面，向左肩前落下。第 2 人接踢。如从左起而右下叫"回脖"。

（2）转身技术。用各种踢法将毽子在体前垂直踢起，高约同腰平齐。踢完毽子后，向右弧形跨出半步，身体绕转 1 周。第 2 人接踢。

（3）翻身技术。用各种踢法将毽子在体前垂直踢起，约同身高，身微向后倾，同时仰头，眼睛看毽子。同时，自左向右转体 1 周，毽子从左经脸部向右落下。第 2 人接踢。如从右上而左下叫"回翻身"。

（4）背绊技术。用各种踢法将毽子在体前垂直踢起，高约同耳部平齐。踢完毽子后，向右弧形跨出半步，使毽子从右肩，经颈部后面，向左肩前方落下。第 2 人接踢。如自左肩后起而从右肩前落下叫"回背绊"。

（5）双裹技术。双裹是围裹的另一种形式，是 4 个人用 2 只毽子，用围裹的原理进行传踢。4 人传踢 1 只毽子较容易，如果照顾两只毽子则难，要求双毽齐下，同时高低一致。踢毽者，眼睛注视 1 只毽子，同样要经过脖、翻身等动作，传给第 2 人。与 4 人 1 只毽子不同的地方是，每人顺时针踢两次，第 3 次以逆时针回转。

（6）双传技术。双传即 4 人用 2 只毽子，进行传帮或递底，动作要求同双裹一样，逢三必回。

第四节　毽球运动竞赛

一、毽球比赛场地、网、球

（一）场地：毽球比赛场地采用羽毛球双打场地，长 11.88 米、宽 6.10 米，一条中线将场地分为两个半场。中线两侧 2 米各有一条平行于中线的线，叫限制线。两端线中点的两侧 1 米处向外画一条 20 厘米长且与端线垂直的短线，叫发球区线。发球区线向后无限延长的区域叫发球区。（图 11-4-1）

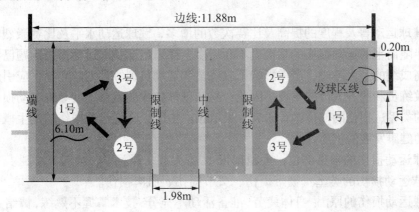

图 11-4-1　比赛场地

（二）球网：毽球网长 7 米、宽 76 厘米，为深绿色（可用羽毛球网）。网柱距中线外 50 厘米，球网距地面男子为 1.60 米，女子为 1.50 米。两端高度与中间的高度相差不得超过 2 厘米。正式比赛时，还要像排球比赛那样在球网两端垂直于边线和中线交接处系上一条标志带，并在标志带外侧安两根标志杆。标志带宽 4 厘米、长 76 厘米。标志杆长 1.20 米、直径 1 厘米。标志杆应高出球网上沿 44 厘米。

（三）毽球：比赛用的毽球由毽毛、毽垫构成。毽毛为四支鹅翎呈十字形插在毽子管内。毽垫有上下两层，均用橡胶制作。

二、主要比赛规则

（一）队员组成及位置：赛队由 6 人组成，上场队员 3 人，其中 1 人为队长（应佩戴明显标志）。靠近网的两个队员，从左至右分别为 3 号位和 2 号位队员；靠近端线的队员为 1 号位队员。

（二）发球：发球一方 2、3 号位队员一定要在发球队员的前方，彼此之间相距不得少于 2 米。发球时，发球队员必须站在发球区内，用手持球，抛起后用脚将球踢向对方场区。发球时，2、3 号位队员不得有任何掩护动作，否则判由对方发球。

（三）比赛：1. 比赛中每队将球踢入对方场区前，在本方场区最多只能有 3 人共击球 4 次。每个队员可以连续踢球 2 次或触球 2 次。不得用手、臂触球。球不得明显地停留在队员身体的任何部位，否则判为持球违例，由对方发球或得 1 分。

2. 队员用头攻球时，必须在限制线外起跳，但落地时两脚可以落在限制线内。

3. 比赛中，队员身体任何部位触及两标志杆以内的球网，均为触网违例。过网击球为犯规。在比赛中，除脚以外的身体任何部位不可触及中线，脚不得完全越过中线。

4. 比赛成死球时，可以向裁判员要求暂停和换人。每局比赛每队可以要求暂停 2 次，每次不得超过 30 秒。每局比赛每队换人最多不得超过 3 人次，每次不得超过 15 秒。

5. 接发球失误，应判对方得 1 分。发球失误，则判对方发球。

第五节　毽球运动常见损伤及预防

随着毽球运动普及程度的提高及比赛次数的增多，毽球运动水平及比赛激烈程度不断提升，伴随而来的运动损伤的案例也不断增多。毽球运动员的运动损伤问题已经成为运动员提高成绩的一大障碍，严重影响了教练员和运动员训练计划的实施，应引起广大运动员、教练员和医务人员的重视。因此，总结毽球技术的特点，就导致运动损伤的原因、损伤的类型、损伤的部位进行研究，采取预防措施，降低运动损伤的发生概率是促进毽球运动健康发展的重要课题。

1. 毽球运动损伤的常见部位：大腿韧带、膝关节、踝关节、腰部、小腿。

2. 毽球运动损伤的类型：韧带损伤、关节损伤、肌肉损伤。

3. 毽球运动损伤的原因：身体疲劳，准备活动不充分，技术掌握不熟练，情绪、器械、场地等其他因素。

4. 毽球运动损伤的预防

（1）做好准备活动，放松心情。

（2）加强专项身体素质练习。

（3）加强技术动作的规范化。

（4）加强心理素质的培养。

（5）合理安排运动量。

（6）普及运动损伤的医学知识，提高运动保障水平。

习题

1. 简述毽球运动。

2. 毽球基本技术包括什么？简要说出它们的练习方法。

3. 毽球运动的基本战术有什么？

4. 几个人一组，创编一组花样踢毽的组合。

5. 简述毽球运动的主要比赛规则。

第十二章 健美操

　　健美操作为高校普遍开设的一门课程，深受广大学生的青睐。本章将详细介绍健美操的概念、分类、功能等，以及健美操的基本动作、基本技术和练习方法，为广大学生的课堂学习和课余练习提供有效的帮助和指导。

第一节 健美操运动概述

一、健美操的起源与概念

　　健美操的起源可追溯到 2000 多年前。古希腊人对人体美的崇尚举世闻名，他们喜爱采用柔软体操和健美舞蹈等各种体育项目来进行人体美的锻炼。而古印度很早就有瑜伽术，其中一些姿势和现在健美操的一些姿势基本一致。由此可见，古代人对健身健美的追求是健美操形成与发展的基础。

　　19 世纪末 20 世纪初，欧洲出现了许多体操流派，他们在理论和实践上的创新对健美操的发展起到了推波助澜的作用。而 20 世纪 80 年代初，随着遍及全球的健身热和娱乐体育的发展，健美操以其强大的生命力风靡世界。美国对世界健美操发展有着重要影响。其中的代表人物是影视明星简·方达，她根据自己的健身体会和经验撰写了《简·方达健美术》一书，引起全世界的轰动，促进了健美操在全世界范围内的推广。与此同时，自 1985 年开始，美国正式举办一年一度的健美操锦标赛，并确定了竞赛项目和规则，使健美操发展成为竞技性运动项目。

　　健美操，英文原名为 Aerobics，是在氧供应充足的情况下，以人体有氧系统提供能量的一种运动形式，其运动特征是持续一定时间的、中低强度的全身性运动，主要影响练习者的心肺功能，是有氧耐力素质的基础。

二、健美操的分类

　　健美操分类的依据不同，分类的方法也不同。

　　根据风格可分为：传统有氧健身操、爵士健身操、踏板健身操、搏击健身操、瑜伽健身操等。

　　根据锻炼年龄可分为：儿童健身操、青少年健身操、中老年健身操。

　　根据锻炼目的可分为：康复健身操、保健健身操、健美健身操。

　　根据徒手与否可分为：徒手健身操、持轻器械健身操。

　　根据锻炼部位分可为：颈部、胸部、腰部、腿部、手臂、臀部等的局部健身操。

　　一般我们多根据健美操练习的目的和任务，将健美操分为健身健美操和竞技健美操两大类。

三、健美操的特点

（一）高度的艺术性

健美操的艺术性主要体现在其"健、力、美"的项目特征上。健康、力量、美丽是人类有史以来所追求的身体状况的最高境地。而健美操运动中，无论是健身健美操，还是竞技健美操，无不处处表现出"健、力、美"的特征，包含着高度的艺术性因素，使健美操不同于其他运动项目，这也正是人们热爱健美操运动的原因之一。

（二）强烈的节奏性

节奏是客观现象的延续性、顺序性和规律性。健美操的节奏一般表现为动作力度的增强或减弱、速度加快或减慢等变化。在完成动作时，肌肉用力的大小、强弱、快慢、刚柔等不同形成了不同风格的健美操动作。

（三）广泛的适应性

健美操练习形式多样，运动量可大可小、容易控制，对场地器材的要求也不高，因此，适宜各个年龄层次、不同性别、不同身体素质、不同技术水平的人。各种人群都能从健美操练习中找到适合自己的方式，从中得到乐趣。因此，健美操运动具有广泛适应性的特点。

（四）健身的安全性

健美操所设计的运动负荷、运动强度、运动量及运动节奏都充分考虑了因运动而产生的一系列刺激的可行性，使之适合一般人的体质，甚至弱体质的人都能承受的有氧范围。人们在平坦的地面上，在欢快的音乐声中，跟随着缓慢有序的节奏进行运动，十分安全。

四、健美操的功能

（一）增强体质、增进健康的功能

健美操作为一项有氧运动，人们对其具有健身功效这一点已基本达成共识。有研究认为，有氧运动最能发展人的心肺功能；而健美操不仅具有有氧运动的功效，且兼备发展身体柔韧性和灵敏性的作用，所以说健美操是目前发展身体全面素质的较为理想的运动。

（二）改善体形、优化体态的功能

"形体"分为体态和体型。体态即从我们平时的一举一动表现出来的行为习惯，主要是指整个身体及各主要部位的姿态是否端庄优美。而体型则是我们身体的外形，主要指身体各部分之间的比例，包括人体骨骼比例、脂肪蓄积及肌肉发育程度等。如果长时间不注意体态端正，就可能影响某些骨骼的正常生长发育，导致脊柱弯曲、含胸驼背等。

良好的身体姿态是形成一个人气质风度的重要因素。健美操练习的动作要求和身体姿态要求与我们日常生活中的要求基本一致，能够较好地满足人们的需要。

（三）娱乐身心、缓解压力的功能

健美操作为一项体育运动，它以动作优美、协调、全面锻炼身体同时有节奏强烈的音乐伴奏而著称，是缓解精神压力的一剂良药。在轻松优美的健美操锻炼中，练习者的注意力从烦恼的事情上转移开来，忘掉失意与压抑，尽情享受健美操运动所带来的欢乐，得到内心的安宁，从而缓解精神压力，使人具有更强的活力和最佳的心态。

（四）医疗保健的功能

健美操除了对健康的人具有良好的健身效果外，对一些病人、残疾人和老年人也是一种医疗保健的理想手段。例如：对下肢瘫痪的病人来说，可做地上健美操和水中健美操，以保持上体的功能，促进下肢功能的恢复。

第二节　健美操基本技术教学理论与方法

一、健美操的基本技术

健美操的基本技术主要有落地技术、弹动技术、半蹲技术和身体控制技术。所有技术都是从保证安全性的角度出发，贯穿健美操的整个练习过程。

（一）落地技术

落地技术的主要目的是使身体尽可能地保持稳定，同时减少地面对关节、肌肉的冲击力，以避免造成运动损伤。落地时，由前脚掌过渡到全脚掌，或由脚跟过渡到全脚掌，然后迅速屈膝、屈髋缓冲。

（二）弹动技术

健美操的弹动技术是健美操最重要的基本技术之一，是体现健美操的基本特征，是它区别于其他运动项目的重要因素之一。健美操的弹动是依靠踝关节、膝关节、髋关节的屈伸缓冲而产生的。

（三）半蹲技术

在健美操练习中，无论是落地技术，还是弹动技术，都和半蹲动作练习在一起。在使用半蹲技术时要注意：膝盖弯曲时，膝关节一定要顺着脚尖的方向弯曲，大小腿夹角不得小于90°，膝关节不能超过脚尖，同时避免膝关节或脚尖的过度外开或内扣。

（四）身体控制技术

健美操的身体姿态是根据练习者的安全性和现代人的身体特点与行为美的标准而建立的。在整个运动过程中，身体应保持自然挺拔，颈椎、胸椎、腰椎处于正常生理曲线的位置，并保持腰腹和背部肌肉收缩，四肢的位置应有所控制，避免"过伸"。总之，健美操练习过程中的身体姿态取决于肌肉用力的感觉和程度，总的动作感觉应该是有控制但不僵硬、松弛而不松懈。

二、健美操的基本动作

（一）常用手型与上肢动作

1. 常用手型

（1）拳：握拳，拇指在外。（图 12-2-1）

（2）并掌：五指伸直并拢。（图 12-2-2）

 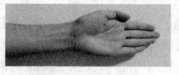

图 12-2-1　拳　　　　　　　　　图 12-2-2　并掌

（3）开掌：五指用力伸直张开。（图 12-2-3）

（4）花掌：五指用力，小指、无名指、中指自掌指关节处依次屈，拇指稍内扣。（图 12-2-4）

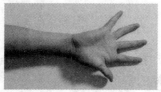 

图 12-2-3　开掌　　　　　　　　　图 12-2-4　花掌

2. 上肢动作

举：臂伸直向某方向抬起。

屈臂：前臂和上臂角度不断减小。

伸臂：前臂和上臂角度不断增大。

屈臂摆动：屈肘在体侧自然地摆动。可依次或同时进行。

上提：直臂或屈臂由下至上抬起。

下拉：臂由上举或侧上举拉至身体两侧。

胸前推：立掌，臂由肩部向前推。

冲拳：屈臂握拳，由腰间向前冲拳。

肩上推：立掌，屈臂由肩部向上推。

摆动：以肩关节为轴，手臂在 180°以内的运动。

绕、绕环：以肩关节为轴，手臂在 180°~ 360°之间的运动为绕，大于 360°的圆周运动为绕环。

交叉：两臂重叠成 X 形。

（二）基本步伐

1. 基本步伐分类

健美操的基本步伐按冲击力的大小可分为：无冲击力动作、低冲击力动作、高冲击力动作。而根据动作的完成形式又可以分为：交替类、迈步类、点地类、抬腿类和双腿类。（表 12-2-1）

表 12-2-1　基本步伐分类

类别	原始动作	低冲击力	高冲击力	无冲击力
交替类	踏步	踏步 走步 一字步 V 字步 漫步	跑	
迈步类	侧并步	侧并步 迈步点地 迈步吸腿 迈步后屈腿 侧交叉步	并步跳 小马跳	
点地类	侧点地	脚尖点地 脚跟点地		
抬腿类	抬腿	吸腿 摆腿 踢腿	吸腿跳 摆腿跳 踢腿跳	
双腿类			并腿跳 分腿跳 开合跳	半蹲 弓步 提踵

2. 常用基本步伐介绍

（1）踏步

一般描述：两腿原地依次抬起、依次落下。（图 12-2-5）

技术要点：落地时，由脚尖过渡到脚跟着地。屈膝时，胯微收，两臂自然前后摆动。

图 12-2-5　踏步

（2）走步

一般描述：迈步向前走 4 步或向后退 4 步。

技术要点：在落地时要注意踝、膝、髋关节的缓冲。

（3）V 字步

一般描述：一脚向同侧的斜前方迈出，另一脚向另一侧斜前迈出，成两脚开立，屈膝，然后再依次收回原位。（图 12-2-6）

技术要点：注意屈膝缓冲，成分腿半蹲时要屈膝，重心在两腿之间。

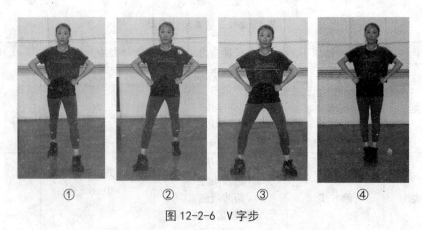

图 12-2-6　V 字步

（4）漫步

一般描述：一脚向前迈出，微屈膝，重心前移。另一脚抬起，然后原地落下。或一脚后撤一步，重心后移；另一脚原地抬起，原地落下。（图 12-2-7）

技术要点：两脚始终交替落地，身体重心要随动作前后移动。

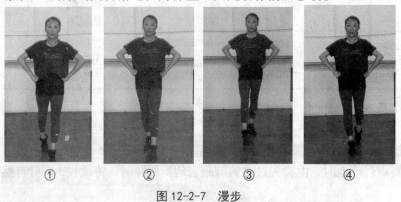

图 12-2-7　漫步

（5）侧并步

一般描述：一脚向一侧迈出；另一脚随之并拢，屈膝点地，再向反方向迈步。（图 12-2-8）

技术要点：两膝保持弹动，重心要随之移动，两膝自然屈伸。

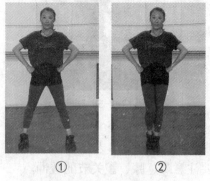

图 12-2-8　侧并步

（6）后交叉步

一般描述：一脚向侧迈出，另一脚在其后交叉。随之再向侧迈一步，另一脚并拢并屈膝点地。（图 12-2-9）

　　技术要点：第一步脚尖稍外开，脚跟过渡到全脚掌。身体重心随脚步移动，保持踝、膝、髋关节的缓冲。

①　　　　　　②　　　　　　③　　　　　　④

图 12-2-9　后交叉步

（7）跑

一般描述：两腿依次腾空，依次落地缓冲。（图 12-2-10）

技术要点：落地屈膝缓冲，脚跟尽量落地。

（8）迈步后屈腿

一般描述：一脚向侧迈出一步，另一腿后屈，再向反方向迈步。（图 12-2-11）

技术要点：完成动作时要屈膝半蹲，支撑腿微屈膝，后屈腿的脚跟靠近臀部。

①　　　　　　②　　　　　　　　①　　　　　　②　　　　　　③

图 12-2-10　跑　　　　　　　　　图 12-2-11　迈步后屈腿

（9）吸腿

一般描述：一腿屈膝抬起，落地还原，然后再换另一腿。（图 12-2-12）

技术要点：支撑腿保持弹动，大腿抬至超过水平，小腿自然下垂。

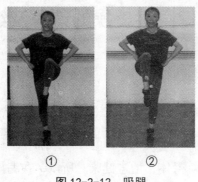

①　　　　　　②

图 12-2-12　吸腿

（10）弹踢腿跳

一般描述：一腿站立（跳起），另一腿先向后屈，然后再向前斜下方弹踢，还原。（图12-2-13）

技术要点：弹踢腿要制动，保持上体正直。

① ②

图12-2-13 弹踢腿跳

（11）开合跳

一般描述：由并腿跳起，分腿落地；再由分腿跳起，并腿落地。（图12-2-14）

技术要点：分腿时，两脚自然外开，膝关节夹角不得小于90°，空中注意姿态控制，落地注意屈膝缓冲。

① ②

图12-2-14 开合

第三节 健身健美操的编排及练习方法

一、健身健美操的编排

（一）编排的基本原则

1."安全、有效"的原则

练习健美操的目的是锻炼身体，增进健康。所以，在编排时首先要考虑的就是"安全"。因为在练习中出现任何损伤都会得不偿失，因此，安全性十分重要。其次就是"有效"。如果动作编排非常安全，但锻炼效果不显著，这也与练习初衷相违背。

2. 针对性原则

健身健美操的创编应针对锻炼目的，锻炼者的年龄、性别、健康水平，以及场地、器材等客观条件的差异，有所侧重，有的放矢。

3. 合理性原则

动作顺序设计与运动负荷的合理性体现了健身健美操的科学性，合理性原则是取得锻炼效果的重要原则。健身健美操编排的合理性原则包括动作选编的合理性、动作顺序的合理性、运动负荷的合理性三个方面。

4. 艺术性原则

健美操是一项融合了体操、舞蹈、音乐等的综合性体育锻炼项目。它独特的艺术魅力和健身的实效性，使其快速地兴起和发展。健身健美操编排的艺术性主要体现在：（1）音乐旋律动听，节奏鲜明、强劲、有力，两者均与动作风格统一；（2）动作设计既要体现健康有力，又要表现出优美动人；（3）在编排中，还可以通过新颖多变的造型、配合、队形来提高成套动作的观赏性和艺术性。

（二）编排的基本方法

健身健美操的编排就是按照音乐来计划、组织动作。健身健美操动作的编排是有规律的，表现为以 32 拍为单位，即 4 个八拍动作为一组。这与音乐的结构是完全相同的，人们称之为"组合"。健身健美操动作编排时，大多会保证 32 拍的完整性，并以"组合"的形式出现。

一般情况下，健身健美操的组合根据步伐的多少，可以分为初级组合、中级组合、高级组合。但应注意，在一个组合中，步伐并不是越多越好，步伐过多容易使学生跟不上，失去锻炼的信心，影响锻炼的效果。因此，动作的编排应该因人而异，循序渐进。初级组合：2 ~ 4 种步伐。中级组合：5 ~ 6 种步伐，90° ~ 180° 的方向变化。高级组合：6 种步伐以上，180° 以上的方向变化。

二、健身健美操的练习方法

目前，普通高校开设的健美操课程大多以健身健美操为主，内容多为正反组合叠加或规定套路。因为学生个体差异性的存在和主客观的影响，在健美操的学习和练习中我们都应该因材施教，循序渐进。在实际的教学和练习中，为了保证大部分同学都可以跟得上，我们应该由浅入深、由易至难，将一些复杂动作简化、分解。待大家熟练掌握后，再逐渐增加难度。

以组合练习为例，形成组合的练习方法有两种。

第一种：先进行单个动作练习并加入所有变化后，再形成组合动作。

A：侧并步——走步—— 侧交叉步

B：踏步—— 一字步—— V 字步

C：侧点地 1 次——侧点地 2 次

D：开合跳（一拍一动）——开合跳（两拍一动）——开合跳（一慢两快）

→ A+B+C+D 形成组合

第二种：先学习原始形式的动作组合，再在其基础上逐步变化。

加入 A 动作的变化：

动作 1 侧交叉步

动作 2 踏步

动作 3 侧点地 1 次

动作 4 开合跳一拍一动

加入 B 动作的变化：

动作 1 侧交叉步

动作 2 V 字步

动作 3 侧点地 1 次

动作 4 开合跳一拍一动

加入 C 动作的变化：

动作 1 侧交叉步

动作 2 V 字步

动作 3 侧点地 2 次

动作 4 开合跳一拍一动

加入 D 动作的变化：

动作 1 侧交叉步

动作 2 V 字步

动作 3 侧点地 2 次

动作 4 开合跳一慢两快

→ A+B+C+D 形成组合

总之，健身健美操的练习方法和过程不是单一的、一成不变的，应根据练习者的实际情况、目的等主观因素和场地、器材等客观因素的综合影响，及时地调整、完善，为我们最终的锻炼任务和练习目标服务。

第四节　健身健美操的损伤及预防

一、健身健美操的损伤

健美操运动中所发生的损伤多为闭合性软骨损伤。损伤多发生在下肢，以膝关节、踝关节韧带的损伤（以膝关节的内、外侧韧带拉伤、半月板损伤和踝关节的外侧韧带损伤居多）和肌肉与韧带的拉伤（特别是大腿后群肌肉与韧带的拉伤）最为常见，另外腰背肌、腹直肌、小腿三头肌的损伤也比较多。由于健美操运动中跳跃性动作较多，因此疲劳性骨膜炎在健美操运动中也是一种普遍存在的损伤：在跑跳过程中用力不当、落地不缓冲或者场地过硬都可能会引起疲劳性骨膜炎。骨骺损伤在两种健美操中也是常见的一种损伤：无论哪种健美操其关节扭动的动作都比较多，稍有用力不当就会引起牵拉性的骨骺炎。

二、健身健美操损伤的预防

1. 增加运动员专项训练时间，坚持平时训练，是预防运动员损伤的重要措施。如果操之过急则容易造成运动员损伤。要根据本队的具体情况合理制订训练计划和训练目标：在动作的选择、套路的编排方面，不要过于求难、求高；音乐的速度不要过于求快；一定要从队员的实际水平出发，不能好高骛远。

2. 在安排运动负荷时，要防止局部负担过重，特别注意在疲劳状态下不要多做高强度、大负荷的动作，因为此时运动能力下降、防护应变能力减弱、注意力分散，超量的大负荷易导致运动损伤的发生。

3. 身体素质训练要全面，要注意加强易受伤部位的能力训练，重视身体素质全面训练。实践证明，只有高度发展身体运动素质和机体的工作能力，才能保证运动员更好地掌握复杂的先进技术、承受超负荷的训练并防止运动损伤。根据健身健美操特点，应重点发展下肢的爆发力、耐久力、柔韧性，上肢的支撑力量及腰、腹肌的力量。此外，还应加强易受伤部位和薄弱环节的能力训练，有目的地增强关节周围的肌肉力量和韧带弹性，从而加强关节的稳定性和坚固性，以提高机体抗损伤的能力。

4. 深入研究动作的技术特点与规律，掌握科学的教学、训练方法与手段，不仅能提高动作质量，而且可以降低损伤的发生概论。注意消除疲劳、改善膳食、加强营养。健美操训练运动量大、负荷重、能量消耗高，因此要特别注意疲劳的消除和能量的补充。每次训练以后不可忽视放松运动，要注意休息，注意改善膳食、加强营养。这不仅可以预防损伤，而且可以为后面的训练提供保障。

习题

1. 健美操有哪些特点和功能？
2. 健美操的基本技术有哪些？
3. 健身健美操编排的基本原则有哪些？请尝试自己编排一个动作组合。
4. 健身健美操常见的损伤有哪些？

第十三章 体育舞蹈

体育舞蹈，又称"国际标准交谊舞"，由交谊舞转化而来，是体育与艺术高度结合的一项体育项目，是一种男女为伴的步行式双人舞的竞赛项目。它是从国外传入我国的一项高雅的健身运动，通过双人表演来展现多姿多彩的舞姿。可以说，体育舞蹈是世界通用的"情感语言"。在学习过程中，除了掌握基本技能和跳法以外，还能从与舞伴的配合中体验到乐趣。大学生通过对这门课程的学习，能不断提高心理素质和与其他人交往的技巧。相信体育舞蹈一定会把你带入艺术的殿堂，了解美的真谛。

第一节 体育舞蹈概述

一、体育舞蹈的起源与发展

11 ~ 12 世纪，欧洲一些国家将一些民间舞蹈加以提炼和规范，行成了流行在宫廷中的宫廷舞。它高雅繁杂、拘谨做作，失去了民间舞的风格，只在宫廷盛行，专供贵族习跳和欣赏，是贵族的特权。法国大革命后，宫廷解体，宫廷舞也进入了平民社会，成为社会中人人可跳的社交舞。1768 年，在巴黎出现了第一家舞厅。1950 年，英国主办了第一届世界性的大赛。拥有 74 个会员国的"国际舞蹈运动总会"于 1997 年 9 月 4 日正式成为国际奥林匹克委员会会员。国标舞 2000 年成为悉尼奥运会表演项目，2008 年成为正式比赛项目。国标舞虽和交谊舞相似，但对舞姿、舞步要求非常严格，一般是两个人一起跳。舞中姿势都已经标准化和分类，国际上有统一的用语，术语用英语口令。

体育舞蹈是 1924 年美国皇家交际舞专业教师协会在对当时的交谊舞进行了整理，将各种舞种的舞步、舞姿、跳法加以系统化和规范化后形成的。此后，相继制定了布鲁斯、慢华尔兹、慢狐步舞、快华尔兹、快步舞、伦巴、探戈等 7 种交谊舞，称之为普通国际标准交谊舞，亦称为普通体育舞蹈。

二、体育舞蹈的分类

体育舞蹈按照体育舞蹈的风格个人赛和技术结构可分为两大类：摩登舞和拉丁舞。按照竞赛项目可分为两大类：个人赛和团体赛。其中摩登舞包括华尔兹、维也纳华尔兹、探戈、狐步舞和快步舞，拉丁舞包括伦巴、恰恰、桑巴、牛仔舞和斗牛舞。每个舞种均有各自舞曲、舞步及风格。各舞种根据自身的乐曲和动作要求，组编成各自的成套动作。

三、舞程线、角度与方位、赛场

（一）舞程线

在跳舞时，为了有序进行，防止碰撞，必须按照规定的路线进行，特别是在舞步连续行进和旋转时就更为重要。因此，国际标准交际舞中规定，舞者必须按逆时针方向的路线行进。这条路线就是舞程线。（图13-1-1）

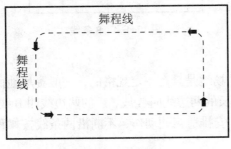

图 13-1-1　舞程线

（二）角度与方位

每个舞步开始、结束时所站立的方向，运步、旋转过程中的方位、角度都有一定的要求与规定。

1. 旋转角度的认定。旋转时以每转360°角为一周；旋转45°角为1/8周；旋转90°角为1/4周；旋转135°角为3/8周；旋转180°角为1/2周；旋转225°角为5/8周；旋转270°角为3/4周；旋转315°角为7/8周。（图13-1-2）

2. 方位。为了便于舞蹈进行中正确地辨别方位和检查旋转的角度，根据国际上记录各种舞蹈的惯例，在舞场上要规定一定的方位。一般情况下，多以乐队演奏台的一面为规定方位的基点，定为"1点"。（也可在场地中任选一个面定为"1点"）每向顺时针方向转动45°角则变动一个方位，以此类推2、3、4……共有8个点。因此，一个场地中的4个面为1、3、5、7点，4个角为2、4、6、8点。（图13-1-3）

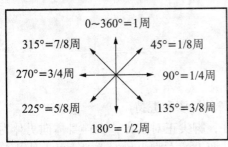

图 13-1-2　旋转角度

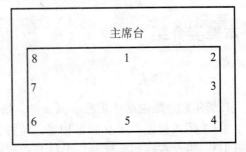

图 13-1-3　方位

上面说的方位，是在一个固定的位置时用的。如果舞者按舞程线不断变换方位，向前移动，则又要和舞程线发生联系。因此，规定了几条线来指示舞蹈者每个舞步的行进方向。

在国际体育舞蹈中规定了8条线：1.面对舞程线；2.面斜壁线；3.面对壁线；4.背

斜中央线；5.背对舞程线；6.背斜壁线；7.背对壁线；8.面斜中央线。只要围着舞程线的圆周在行进，则无论行进到哪一点，上述的规律都是适用的。（图 13-1-4）

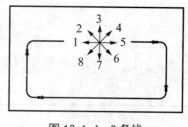

图 13-1-4　8 条线

（三）赛场

进行国际体育比赛的场地是具有一定规格的，一般赛场地面应平整光滑，场地的面积为 15 米 ×23 米。赛场长的两边线叫 A 线，短的两边线叫 B 线。比赛选手所编的套路，应按两条线的长短不同，安排适当的动作，不断沿两条线按舞程线方向循序而进。（图 13-1-5）

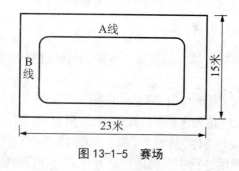

图 13-1-5　赛场

第二节　体育舞蹈基本技术教学理论与方法

基本舞姿介绍

（一）摩登舞姿

1.华尔兹、维也纳华尔兹、狐步舞、快步舞的舞姿和握持

（1）闭式舞姿。男女面部相对，两脚合并，脚尖正对前方，女伴身体向男伴右侧约偏 1/3，男女右腰相互轻贴，上体均向后倾。两人的右脚尖均对着对方的两脚中间，脚尖的距离大约 10 厘米。男女舞伴的头均向左转，女 45°、男 25° 并均稍向左倾斜，均越过对方右肩上方向前看。肩平，背直，腰挺拔，膝松弛。

男士：用右臂围抱女士，右手五指并拢放在女士左肩胛骨下方。左上臂平抬，肘略低于肩，小臂内弯与上臂成 90° 或略大于 90°。手略高于左耳，将女士的右手握在拇指

与食指间，其余四指并拢。相握的手在两个人身体中间，不可前推或后拉。腕部不可屈折，掌心斜向地面，使女伴手臂自然弯曲成圆弧状。

女士：左臂轻置于男士的右臂上，左手拇指与食指间的虎口绕成弧形，并将其他手指并拢，将虎口放在男士右上臂三角肌中央。右臂自肩至肘应该稍稍倾斜向下，小臂自肘至手则上抬并朝前倾斜至男士的左手处。右手拇指握于男士左手拇指外缘，与其拇指交叉相叠，其余四指并拢并弯曲轻置于男士左手拇指与食指间的虎口处。

（2）散式舞姿，又称P.P.舞姿。两个人的身体向同一方向分开，成为"V"字形舞姿，又称开位舞姿。两人的腰部与胯部依然相互贴住。男士的头部与上身略向左分开，女士的头部与上身略向右分开，面部均转向同一方向，眼向前看。

（3）外侧舞姿或反身位舞姿，是指男士走在女士的身体旁边的跳舞姿态。一般常用的是男士在女士右边外侧跳，所以又叫"右外侧舞姿"。

男士跳前进的外侧舞姿的时候，两人上身舞姿仍然用闭式舞姿。男士向女士右边身体的旁边走过去，前进一步，步子交叉在身体的前面。女士则用左脚向后方后退一步，步子交叉在身体的后面。两人均做"反身动作"，身体的侧面仍须紧密地贴住，并肩站立，右肩靠近。

2. 探戈的舞姿和握持

探戈由于其独特的风格和舞步要求，所以它的握持和舞姿与其他舞种不一样。

（1）闭式舞姿

双脚不平行并合，舞伴皆把自己的右脚掌并到左脚内侧脚弓处，前后相错开半个脚。（双脚可不相并，只隔开一脚的宽度）由于重心的下沉，膝部更为松弛，微微弯曲。男女相握的手肘部较为上抬，小臂内弯度数也略大。男伴的右手略向下斜插过女伴的脊椎骨略靠近右肩胛骨下面的地方。女伴拇指贴向掌心，其余四指并拢，虎口部分抵住男伴上臂外侧靠下的地方（靠近腋部）。女伴站立位置，要向男伴右旁错过去1/2。

（2）散式舞姿

在闭式舞姿的基础上，男伴上身更向右拧，腰、腹部带动女伴腰胯向左拧，只是头及胸部稍向外打开一些。男女舞伴头均沿相握的小臂向前看。男以右脚、女以左脚为重心，男左脚、女右脚皆在身旁处弯膝，用拇指内缘点地，膝盖内合。男伴的左膝内侧轻轻压住女伴的右膝外侧。

（3）外侧舞姿

男士在女士身体侧面，两人均做"反身动作"，身体侧面的腰胯仍须紧紧地贴住，肩对肩站立。

（二）拉丁舞姿

拉丁舞具有比较活泼的特点，因而它的握持姿势没有统一固定的模式。各种舞的握持姿势各异，同时随舞姿的变化而变换。

1. 闭式舞姿

男女舞伴相对站立，男伴左手与女伴右手轻握放于左肩旁，上臂略向内合，小臂与上臂约成90°，高度与眼角齐。男伴右手前伸扶在女伴左肩后与上臂相接处，肘部平抬，并使手臂保持长弧形。女伴将左臂轻放在男伴右臂上，右手放在男伴上臂与肩相接处。

2. 单手相握的开式舞姿

舞伴相对站立：男伴左手牵拉女伴右手，右腿直立，左腿稍侧前点地，重心在右脚上，右臂侧伸。女伴左腿直立，右脚稍侧后点地，脚尖内侧点地，重心落在左脚上，左臂侧伸。

3. 以下为其余各种舞姿

双手相握的开式舞姿、肩并肩舞姿、扇形位舞姿、旁式舞姿、单手相握的并进位舞姿等。

第三节　体育舞蹈竞赛规定

一、体育舞蹈比赛的场地、音乐、服装

体育舞蹈比赛的场地长 23 米、宽 15 米。选手按逆时针方向运行，交换舞程线时过中心线。

比赛音乐决赛时每曲 2 分 30 秒，其他赛时每曲还规定不得少于 1 分 30 秒。

比赛的服装规定：摩登舞男子穿燕尾服，女子穿不过脚踝的长裙；拉丁舞服装应有拉美风格，男女选手服装必须协调。专业选手背号为黑底白字，业余选手背号为白底黑字。

二、体育舞蹈竞赛的裁判赛制及评判依据

体育舞蹈比赛裁判的人数应由单数组成，这是由于在比赛时，选手能否进入下一轮比赛，是依据裁判员的 2/3 或 3/5 的比例选票决定出来的。

体育舞蹈比赛分团体赛和个人赛两种，按预赛（淘汰赛）、复赛（选拔赛）、半决赛（资格赛）、决赛（名次赛）的程序进行。

体育舞蹈比赛的评判依据：

1. 基本技术：基本动作、姿态、平衡稳定、移动。

2. 音乐运用：节奏、风格的理解和体现。

3. 舞蹈风格：区别各种不同舞种之间的风格上的差别，个人风格的展现。

4. 动作编排：动作流畅新颖，运用自如；体现舞种的基本风韵并有一定的技术难度；动作与音乐密切配合，发挥音乐效果；编排有章法，充分利用场地。

5. 临场表现：赛场上的应变能力，良好的竞技状态。

6. 赛场效果：舞者的风度、气质、仪表等总体形象。

在以上六要素中，前三项主要指选手的技艺品质，后三项是选手的艺术魅力。裁判在预赛时着重于前三条要素的评判，在半决赛后着重于后三条要素的评判，在决赛中应全面评价选手各项要素的完成情况。

第四节 体育舞蹈常见运动损伤

一、体育舞蹈常见的运动损伤

体育舞蹈运动者以膝关节以下运动支撑器官和腰背部的损伤多见。对从事体育舞蹈的男女选手而言，要在舞步的运行中表现出开阔的步伐、富有韧性的屈伸、起伏有致的升降移动以及灵活多变的方向转换，其发力的根源和周身的稳定与平衡主要依赖于下肢和腰部，因而容易造成选手下肢和腰背部的损伤。

二、体育舞蹈运动损伤的特点

体育舞蹈各种损伤形式中，以软组织损伤为主。皮肤擦伤和挫伤主要发生在足趾部，肌肉拉伤主要发生在腰背部、肩部、踝关节和膝关节。而由于男选手的主导地位和引导作用使其肩带与手臂处负担着女伴上肢的部分重量，如果女选手在配合上出现技术性差错，易导致男选手上肢肌群长时间的静力性工作进而损伤。体育舞蹈有自己独特的发病规律和特点。首先，体育舞蹈运动损伤以小伤多，因场地、舞鞋等原因造成的足趾部皮肤擦伤和挫伤较多，严重的创伤相对较小。但是对于体育舞蹈选手，任何微细损伤都可能影响训练、表演和比赛，必须高度重视。其次，损伤形式以软伤多，其中以肌肉、肌腱、韧带和关节囊损伤最多。另外，慢性损伤多，多系积累性多次小伤所致，或慢性劳损，或大伤未彻底治愈，而造成慢性损伤、反复发作，胫腓骨疲劳性骨膜炎是典型的例子。

三、体育舞蹈运动损伤的原因

1. 身体素质差。
2. 技术要领不正确。
3. 舞伴之间协调配合不当。
4. 准备活动不合理。
5. 过度疲劳。

习题

1. 体育舞蹈包含哪些种类？
2. 摩登舞姿和拉丁舞姿的区别是什么？
3. 体育舞蹈的竞赛特点有哪些？
4. 体育舞蹈竞赛的评判依据是什么？
5. 体育舞蹈常见的运动损伤有哪些？

第十四章 艺术体操

艺术体操以优美和艺术性为主要特征，以芭蕾舞的基本动作为基础，并吸收了现代舞蹈和各国有代表性的民间舞蹈、徒手体操和技巧等动作精华而逐渐发展起来。它要求动作舒展、大方、优美、柔和。它不仅能发展柔韧、力量、协调、灵巧等身体素质，还具有培养身体姿态、节奏感、美感、音乐素养和表现力等作用。

第一节 艺术体操概述

一、艺术体操的起源与发展

艺术体操起源于欧洲。19 世纪末出现有音乐伴奏的各种身体动作练习。20 世纪初，瑞士日内瓦音乐学院教师雅克·达尔克罗兹（Emile Jaques-Dalcroze）创编的韵律体操，将身体练习与音乐结合起来，并从最初的徒手发展为使用轻器械的形式。1962 年，它被国际体操联合会确定为比赛项目。1963 年第一届世界艺术体操锦标赛举办。1984 年，它被列为奥运会比赛项目。

艺术体操不仅体现了体育运动的健康美，而且融入了芭蕾舞、民族舞、竞技体操、技巧、武术、杂技、戏剧等技术的精髓，还创造了一整套的有思想、有表情、有层次、有结构、有难度的立体练习程式，从而构成艺术体操的美。艺术体操以其高超的难度技巧、独特新颖的编排、妩媚多姿的动作及协调一致的音乐配合等因素来展示出优美而和谐的姿态美。它是一项新兴的体育项目，在 20 世纪 80 年代以其特有的魅力在我国各体育院校广泛开展起来。随着社会的发展，该项目在国内已产生了较大的影响。

二、艺术体操的分类和特点

（一）艺术体操的分类

1. 一般性艺术体操

一般性艺术体操的任务是发展柔韧、灵巧等身体素质，增进健康，培养练习者良好的身体姿态，使其获得健美的体魄。一般性艺术体操以徒手练习为主，包括各类基本动作组合及成套练习。简单的持轻器械练习也是一般性艺术体操的主要内容。器械的选用应根据各地条件和练习的任务而定，没有硬性的规定。一般性艺术体操结合队形的变化，可进行集体表演，也可作为普及性的比赛内容。

2. 竞技性艺术体操

竞技体操是在一般性艺术体操的基础上，通过更精确的动作技术和高度的艺术性，在规定的时间内，表现出身体与器械完美结合的一种集体或个人的比赛。竞技性艺术体操正式比赛项目有绳、圈、球、棒、带 5 种器械，有时间、场地、人数的规定；在自选动作中，还有动作数量、动作难度、动作类型的规定；有专门的竞赛规则；裁判员根据规则要求，对运动员成套动作的编排和完成情况分别给予评分。运动员要在比赛中获胜，必须具备以下条件：高超的难度动作技巧，新颖独特的编排，高质量的动作完成，音乐与动作完美的配合以及运动员丰富的表现力。

（二）艺术体操的特点

1. 艺术体操是一项以自然性和韵律性动作为基础，以节奏为中心的运动。摆动性动作、波浪形动作是艺术体操的基本形式。

2. 艺术体操要在音乐的伴奏下进行练习。音乐有助于练习者体会和感受各种动作节奏、风格、速度以及强度等特点及其变化，有助于合理调节肌肉运动的力度，从而培养其节奏感和协调性，有助于发展其丰富的想象力和表现力。

3. 手持轻器械做动作是艺术体操的主要形式，也是其竞赛的规定内容。通过这样的练习不仅能进一步发展动作的协调能力和提高肌肉用力的敏感度和准确度，而且能使动作幅度加大，难度提高，内容更加丰富多样。

三、艺术体操的场地、器材

艺术体操的形式多样、内容丰富，具有很强的观赏性和艺术性。这项运动对场地、器材都有很高的要求，高质量的场地是艺术体操运动开展的前提条件，而良好的器材是运动参与者高水平发挥的重要保证。

（一）场地

一般情况下，初学者可以在空地或家里地板上进行艺术体操练习。但是，高水平的艺术体操运动最好在体操房的正规场地上进行，这样可以在练习中体验比赛的感觉，还可以避免运动损伤的发生。

1. 规格

艺术体操场地长 12 米、宽 12 米。

2. 设施

（1）场地周围至少有 1 米宽的安全区。如果比赛在台上进行，此安全区须有 2 米宽。

（2）应该有两块场地供运动员使用：一块铺地毯，另一块不铺地毯。运动员有权选择其中的任一块。

（二）器材

艺术体操是一项综合性体育运动，器材的种类繁多，主要包括球、圈、绳、带、棒等。（表 14-1-1）

表 14-1-1 竞技性艺术体操的器械

项目	质量	长度	直径	材料	其他
球	400 克以上	18~20 厘米	胶皮、塑料		
圈	300 克以上		内径 85~90 厘米	木、塑料	切面呈长方形,带椭圆形,两端无握柄、有小结头,中段可缠 30~40 厘米布条、胶布
绳		按身长而定	1 厘米内	麻、棉	
带	带重 35 克	柄:50~60 厘米 带:6 米	柄:1 厘米内 带:5~6 厘米	绸、缎	1. 靠柄端 1 米的带双叠。 2. 带和柄之间有 7 厘米以内的连接处。 3. 手握部分防滑可以缠胶布 10 厘米
棒	150 克以上	40~50 厘米	握棒小球 3 厘米内	木、塑料	

第二节 艺术体操基本技术教学理论与方法

一、基本位置练习

(一)站立的基本姿势

正确的站立姿势是形成优美动作和身体姿态的基础,徒手练习必须从基本站立开始训练。

动作要求:头正直,两肩下沉,背部挺直,收腹立腰,臀部和两腿肌肉收紧,目视前方。

(二)脚的基本位置

1. 基本站立位置:自然站立、并腿站立、点立。
2. 芭蕾舞脚的五个基本位置。(图 14-2-1)

一位:两脚跟靠拢,脚尖向两侧,两脚成一横线。

二位:脚尖向两侧,两脚跟左右相距约一脚,两脚成一横线。

三位:脚尖向两侧,一脚跟平行相靠在另一脚弓处,平行横立。

四位:两脚前后平行,两脚相距约一脚,脚尖向两侧。

五位:两脚前后平行相靠,脚尖向两侧。

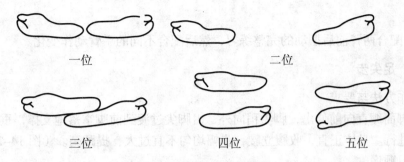

图 14-2-1　脚的基本位置

（三）　手臂的基本位置

芭蕾舞手臂的基本要求：松肩，肘、腕自然微屈，手呈弧形，手指自然放松展开，大拇指和中指稍向里合。（图 14-2-2、图 14-2-3）

一位　两臂体前下垂，指尖相对，掌心稍向内。

二位　两臂保持弧形前举（稍低于肩），掌心相对。

三位　两臂保持弧形上举（稍偏前），掌心向内下方。

四位　一臂上举，一臂前举。

五位　一臂上举，一臂侧举（掌心向前下方）。

六位　一臂前举，一臂侧举。

七位　两臂侧举，掌心向前下方。

图 14-2-2　手势

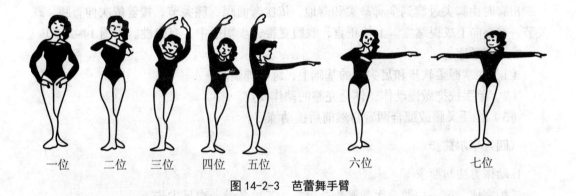

图 14-2-3　芭蕾舞手臂

二、基本步法与舞步练习

（一）柔软步

1. 动作方法与要求

摆动腿和脚面绷直向前伸出，由脚尖过渡到全脚掌落地，重心前移，两腿依次交替进行，收腹、立腰、眼平视，动作自然、柔和。（图 14-2-4）

2. 练习顺序

（1）两手叉腰练习慢动作（两拍一动）。掌握要领后，可加快速度（一拍一动练习）。

（2）配合两臂前后摆动的完整练习，然后配合不同的手臂动作变化。

（二）足尖步

1. 动作方法与要求

膝和脚面绷直向前伸出，脚尖稍向外，由脚尖过渡到前脚掌落地支撑，重心前移，两腿交替进行。身体正直，收腹立腰，步幅均匀不宜过大，提踵高。（图 14-2-5）

2. 练习顺序

（1）单手扶把练习，慢速做，体会动作要领。初步掌握后，再两手叉腰练习。

（2）正确掌握动作后，配合不同手臂动作变化练习。

图 14-2-4　柔软步

图 14-2-5　足尖步

（三）弹簧步

1. 动作方法与要求

出脚时由脚尖过渡到全脚掌柔和落地，依次弯曲踝、膝关节，接着依次伸直膝、踝关节，重心向上成提踵立。上体正直，收腹立腰，步幅适中，有弹性。（图 14-2-6）

2. 练习顺序

（1）在掌握柔软步和足尖步的基础上，练习弹簧步。

（2）单手扶把做慢动作，体会完整的动作要点。

（3）两手叉腰或配合两臂自然前后摆动练习。

（四）华尔兹步

1. 动作方法与要求

三拍完成。第一拍做一次弹簧步；第二、三拍各做一次足尖步。

向前、向后华尔兹，三拍要均衡。

向侧华尔兹，第三拍并腿。

转体华尔兹，第二拍向前足尖步同时转体 180°，第三拍并腿提踵立。动作连贯，起做柔和。（图 14-2-7～图 14-2-10）

2. 练习顺序

（1）复习柔软步、足尖步和弹簧步。

（2）由慢到快，学习向前华尔兹，然后学习向后华尔兹和向侧华尔兹，两手叉腰。

（3）结合手臂波浪及各种手臂动作练习。

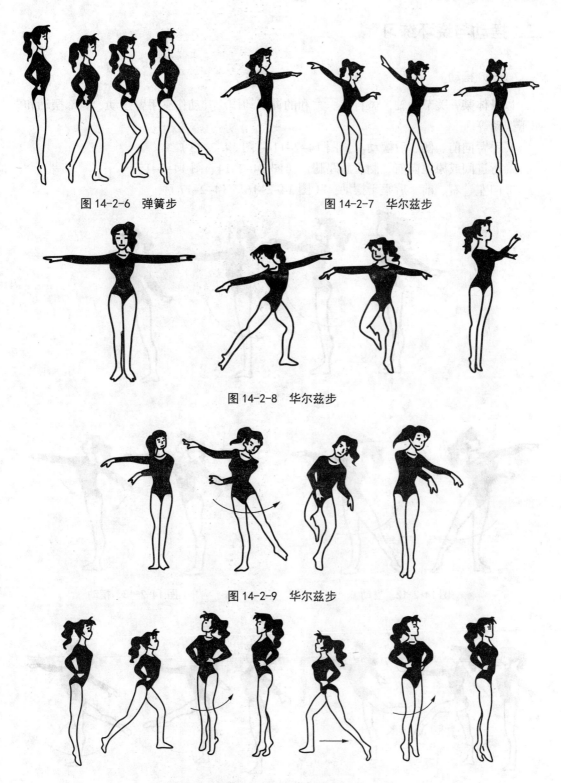

图 14-2-6 弹簧步

图 14-2-7 华尔兹步

图 14-2-8 华尔兹步

图 14-2-9 华尔兹步

图 14-2-10 华尔兹步

三、摆动与绕环练习

(一)摆动

以身体某一关节为轴，做自然、柔和的钟摆动作。其动作有手臂摆动、腿部摆动和躯干摆动等。

1. 手臂向前、侧、后摆动。（图14-2-11～图14-2-13）

2. 行进间或原地向前、侧、后踢腿。（图14-2-14、图14-2-15）

3. 向左、右、前、后躯干摆动。（图14-2-16、14-2-17）

图14-2-11 摆动

图14-2-12 摆动

图14-2-13 摆动

图14-2-14 摆动

图14-2-15 摆动

图 14-2-16　摆动　　　　　　　　　　图 14-2-17　摆动

（二）绕环

以身体某一关节为轴，做移动范围在 360° 以上的圆形绕动动作，称为绕环。（移动范围大于 180° 而小于 360°，则称为绕）有手臂绕环、腿部绕环和躯干绕环等。

1. 手臂大绕环、中绕环和小绕环（图 14-2-18 ～ 图 14-2-22）

以肩为轴的称大绕环，以肘为轴的称中绕环，以腕为轴的称小绕环。

图 14-2-18　手臂绕环　　　　　　　图 14-2-19　手臂绕环

图 14-2-20　手臂绕环

图 14-2-21　手臂绕环

2. 腿部绕环（图 14-2-23）

以髋、膝、踝为轴做圆形的绕环动作，如单腿由前经侧向后绕。

3. 躯干绕环（图 14-2-24）

躯干绕环是上体弯曲的一种动作，有上体向前、向侧、向后弯曲。

图 14-2-22　手臂绕环　　　　　　　图 14-2-23　腿部绕环

图 14-2-24　躯干绕环

4. 练习顺序

（1）单手扶把做慢速度及小幅度摆动和绕环练习，体会正确的动作要领。

（2）离把小幅度动作练习。

（3）离把完整练习，幅度由小到大，左、右交替进行。

（4）结合各种身体动作和步法进行练习。

四、波浪练习

波浪形动作是艺术体操的典型动作，其特点是参加运动的身体各关节间的屈、伸按顺序呈依次连贯的推移运动。它包括手臂波浪和身体波浪，可向前、后、侧做，动作可大可小。

（一）手臂波浪

它包括上下波浪、前后波浪、内波浪，分为大波浪、中波浪、小波浪。

1. 动作方法与要求

以肩带动肘，腕稍屈，手指放松下垂后稍下压，肘、腕、指各关节依次伸直至侧举，动作圆滑、连贯、舒展。（图 14-2-25）

2. 练习顺序

（1）原地练习单臂波浪，再做双臂波浪，初步掌握后可练习两臂依次波浪。

（2）结合舞步，变换不同部位及不同节奏练习。

图 14-2-25　手臂波浪

（二）身体波浪

身体波浪有躯干波浪和全身波浪。全身波浪又分向前、向后、向侧波浪。

1. 躯干波浪

由腰髋部开始经胸、颈依次前挺，上体逐渐前倾 90°，背成凹形。接着由腰经颈依次弯曲至含胸低头，背成凸形，上体逐渐抬起。（图 14-2-26、图 14-2-27）

图 14-2-26　躯干波浪

图 14-2-27　躯干波浪

2. 全身波浪

（1）身体向前波浪：屈膝半蹲，含胸低头开始，踝、膝、髋、腰、胸、颈、头依次向前挺出，两臂经前向后摆至上举。（图 14-2-28）

（2）身体向后波浪：两臂上举，上体后屈开始，膝、髋、腰、胸、颈、头依次弯曲，向后拱起，使背部成弓形，两臂经后下摆至前举。（图 14-2-29）

图 14-2-28　身体向前波浪

图 14-2-29　身体向后波浪

（3）身体向侧波浪：上体左侧屈开始，移重心经两腿半蹲姿势，接着从膝、髋、腰、胸、头向右前方依次挺起。（如图 14-2-30）

图 14-2-30　身体侧波浪

3. 练习顺序

（1）单手或双手扶把做慢动作身体波浪。

（2）离把做慢动作身体波浪。

（3）连续做身体波浪，逐渐加快速度、加大幅度。

（4）结合舞步、身体动作或交换不同的部位及不同节奏做身体波浪。

五、基本跳步练习

艺术体操跳跃的形式繁多，有单腿起跳，双腿或单腿落地；双腿起跳，单腿或双腿落地；等等。它包括小跳、中跳和大跳，可在原地、行进间或空中转体时完成。

（一）一位小跳

一位站立，手叉腰，两腿经半蹲用力上跳，膝和脚面绷直，收腹立腰，以前脚掌落地过渡到全脚掌成半蹲。（图 14-2-31）

（二）向前吸腿跳

一脚向前一步后有力蹬地跳起，摆动腿主动吸腿，收腹立腰，挺胸抬头。（图 14-2-32）

图 14-2-31 一位小跳　　　　图 14-2-32 向前吸腿跳

（三）向前屈膝交换腿跳

支撑腿蹬地跳起，同时两腿依次向上摆至最高点交换（大腿与小腿成钝角，膝稍向外，脚面绷直），上体正直。（图 14-2-33）

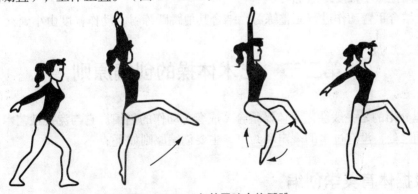

图 14-2-33 向前屈膝交换腿跳

（四）交换腿跳转体 180°

蹬地腿向上起跳，摆动腿直腿向上摆，同时以脚尖内转和头部转动带动髋及上体转180°，两腿迅速交换，摆动腿落地，另一腿后举。（图 14-2-34）

（五）向前大跨跳

左腿向前一步蹬地跳起，同时右腿伸直向前上跨出，空中两腿前后分开，收腹立腰，一臂后举，另一臂侧举，接着右脚柔和落地，左腿后举。（图 14-2-35）

图 14-2-34　交换腿跳转体 180°

图 14-2-35　向前大跨跳

（六）练习顺序

1. 借助劈叉做跳跃辅助练习。
2. 离把做小幅度跳跃练习。
3. 结合手臂动作进行完整练习，结合其他跳跃练习，动作幅度由小到大。

第三节　艺术体操的创编原则

这里介绍的是一般性艺术体操组合（成套）动作的创编。它与竞技性艺术体操的创编有相同之处，没有过多的规定和约束。主要创编原则如下：

一、根据体育美学创编

形式美法则是人类运用形式规律创造美的形象的经验总和。整齐、层次、和谐、对比、均衡、节奏、多样和统一等都是形式美的表现形式。在编排教学组合时必须遵循这一美的规律，才能充分体现出艺术体操优美和艺术性的特征。如：编排个人动作时，通过节奏快慢、刚柔力度、幅度大小等对比手法表现每个动作的特色；编排集体动作时，必须使所编排动作的性质、节奏变化及队形移动等都有利于学生整齐一致地完成动作，并表现出清晰的队形图案。

二、根据不同的目的创编

艺术体操是体操、舞蹈、音乐相结合的综合性运动项目，不同年龄、不同职业的人参加活动的目的不尽相同。大学生参加练习的目的是掌握健身方法，丰富文化生活，保持和提高身体素质和健康水平，获得良好的形体姿态，形成高雅的仪表和气质。一套操可全面体现各种功能，也可重点突出某一功能。合理的动作内容和足够的练习次数，才可能产生好的健身效果；正确的动作方法和严格的训练，才能产生理想的关健效果；巧妙的编排和丰富的动作变化，才能产生良好的观赏效果。

三、根据练习者的特点创编

成套动作的编排必须从练习者的技术水平、年龄特点出发，考虑练习者的生理、心理特点和活动能力，选择适合不同年龄特点的动作素材；考虑不同年龄人的活动能力，安排负荷。成套动作的图案和路线要有利于表达和展示动作，队形的变化要整齐合理、重在效果，路线要新颖并给人以鲜明感和流畅感。

四、根据动作特点和锻炼价值创编

创编时注意使身体全面发展，选择具有不同作用、锻炼价值高的动作，按照从局部到全身，上肢、躯干、头部各部位协调配合，动作幅度大小相间，节奏快慢有序，韵律流畅顺达等变化特点，使各类动作合理搭配，组合成套。艺术体操的不同动作有着不同的锻炼价值，如各种步伐和小跳能有效增强下肢力量和动作节奏感，身体波浪能增强身体各关节的灵活性及全身依次屈伸的协调性，手持轻器械做小绕环能增强手指、手腕关节的灵活性。

五、根据场地器械创编

艺术体操可在室内和室外进行，创编时应因地制宜安排徒手和持器械练习。如果场地范围比较小，则可采用向前、后、左、右的移动方向变化，增加移动距离；如在室内有桌椅，可做扶把练习；如室内有地毯，可做垫上练习。艺术体操的器械质地不同、形态各异。编排时，应根据器械的不同特点，以技术简单、图案变化清楚、锻炼价值高的基本动作为核心进行变化。

六、动作要与音乐协调一致

音乐是艺术体操的灵魂。在创编时根据练习者的年龄、爱好等特点选编音乐，充分发挥音乐的作用，可大大增强艺术体操的表现力和感染力。

实际创编中可先编好动作再选音乐或编写音乐，还有先编选好音乐再创编动作。总之，动作要和音乐的旋律相吻合、协调、一致。如优美抒情的动作需配流畅轻盈的音乐，弹跳活泼的动作需配明亮灵巧的跳音，腾空跨跳的动作需配力度较大的乐曲。

此外还要注意音乐的完整性，切忌东拼西凑。旋律优美的音乐和动作协调一致、浑然一体，才能增强成套动作的艺术感染力。

第四节　艺术体操竞赛程序与裁判

一、程序

艺术体操的正式比赛项目有绳、圈、球、棒和带 5 种器械。艺术体操的规模比较大，程序也比较复杂。

1. 参赛办法

（1）团体赛。团体赛分为预赛和决赛，每套动作时间为 2 分 15 秒～2 分 30 秒。

①预赛。所有报名的团队均可参加。

②决赛。凡取得预赛中前 8 名的团队均可参加。

（2）个人赛。个人赛分为预赛和决赛，每套动作时间为 1 分 15 秒～1 分 30 秒。

①预赛。所有报名的运动员均可参加。各项器械比赛顺序依次为绳、圈、球、棒、带。各项得分总和为全能成绩。

②单项决赛。在预赛中各项的前 8 名，得分在 80% 以上的运动员，进入单项决赛。如第 8 名得分相等时，则取预赛中全能得分最高的运动员参加。将各项器械预赛的分数和单项决赛的分数相加，其总和决定各单项决赛的名次。

2. 比赛方法

艺术体操比赛是由裁判员所给分数来决定比赛结果的。参赛者的分数高低决定其能否继续参加下一轮比赛。在下一轮比赛中，参赛者要表演同一内容，依次类推，直至最后。

二、裁判

1. 裁判员

每个裁判组由两个组组成：A 组为编排组，B 组为完成组。其中编排组又分为 A1 组（技术价值组）和 A2 组（艺术价值组）。A1 组评判难度数量和水平，A2 组评判艺术编排（音乐、器材的选择与使用，身体动作的选择与使用，熟练性与独创性）。

每个裁判组由一名裁判员（助理裁判员）协助工作，他将确定分差是否有效，并对出界、动作时间和其他有关纪律方面的问题（器械、体操服、入场等）进行扣分。

2. 评分

（1）计时

计时表从运动员或集体队第一名运动员开始做动作时开始计时，当运动员或集体队的最后一名运动员完全静止时停止。超过或少于规定的时间，每秒扣 0.05 分，不足 1 秒不扣分。

（2）扣分

①根据失误程度将给予以下扣分：小失误扣 0.05 分或 0.1 分；中等失误扣 0.2 分；

大失误扣 0.3 分或更多。

②分值分配和计算：A1 组（技术价值组）为 0 分至最多 10 分（用叠加法）；A2 组（艺术价值组）为 0 分至最多 10 分（用叠加法）；B 组（完成组）为 0 分至最多 10 分。

最后得分的计算是将 3 个部分的分数相加，即：最后得分 =A1 技术价值 +A2 艺术价值 +B 完成。而助理裁判员的扣分只从 B 组（完成）上扣分。

（3）出界

个人或集体队运动员身体任何部位及器械在界外触地，每次都要扣 0.1 分。器材出界但没有触地者不扣分。运动员必须始终在同一块场地上完成每套动作，否则扣 0.5 分。

3. 违例

以下情况视为违例：

①比赛时进入场地的方位先后顺序出现错误。

②比赛时为了做出动作的完整性而出边界。

③动作缺少或顺序颠倒。

（各高校在举行艺术体操比赛时可根据此规则再制定评分细则）

第五节　艺术体操的常见损伤及处理

一、 艺术体操的常见损伤

艺术体操最常见的损伤发生率最高的部位为踝关节、膝关节、髋关节和腰椎部位。

（一）踝关节运动损伤

艺术体操的成套动作中，包含了大量的跑跳类动作；而为了突出艺术体操轻盈柔美的特点，有许多动作就要在高立踵的状态下完成，如：平衡、转体等难度动作须在 3/4 立踵下完成，动作中的各种跑、跳多用前脚掌完成。这就需要踝关节的积极参与与配合，需要踝关节良好的力量、柔韧及稳定性。但是在高立踵状态下，踝关节的稳定性并不好，稍有不慎就会使足的前内侧着地，造成跖屈内翻，轻者损伤外侧韧带，重者发生外踝的撕裂性骨折。

（二）膝关节运动损伤

膝关节作为人体结构最复杂的一个关节，其负荷量也最大。当体操运动员做各种高难度跳跃类动作时，随着体位的不断变换，膝关节常常会受到不同方向、不同大小的作用力，受力复杂，膝关节的瞬间负荷常常会超过承受极限，因此，膝关节是最常发生运动损伤的部位之一，主要的损伤有功能性损伤和劳损伤两种。艺术体操运动的技术特点要求在完成动作时要变速、变向、变换体位等，运动员要不断地做膝关节的迅速屈伸动作，尤其会经常处于膝关节屈曲的特殊体位上，突然发力伸膝的同时要大腿内旋、小腿外旋。这容易引起半月板的矛盾运动和前交叉韧带的强力旋转，造成膝关节的侧副韧带和半月板损伤。

（三）髋关节运动损伤分析

在进行柔韧练习或跳步、落地缓冲等技术练习时，股骨头会与髋臼产生挤压，扭转力矩时也会使股骨头和髋臼产生撞击摩擦。长此以往，就容易造成髋臼软骨组织的磨损，甚至可能造成股骨颈长期受力而使其内部的骨小梁发生变异，内部环境的平衡遭到破坏，而产生炎症。髋关节损伤会使运动员跳跃能力下降、跑动能力下降、运动后有明显的疼痛感、寒冷天气下身体不适等，严重的甚至会造成股骨头坏死。因此要重视髋关节的运动损伤。

（四）腰椎运动损伤分析

在艺术体操的练习中有多半的难度动作是通过躯干后屈来完成的，甚至体操技术的难度级别与躯干后屈的幅度成正比关系，这就使得练习者腰椎的损伤率居高不下。根据腰椎的生理结构，当躯干前屈时并不会对腰椎产生大的损伤。但是在躯干后屈时，髋关节伸展受限，因此大部分的动作是通过脊柱的弯曲来完成的。此时椎间盘前宽后窄，极易受损。由于艺术体操的身体难度动作逐渐地从单一型技术因素向复合型技术因素转变，使得难度技术的完成需要在躯干后屈的同时，再加上身体的旋转，因而常使腰椎处于屈曲加扭转的易损伤体位，从而使腰椎在受到牵张伸力的同时又受到轴向旋转力的影响，更易形成腰椎损伤。

二、艺术体操常见损伤的处理

踝关节的损伤多以关节扭伤和关节软骨受伤为主，在受伤早期，通常要立即进行冷敷，然后加压包扎，并抬高患肢，以此来减轻肿胀和疼痛。对于早期急性功能性膝关节损伤，建议进行 RICE 处理，并利用支持带保护、抗炎药物和关节肌肉的牵拉治疗来进行后期的恢复；对于劳损伤，可以通过抗炎药物、局部理疗和抗阻碍练习、适当牵拉等方法来治疗和恢复。腕关节的损伤多以慢性损伤为主，运动时使用支持保护带，运动后进行局部按摩、冷敷，都可以有效缓解损伤症状。颈部伤病如只是挫伤而非骨折，通过使用颈托、冷疗后的热疗等加以治疗就可以较快恢复。

习题

1. 艺术体操有什么特点？
2. 试述艺术体操徒手练习的重要性及主要内容。
3. 艺术体操中手和脚的最基本的姿势是什么？
4. 艺术体操的创编原则有哪些？
5. 艺术体操的常见损伤有哪些？
6. 艺术体操的常见损伤该怎么处理？

第十五章　啦啦操

啦啦操在我国属于一项新兴的体育运动项目，开展时间短，然而其普及和发展速度令人惊讶。本章从初学者角度介绍啦啦操运动的起源和项目特点，并通过 32 个基本动作的练习方法让练习者建立初步动作概念，最后介绍全国啦啦操的项目设置和比赛评分办法，指引练习者确立正确的学习目标。

第一节　啦啦操运动概述

啦啦操原名 cheelleading，是指在音乐伴奏下，通过运动员集体完成复杂、高难度的基本手位与舞蹈动作、项目特有难度、过渡配合等动作内容，集体操、舞蹈、音乐、健身、娱乐为一体，充分展示团队高超的运动技能技巧，体现青春活力、积极向上的团队精神，并努力追求最高团队荣誉的一项体育运动。

一、啦啦操的起源

啦啦操运动 1877 年起源于美国，遍布美国的 NBA、橄榄球、棒球、游泳等比赛现场，至今有 100 多年历史。最初为美式足球呐喊助威的活动，发展到现在成为世界范围内的一项新兴体育运动，受到全世界人民的喜爱。2002 年引入我国，受到我国大中小学青少年前所未有的追捧。2009 年，国家体育总局正式批准开展全国啦啦操联赛官方赛事。于是，它在教育部大中小学生体育协会的倾力支持下迅速发展。

二、啦啦操项目特点

（一）组织的团结协作性

啦啦操是以集体形式展开活动的。团队协作性是啦啦操运动区别于其他运动项目最显著的特征，是啦啦操的核心理念。啦啦操主要通过口号、各种动作的配合、各类难度的展现、不同队形的转换与运动员之间相互协调配合来共同完成团队目标，营造相互信任的组织氛围，激励运动员高昂的斗志，提高团队整体的凝聚力。在啦啦操运动中，既强调团队完成动作的一致性，又重视运动员个体不同能力的展示，使每名运动员在参与团队的配合中均能在不同位置扮演不同角色，形成一种风险共担、利益共享的集体意识。它包括团队整体的运动能力、表演的激情、自信心、感染力、号召力、默契配合等因素。啦啦操国际规则规定啦啦操参赛人数为 4 ~ 24 人，我国啦啦操比赛规定每队每项参赛人数为 8 ~ 24 人，男女不限。只有在人数上达到一定的要求，才能完成更多的队形变换及空间转换，才能编排出更多层次的动作，才能完成更多的复杂技巧和创造性动作，才能真正体现啦啦操的无限魅力。

（二）形象的动感活力性

啦啦操充分体现着一种朝气蓬勃、健康向上的精神，因此，啦啦操队员必须拥有一个青春的形象、健康的体魄和健美的体形。男运动员要有明显的肌肉线条，体形匀称或成"倒三角"；女运动员要有明快的肌肉线条美，上下肢比例匀称，皮肤色泽光亮健康。

（三）技术的风格突出性

啦啦操的技术特点不同于健美操和舞蹈，它更加体现所有肢体类动作在过程中通过短暂加速和定位制动来实现啦啦操特有的力度感。适当的慢动作是允许的，但只作为过渡动作出现。要求运用各种啦啦操基本手位、步伐、跳跃并结合多种舞蹈元素、口号等，通过多种空间、方向与队形、节奏的变化展示出场地啦啦操的项目特征。

第二节 啦啦操基本技术教学理论与方法

啦啦操 32 个基本动作

图1动作：上 M。练习方法——两脚开立与肩同宽，两手中指尖放在肩的顶部，大臂成水平状态。

图2动作：下 M。练习方法——两脚并拢成立正姿势，两手半握拳放于腰间，抬头挺胸，目视前方。

图3动作：W。练习方法——两脚并拢成站立姿势，两手半握拳上举到与头齐平，大臂呈水平状态，大小臂夹角为直角。

图4动作：高 V。练习方法——两脚并拢成立正姿势，两手臂分别同侧斜向上45° 伸直，半握拳，抬头挺胸，目视前方。

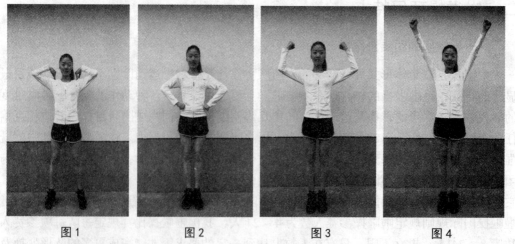

图1   图2   图3   图4

图5动作：倒 V。练习方法——两脚并拢成立正姿势，两手臂分别同侧斜向下45° 伸直，半握拳，抬头挺胸，目视前方。

图 6 动作：T。练习方法——两脚并拢成立正姿势，两手臂侧平举成一条直线，手臂与躯干成 T 形，抬头挺胸，目视前方。

图 7 动作：斜线。练习方法——两脚并拢成立正姿势，一只手臂同侧斜向上 45° 伸直，另一只手臂同侧斜向下 45° 伸直，两手臂呈一条直线，半握拳，手臂与躯干呈斜线，抬头挺胸，目视前方。

图 8 动作：短 T。练习方法——两脚并拢成立正姿势，两小臂抬至胸前与大臂平行位置，半握拳，抬头挺胸，目视前方。

图 5　　　　　　图 6　　　　　　图 7　　　　　　图 8

图 9 动作：前 X。练习方法——两脚并拢成立正姿势，两手臂水平向前伸出并相互交叉于手腕处，半握拳，抬头挺胸，目视前方。

图 10 动作：高 X。练习方法——两脚并拢成立正姿势，两手臂上举越过头顶在手腕处互相交叉，半握拳，抬头挺胸，目视前方。

图 11 动作：低 X。练习方法——两脚并拢成立正姿势，两手臂分别斜向下伸出并在小腹前互相交叉于手腕处，半握拳，抬头挺胸，目视前方。

图 12 动作：屈臂 X。练习方法——两脚并拢成立正姿势，两小臂在肩部以上相互交叉于手腕处，半握拳，抬头挺胸，目视前方。

图 9　　　　　　图 10　　　　　　图 11　　　　　　图 12

图 13（1）、图 13（2）动作：X。练习方法——两脚开立与肩同宽，两手掌分别放于同侧耳朵后面，肘关节撑直，抬头挺胸，目视前方。

图 14 动作：上 A。练习方法——两脚并拢成立正姿势，两手掌紧握一起夹住耳朵越过头部上举，大小臂伸直，抬头挺胸，目视前方。

 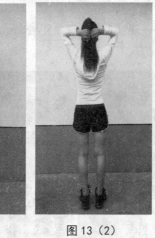 

图 13（1）　　　图 13（2）　　　图 14

图 15 动作：下 A。练习方法——两脚并拢成立正姿势，两手掌紧握在一起向下伸直，并与小腹部呈 45°，抬头挺胸，目视前方。

图 16 动作：加油。练习方法——两脚并拢成立正姿势，两大臂夹紧躯干，两手紧握一起放在胸前，抬头挺胸，目视前方。

图 15　　　图 16

图 17 动作：上 H。练习方法——两脚并拢成立正姿势，两手掌半握拳同侧向上伸直，伸直的手臂互相平行呈 H 形。

图 18 动作：下 H。练习方法——两脚并拢成立正姿势，两手臂分别同侧向前下 45° 伸直，半握拳，抬头挺胸，目视前方。

图 19 动作：小 H。练习方法——两脚并拢成立正姿势，一手臂同侧屈于胸前并半握拳，另一手臂同侧向上垂直伸出并半握拳，抬头挺胸，目视前方。

图 20 动作：L。练习方法——两脚并拢成立正姿势，一手臂同侧平举并半握拳，另

一手臂同侧垂直向上伸出并半握拳，抬头挺胸，目视前方。

图17　　　　　　图18　　　　　　图19　　　　　　图20

图21动作：倒L。练习方法——两脚并拢成立正姿势，一手臂同侧向前上方伸直，并与躯干夹角45°，另一手臂同侧平举并半握拳，抬头挺胸，目视前方。

图22动作：K。练习方法——两脚并拢成立正姿势，两手臂分别同侧斜向上和斜向下45°伸出。从侧面看，两臂同躯干呈K形。半握拳，抬头挺胸，目视前方。

图23动作：侧K。练习方法——两腿屈膝转向一侧，一臂同侧斜向上45°伸出，另一手臂向异侧下举伸直并与小腹呈45°夹角，半握拳，抬头挺胸，目视前方。

图24动作：R。练习方法——两脚并拢成立正姿势，一手臂同侧放于脑后；另一手臂同侧半握拳斜向异侧下举并伸直，与小腹部夹角为45°。

图21　　　　　　图22　　　　　　图23　　　　　　图24

图25动作：弓箭。练习方法——两脚并拢成立正姿势，一手臂同侧向前伸出，另一手臂侧平举，半握拳，抬头挺胸，目视前方。

图26动作：小弓箭。练习方法——两脚并拢成立正姿势，一手臂同侧平举，另一手臂同侧屈于胸前且手与肩齐平，半握拳，抬头挺胸，目视前方。

图27动作：高冲拳。练习方法——两脚并拢成立正姿势，一手臂半握拳同侧垂直上举，另一手臂半握拳放在腰际，抬头挺胸，目视前方。

图 28 动作：侧下冲拳。练习方法——两脚并拢成立正姿势，一手臂同侧半握拳同侧斜向下 45° 伸出且大臂与躯干夹角 45°，另一手臂半握拳放于腰际，抬头挺胸，目视前方。

图 25　　　　　图 26　　　　　图 27　　　　　图 28

图 29 动作：侧上冲拳。练习方法——两脚并拢成立正姿势，一手臂半握拳放于腰际，另一手臂同侧斜向上 45° 伸出并半握拳，抬头挺胸。

图 30 动作：斜下冲拳。练习方法——两脚并拢成立正姿势，一手臂半握拳放于腰际，另一手臂半握拳斜向异侧下举伸直并与腹部夹角为 45°，抬头挺胸，目视前方。

图 31 动作：斜上冲拳。练习方法——两脚并拢成立正姿势，一手臂半握拳放于腰际，另一手臂半握拳越过头顶斜向异侧 45° 伸直，抬头挺胸，目视前方。

图 32 动作：短剑。练习方法——两脚并拢成立正姿势，一手臂半握拳放于腰际，另一小臂半握拳抬至与大臂垂直角度且与头部齐平，抬头挺胸，目视前方。

图 29　　　　　图 30　　　　　图 31　　　　　图 32

第三节　全国啦啦操比赛的规定动作及其评分办法

一、全国啦啦操比赛的规定动作

（一）舞蹈啦啦操规定动作

1. 花球舞蹈啦啦操规定动作。
2. 街舞舞蹈啦啦操规定动作。
3. 爵士舞蹈啦啦操规定动作。

（二）技巧啦啦操规定动作

1. 技巧啦啦操规定动作 1 级。
2. 技巧啦啦操规定动作 2 级。
3. 技巧啦啦操规定动作 3 级。

二、全国啦啦操比赛的规定动作评分办法、参赛人数、场地与设备

（一）评分标准及分值

1. 啦啦操规定动作的评分采用 100 分制，裁判根据 2014 年版啦啦操国际规则进行评判。

2. 舞蹈啦啦操规定套路为 9 人，技巧啦啦操规定套路为 10 人。100 分为满分，扣除一个最高分和一个最低分，其余分相加为最后得分。

3. 集体项目的比赛时间不得超过 2 分 30 秒，双人项目的比赛时间不得超过 1 分 30 秒。计时将在第一个动作开始或音乐提示音响起时开始，在最后一个动作或音乐的最后一个音符时结束。如果超过了时间限制，裁判将根据违例情况进行判罚。超过比赛时间 5 ~ 10 秒，每名裁判扣 1 分；超过比赛规定时间 11 秒以上，每名裁判扣 3 分。以此类推。

（二）参赛人数及要求

1. 每队每项参赛人数为 8 ~ 24 人。
2. 参赛人员性别不限。
3. 每队可有 4 名替补队员。

（三）场地与设备

1. 比赛场地为 14 米 ×14 米，后有特定标志的背景板。
2. 比赛有专业的放音设备，由大会统一播放音乐。
3. 裁判席设在比赛场地的正前方。

第四节　啦啦操运动损伤及预防

一、啦啦操运动损伤

啦啦操是没有与人接触冲击的运动项目。但是，身体会接受很多的暴力冲击。在表现绝技动作、跳跃、翻跟斗时地面给身体很多的冲击力。在体现更快、更高和更有活力的动作时，损伤的风险将会增加。所以，啦啦操作为一种运动项目，应该逐步减少主要的严重损伤的发生。然而，如同很多运动项目一样，损伤不可避免。啦啦操可能会出现踝关节扭伤、颈椎、背部肌肉、头部、肌腱、膝关节扭伤。尽管有些损伤是罕见的，但是，一出现就很严重，如颈椎损伤。

（一）踝关节骨折

跳跃、翻跟斗和快速移动是啦啦操运动常见的动作，这些动作都可能对踝关节产生过大的外力。当踝关节的排列不正确时会导致踝关节的骨折（通常是内、外踝的骨折）：骨折的部位出现弹响和研磨性的疼痛，随即出现负重的不稳定状态。踝关节的肿胀、疼痛和不舒适感以及关节活动范围的减少，都可能同时出现。此时，应该停止活动，采取冰敷作为第一治疗处理。除非有放射学的诊断报告，否则骨折不能够确诊。任何骨折的征兆都应该引起医学的足够重视。骨折所需要的康复时间需要 6 ~ 8 周，根据损伤的严重程度而有所不同，有些病例需要外科手术的干预才可能获得关节的稳定性。

（二）肌肉和肌腱的损伤（扭伤）

有些导致骨折的外力同样会引起肌肉与肌腱的扭伤与拉伤。突然的爆发性的动作可以引发肌肉与肌腱的损伤。如果肌肉没有得到足够多的休息时间的话，尤其是在训练的间歇时候，容易导致痉挛、酸痛和无力。重复性的动作可以造成肌肉的损伤。休息、冰敷（在 72 小时内）与口服非甾体的消炎止痛药的处理方案可以帮助减少康复时间，逐渐重新返回小负荷的运动（如耐力活动），然后逐渐获得全面的康复。

（三）膝关节的扭伤

膝关节周围的韧带是维持稳定性的重要结构，如膝关节的内、外侧韧带，交叉韧带，髌韧带。在跳跃、跑、翻跟斗的运动过程中持续接受应力。外力对侧向韧带和交叉韧带施压，尤其是进行扭转动作的时候，可以导致所有韧带的损伤。损伤的严重程度取决于外力的大小与方向等力学因素的影响。出现关节的损伤就可能出现疼痛、触痛、肿胀、负重不稳定。丧失结构的稳定性与关节活动范围的减少是不可以避免的。因此，冰敷、休息、外固定和口服消炎止痛药有助于减轻疼痛。膝关节的扭伤通常需要 4 ~ 6 周的时间获得完全的康复。

（四）颈椎与背部的损伤

在表演绝技和翻跟斗的时候发生跌倒是导致颈椎和背部损伤的主要原因。颈椎与背部的损伤通常是较严重的损伤，因为这常常涉及脊柱椎管里神经的损伤。最重要的是正确地搬运（门板式的局部固定搬运方法）颈椎与背部损伤的患者。急救医学可以帮助此类损伤的患者，但更重要的是更好地做好预防措施与预警处理的方案。

（五）头部损伤

在啦啦操中头部的损伤也被列入损伤表之中，任何时间骨骼与硬的物体表面接触都可能引起颅内大脑的损伤，如瘀血、水肿。这些损伤都会给大脑带来实质性的损害。一旦出现脊椎的损伤，急救的医学干预是必要的。大脑与脊椎的损伤可以是相同的损伤机制。脊椎的损伤一定要认真地检查，神经的损伤定位也是重要的措施，一定要确保患者的安全。

二、啦啦操运动损伤的预防

1. 训练与比赛的环境要符合专业标准的要求，包括使用垫子（保护垫子）、护具装备来预防头部、脊椎和背部的损伤，提供好的缓冲和保护环境。

2. 在正式运动之前做好热身是保证做绝技动作的重要前提，它可以让运动员的身体进入到运动专项所需要的状态。

3. 在训练中强调肌肉的柔韧性和使肌腱有更好的反应性训练是必要的。它们会恢复得更快，使关节的获得范围更大，将会减少在运动中的损伤。

习题

1. 啦啦操的起源是什么？
2. 啦啦操的基本技术有哪些？
3. 全国啦啦操比赛的规定动作有哪些？
4. 怎样预防啦啦操运动员的运动损伤？

第十六章　瑜伽

　　瑜伽健康的实践，是将呼吸法、冥想法、体位法三者融为一体，达到身心合一的完美境界。本章从初学者的角度介绍瑜伽的基本内容，包括瑜伽的呼吸法、冥想法、体位法、练习方法和注意事项等。呼吸法介绍了最为基础的胸式呼吸、腹式呼吸、完全呼吸 3 种方法；冥想法主要以呼吸意识冥想法、简易语音冥想法、烛光冥想法和蓝图冥想法 4 种冥想方法引领人们保持内心的平和；体位法以基础的瑜伽练习方案为结构主线，从站立、坐式、平衡、前屈、后仰、放松与转体等各类体位动作中选取了有代表性的动作详细介绍，并制定科学的瑜伽练习方法以及注意事项。

第一节　瑜伽运动的发展概述

　　"瑜伽"一词来自梵语"Yoga"，意思是"连续、统一"。把精神和肉体结合到最完美的状态是瑜伽的最终目的。瑜伽作为一种最自然、最有亲和力的练习，它适合任何年龄和性别的人来练习。

　　瑜伽作为一种时尚的健身方式走进我们的生活，帮助人们在塑造完美体形的同时，让人们回归宁静、祥和、自信。它的呼吸、姿势、静思冥想都会给人们带来这样的美妙感受：释放和缓解精神上的压力和紧张；塑造形体并改善身体的柔韧性；帮助提高集中精神的能力；稳定神经并加强内分泌系统的调理；预防各种疾病，如失眠、偏头痛、脊椎病、肠胃病、关节炎等。

第二节　瑜伽基本技术教学理论与方法

一、瑜伽呼吸法

　　瑜伽呼吸法是通过不同的呼吸方法（根据个体身体状况、体位变化而确定）加固我们体内的生命之气和能量，有效地按摩内脏，刺激各生理腺体良性的分泌，给身体器官和大脑补充氧气，增加身体能量，帮助身体消耗脂肪、清洁血液和排出毒素。

（一）胸式呼吸

　　1.仰卧或者伸直脊背跪坐，首先进入自然平静的呼吸。

　　2.注意力完全集中在呼吸上，将手掌放在肋骨两侧，逐渐将气息的流动局限在胸的区域，气息较浅，胸部区域扩张，腹部应保持平坦。

　　3.吸气时，肋骨向外向上扩张；呼气时，肋骨向下并向内收。持续保持深长的呼吸。

（二）腹式呼吸

1. 仰卧或者跪坐，把左手或者右手放在肚脐处。

2. 吸气时，腹部隆起。吸气越深，腹部抬起越高。随着腹部扩张，横膈膜下降。呼气时，腹部向内朝脊柱方向内收。空气呼出，横膈膜升起。

3. 身体要处于放松状态，持续 3 ~ 5 分钟。

（三）完全呼吸

1. 仰卧，将腹式呼吸和胸式呼吸结合起来，正确而自然地呼吸。

2. 吸气时，腹部、胸部、肋骨依次向上隆起，尽量将胸部吸满空气而扩张到最大限度，使空气充满肺部的每个角落，吸气达到双肺的最大容量。呼气时，先放松胸部，然后放松肋间肌，最后放松腹部，用收缩腹部肌肉的方法结束呼气。

3. 间歇式的重复练习。

二、瑜伽的静思与冥想

许多人以休闲娱乐来消除肉体疲劳和缓解压力，结果却适得其反。瑜伽的静思与冥想能直接影响人的大脑和自主神经，是一种与自我对话的方式：只要能完全放松自己，保持内心的平和，静观一切，心中无杂念产生，就已经进入了冥想状态。

瑜伽的静坐冥想坐式包括简易坐姿、金刚跪坐。（图 16-2-1、图 16-2-2）

图 16-2-1　简易坐姿　　　　　图 16-2-2　金刚跪坐

（一）呼吸意识冥想法

呼吸意识冥想法是初学者进入冥想学习的第一步。每天进行呼吸意识冥想法可以缓解精神和身体压力，建立良好的身体状态。

练习方法：选择舒适的坐姿让自己放松下来，双手做智慧手印或自然地放在膝盖上，放松面部肌肉，把注意力放在呼吸上——用鼻子呼吸，倾听自己呼吸的声音，逐渐地让呼吸状态自然、平静。当注意力从呼吸上跑开时，不要着急，静静观察这种"游离"，然后慢慢把意识引回到自己的呼吸上。人们可以根据自己的状态来调节冥想时间的长短。

（二）简易语音冥想法

简易语音冥想法是在瑜伽体系里应用十分广泛的冥想方法。瑜伽语音被人称为 Mantra（曼特拉）。它是由梵文音节组成的词组或简单语句，不可以随意创造和编排，也不能被随意篡改或取消。最古老、最有效的语音冥想是发"OM"。这是一个最古老的语音，也是一切语音的根基，有时被写成"AUM"，表示"心灵迈向永远和平的历程"。

练习方法：选择自由放松的坐姿，调整好呼吸，在深吸气和呼气的同时颂唱或者念出"O"这个词音，要从心底发出，然后慢慢转到"M"这个音上，让这个声音延长并通过整个身体和头部，达到身心完全地放松。

（三）烛光冥想法

烛光冥想法是一种很好的睡前冥想法，有助于放松精神、调节睡眠，还可以改善和调整视力。

练习方法：选择舒适的坐姿，在身体前方的凳子或小桌上放一支蜡烛，让蜡烛火焰与眼睛同一高度或略低于视线。让呼吸自然放松，睁开眼睛凝视蜡烛火焰的中心，保持尽可能长的时间，然后闭上眼睛，试图长时间在脑海中抓住这个烛光影像，同时保持有规律的呼吸。当烛光影像从渐渐模糊到消失大约2分钟以后，再睁开眼睛重新凝视蜡烛烛光，逐渐加长时间。

（四）蓝图冥想法

蓝图冥想法是一种发挥想象、让人的心灵在美好的事物里找到安宁、平静的一种练习。可以充分发挥想象，根据自己的需要和想象力来组织心中的蓝图。重要的是，那一定是一幅让你身心愉悦的、积极的、美好的蓝图，能够帮助人们在困境中找到自我、找到内心平衡的感觉。

练习方法：选择舒适的坐姿或躺姿，闭上眼睛，放松全身，十分轻松、面带微笑、愉悦地想象一幅图画——你正躺在或者坐在一个美丽的湖边，微风轻轻吹拂过你的脸庞、身体，你的皮肤正在呼吸着湿润的空气，身心非常放松，你在尽情地吸收着大自然带给你的能量。随后，把注意力转移到呼吸上——每一次吸气时，想象自己正在沐浴阳光、温暖和大自然的精力；每一次呼气时，想象你的身体慢慢变重、下沉。你所有的紧张、疲劳都消失，整个身心像周围环境一样安宁祥和。保持这种状态5～10分钟甚至更长的时间。

三、瑜伽体位和功效

瑜伽体位法是指缓慢、舒适、连续完成任务的有氧运动，不用爆发力和反弹力，能够有效避免由于乳酸堆积、精神紧张、肌肉老化等因素对身体造成的伤害，是人们保持自己身体活动功能的养生之道。掌握此法的关键是正确的方法和持之以恒的练习。

（一）站立式

站立式是所有瑜伽体式的最基本姿势，是许多高级动作的基础。站立式主要依靠腿部的力量和稳定性，将身体的重力均匀分配在双腿和脚趾上。练习站立式能有效净化内脏和肺部的血液，滋养神经系统。

1. 战士一式（图16-2-3）

功效：有益于双腿、背部和腹部的肌肉，增强双腿的柔韧性，消除腿部痉挛。

动态版本：

（1）吸气，站于垫子上站立成图 16-2-3（a）的姿势。

（2）呼气，左脚转向左侧，屈左膝，左腿大小腿成直角，如图 16-2-3（b），目视前方。

（3）吸气，还原成图 16-2-3（a）姿势，再进行反向的相同动作，两侧方向交替重复 3～5 次。

静态版本：动作按照动态版本的步骤执行，但是呼气后要保持当时的姿势 3～8 个呼吸的时间。整个过程中，脚跟要稳扎在地面上。

（a）准备姿势　　　　　　　　（b）战士一式动作

图 16-2-3　战士一式

2. 侧角伸展式（图 16-2-4）

功效：扩张胸部，增加腿部、胯部、腰部和肩膀的弹性，滋养脊柱神经，有效减少腰部、臀部多余的脂肪，加强肠胃蠕动。

动态版本：侧角伸展式是在战士一式的基础上完成的，按照战士一式的动作步骤完成至图 16-2-3（b）；继续呼气，上身向一侧弯曲，左手落于左手前方的地面，右手高举过头，手臂成一条直线，如图 16-2-4 所示。吸气，还原成图 16-2-3（b）姿势，反向执行这个姿势的相同步骤，两侧交替 3～5 次。

静态版本：动作按照动态版本的步骤执行，保持这个姿势 3～8 个完全呼吸，用胸部不受挤压的那一侧呼吸，保持双腿伸展，形成一个坚实的基础。

图 16-2-4　侧角伸展式

（二）坐式

坐式是将脊柱和骨盆结合起来练习，能够促进血液循环、减轻疲劳、集中注意力、镇定精神。

1. 山式（图 16-2-5）

功效：有助于安宁神经，扩张和发展胸部，强壮腹部器官，并且消除双肩僵硬强直和风湿痛。

动作步骤：按基本莲花坐姿或至善坐姿坐好，如图 16-2-5（a）。吸气，十指相交，伸展高出头部。呼气，低头，如 16-2-5（b）所示，保持这个姿势大约 1 分钟，交换两腿位置做相同的练习。

注意：要保持深长而平稳的呼吸，保持背部挺直，将两臂尽量向高处伸展。

（a）准备姿势　　　　　　　　　（b）山式动作

图 16-2-5　山式

2. 船式（图 16-2-6）

功效：减少腹部多余的脂肪，缓解腹部胀气，消除胃胀，增强肾脏功能，强壮腰、背及腹部。

动作步骤：完成准备姿势，如图 16-2-6（a）所示；吸气，屈双膝，脚掌平贴地面，双手放于膝盖窝处，再呼气，如图 16-2-6（b）所示；再次吸气，双腿向上伸直，绷直脚背，双手掌心相对放于膝盖外侧，目视前方，保持自然而平稳的呼吸 5～8 次，如图 16-2-6（c）所示；呼气，还原成图 16-2-6（b）姿势。反复进行练习。

注意：在动作完成后要将重心移至臀部，背部要挺直，保持身体的平稳。生理期不可练习此动作。

（a）准备姿势　　　　　　　　　（b）进入前体式

（c）船式动作

图 16-2-6　船式

（三）平衡式

平衡式包括站立平衡式和手臂平衡式两类。平衡式需要运用精神的高度集中来调动主要的肌肉和内在意识，能有效提高身体的平衡性、灵敏性、协调性及集中注意力的能力。通过练习这些姿势，能让肌肉和体能获得很大改善。

1. 舞蹈式（图 16-2-7）

功效：提高平衡感和专注力，辅助治疗关节炎、失眠、眩晕及腿部痉挛，扩张胸部。

动作步骤：

（1）吸气，屈膝向后，手臂向后握住脚踝，如图 16-2-7（a）。保持呼气，使身体平稳。

（2）再次吸气，左臂前平举，右手向上拉起右腿，手臂成直线，如图 16-2-7（b）所示。

（3）呼气，还原成图 16-2-7（a）姿势，反体位来做相同的练习。

注意：左膝要伸直，髋部不要外翻，眼神要专注，不要屏住呼吸。初学者可以在动作与动作之间休息一下，深呼吸调整后再练习。

（a）准备姿势　　　　　　　　　（b）舞蹈式动作

图 16-2-7　舞蹈式

2. 战士三式（图 16-2-8）

功效：按摩腹内器官，增进脊柱弹性，强健双腿，提高平衡感和专注力，使体态平衡、内心平静。

（a）准备姿势 1　　　　　　　　（b）准备姿势 2

（c）战士三式动作

图 16-2-8　战士三式

动作步骤：

（1）吸气，双脚大分开，手臂侧平举，如图 16-2-8（a）姿势。

（2）呼气，左脚转向左侧，屈左膝，左腿大小腿成直角，手臂头顶合十，如图 16-2-8（b）。

（3）吸气，缓慢伸直左腿，抬高右腿，使身体成一条直线，如图 16-2-8（c）所示。保持 1～2 分钟。

（4）呼气，还原，调整呼吸，反方向做相同的练习。

注意：双腿要伸直；在保持平衡的同时，把注意力放在左腿伸直和手指与右脚的反向伸展上；眼睛看向地面或双手的方向。

（四）后仰式

后仰式主要是在舒展背部、胸部、肩部以及脊柱的灵活性等方面极为有益，经常练习可以保持脊柱的柔软，同时增强背部、腿部及肩膀的力量。做完后仰式一定要做一些放松练习以放松脊柱。

1. 骆驼式（图 16-2-9）

功效：增加脊柱和肩膀的灵活性，滋养脊柱神经，改善不良坐姿和站姿，消除腹部脂肪。

动作步骤：

（1）吸气，准备姿势如图 16-2-9（a）所示，保持呼气。

（2）再次吸气，手臂叉腰，目视前方，如图 16-2-9（b）。

（3）呼气，髋部前推，脊柱后弯，双手向后依次放在脚跟上如图 16-2-9（c）所示（如果感觉困难可勾起脚趾），保持深长的呼吸。

（4）慢慢吸气，还原。调整呼吸，根据个人情况练习 3～5 次。

注意：如果练习者脊椎受过伤，或者颈部不适，在整个过程中要保持脖子伸直，从而避免脖子过度后弯。练习结束后要立即做前弯的动作。

（a）准备姿势 1　　　（b）准备姿势 2　　　（c）骆驼式动作

图 16-2-9　骆驼式

2. 蛇式（图 16-2-10）

功效：伸展颈部和肩膀肌肉，促进脊椎的血液循环，调整腹部器官，帮助消化，缓解肠胃胀气。

动态版本：

（1）俯卧于垫子，双手放在胸部两侧，指尖不超过肩膀，如图 16-2-10（a）所示。

（2）吸气的同时手臂支撑身体向上伸展，直至手臂伸直，抬头，收紧臀肌，如图 16-2-10（b）所示。

（3）呼气，还原成图 16-2-10（a）姿势，反复练习 3～5 次，交替吸气和呼气。

静态版本：在动态版本的基础上保持身体后弯姿势，完全呼吸 5～8 次。如果可以，身体再后仰，手掌离至胯部更近的位置。

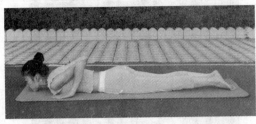

（a）准备姿势　　　　　　　　　　　（b）蛇式动作

图 16-2-10　蛇式

（五）前屈式

前屈式主要以舒展背部与伸展腘绳肌腱、髋部及下背部为主要特征，能够镇定精神、舒缓神经系统，还能缓解压力、促进消化、按摩腹内脏器、净化肝脏。

1.单腿交换伸展式（图 16-2-11）

功效：增加大腿后侧肌肉和小腿肌肉的灵活性，伸展背部，使背部更强壮，有效塑造胯部、膝盖和大腿。

动态版本：

（1）准备姿势如图 16-2-11（a）所示。

（2）吸气，屈左膝，脚跟放在大腿根部，把双臂由体前向上抬起，如图 16-2-11（b）所示。

（3）呼气，以腰部为折叠，上身前倾，尽量让腹部、胸部、下巴依次贴近右腿，手臂放在右脚两侧，尽量伸直脊椎，如图 16-2-11（c）所示。

（4）吸气，缓慢还原成图 16-2-11（b）姿势，交替双腿的位置，做反体位的练习。根据自己情况练习 3～5 次。

静态版本：进行动态版本的动作，直到第一次呼气时，向前倾的单腿交换伸展动作，然后眼睛看向脚踝或者前方。保持深长的呼吸 4～6 次。想要恢复原状时，参照动态版本。

注意：把注意力集中在保持胯部敞开、收腹以及胸部呼吸上。每次呼气时，轻松地将身体稍微前倾。

2.叭喇狗式（图 16-2-12）

功效：改善消化功能，增加对上体区域和头部的血流供应，伸展骨盆、腘旁腱和两腿肌肉群。

动作步骤：

（1）吸气，双脚大分开，双手由体前高举过头，目视前方，如图 16-2-12（a）

所示。

（2）呼气，躯干前弯至手掌放在两脚之间的地面，屈手肘，同时低头。可以的话，头顶触及地面，让头部、手掌、双脚成一条直线，如图16-2-12（b）所示。保持胸式呼吸4～6次。

（3）吸气，首先缓慢抬头让血液回流，然后手臂抬离地面，恢复原始动作。

注意：高血压、心脏病、生理期时不能做这个动作。

（a）准备姿势1　　　　　　　　　　（b）准备姿势2

（c）单腿交换伸展式动作

图16-2-11　单腿交换伸展式

（a）准备姿势　　　　　　　　　　（b）叭喇狗式动作

图16-2-12　叭喇狗式

（六）转体式

转体式是独特的姿势，在后仰式之后练习能起到镇定舒缓的作用，在前屈式之后练习能起到促进作用。它通过身体的扭转来协调全身的内脏系统，给腺体和器官解毒，同时补充对脊柱肌肉的血液供给。

1. 三角转动式（图16-2-13）

功效：增加对下脊柱区域的血液供应，滋养脊柱神经，强壮背部肌肉群，消除背部的疼痛，同时按摩腹内器官，帮助减少腰围线上多余的脂肪。

动态版本：

（1）吸气，双脚大分开，手臂侧平举，如图 16-2-13（a）所示。

（2）呼气，上身躯干向下弯曲，左手放在右脚背，右手臂伸直向上，眼看手指，伸展双肩及肩胛骨，如图 16-2-13（b）。

（3）吸气，缓慢将双手、双肩转回原来的伸展状态［图 16-2-13（a）］，做相反方向的练习。两侧方向重复 3 ~ 5 次。

静态版本：在动态版本基础上完成。第一次呼气之后保持动作姿态，胸式呼吸 4 ~ 6 次，然后再起身做相反方向的动作，在每一侧都保持相同的时间。

注意：双腿要伸直，腹部尽量去贴近大腿，进一步拉伸侧腰。

（a）准备姿势　　　　　　　　（b）三角转动式动作

图 16-2-13　三角转动式

2. 腰躯转动式（图 16-2-14）

功效：放松脊柱和背部肌肉群，防止和矫正各种不良体态，还消除腰部和髋关节的僵硬强直。

动作步骤：

（1）吸气，双臂侧平举，双脚大分开，如图 16-2-14（a）所示。

（2）呼气，躯干转向正左侧，把右手放在左肩上，左臂放在右侧腰，如图 16-2-14（b）所示。一边保持此姿势，一边进一步轻柔地把脊柱转向右方，保持腹式呼吸 3 ~ 5 次。

（3）吸气，伸直手臂，还原成准备姿势图 16-2-14（a），反方向做相同的练习。

注意：这个姿势从始至终都要保持缓慢的呼吸，双腿要伸直，不能屈膝。

（a）准备姿势　　　　　　　　（b）腰躯转动式动作

图 16-2-14　腰躯转动式

（七）放松式

放松式体位通常是瑜伽的收尾动作，能减轻疲劳、提神和放松身体。需要放松时可以随时练习婴儿式和大拜式，仰尸式是经典的放松姿势。练习时最重要的是要缓慢呼吸并享受这种放松的感觉。

1. 婴儿式（图 16-2-15）

功效：消除背部的疲劳，放松身体，按摩腹内器官，尤其在做完后弯的体位时要练习此动作进行放松。

练习方法：

（1）双腿折叠跪坐在垫子上，臀部落于脚跟，双手放在大腿上，如图 16-2-15（a）所示。

（2）上身前倾，双手放在身体两侧，掌心向上，任一侧脸颊贴垫子，闭目调整呼吸，如图 16-2-15（b）所示。保持正常的呼吸 5~7 次。

（a）准备姿势　　　　　　　　（b）婴儿式动作

图 16-2-15　婴儿式

2. 大拜式（图 16-2-16）

功效：同婴儿式，同时进一步放松手臂和肩膀。

练习方法：

（1）双腿折叠跪坐在垫子上，臀部落于脚跟，双手放在大腿上。

（2）双手、上身向前伸展，腹部与大腿重合，额头点地，闭目调息 5~7 次。

图 16-2-16　大拜式

3. 仰尸式（图 16-2-17）

功效：完全放松身心，使全身血液更加通畅，提升心灵的能量，消除身心的疲劳。

练习方法：仰卧在垫子上，双手掌心向上，全身放松，闭目调整呼吸 5~7 次。

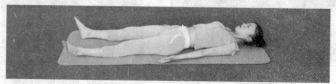

图 16-2-17　仰尸式

四、瑜伽练习方法

（一）恰当的呼吸节奏

1. 呼吸与体位相结合

身体向上的姿势吸气。

身体向下的姿势呼气。

身体后弯的动作吸气。

身体前屈的动作呼气。

身体侧弯的姿势呼气。

身体扭转的姿势呼气。

2. 呼吸的一般原则

呼吸（包括吸气和呼气）要早于运动几秒钟，即先呼吸再动作。

呼吸练习最好是放在瑜伽练习的中间和末端，刚好在放松练习和冥想之前。

在练习体位过程中一般不要屏气（除非有特殊说明）。

在练习体位过程中感到任何不适（如头晕或反胃），请躺下来，用仰卧放松式或婴儿式放松几个呼吸的时间。

初学者要根据呼吸来调节动作伸展和挤拧的程度。

（二）必要的肌肉刺激与放松

1. 肌肉在练习中要不断恢复放松，使身体的紧张与放松能够达到平衡。在紧张状态时，血液会从肌肉和器官中挤压出来；而在放松时，血管会重新舒张，这样新鲜的血液可以流进组织中。如果动作过于强烈，肌肉过于坚挺的话，充血会减少，从而导致新陈代谢减缓。

2. 通过体位练习，给肌肉适当力量刺激，使其得以伸展，但千万不可达到极限！灵活性和力量性都必须渐进、缓慢地提高。

（三）缓慢而放松的运动

瑜伽的练习效果不是一蹴而就的。为了得到最好的练习效果，应当循序渐进地进行缓慢而放松的姿势练习。在学习的初始阶段，可以少学几个动作进行练习，逐步加深，同时结合瑜伽的呼吸法，在极限处伸展，不用爆发力、反弹力，注意肌肉的走向，保持面部、牙齿放松，全方位地体会和理解瑜伽练习。

五、练习瑜伽的注意事项

（一）练习时间

清晨、早饭前是练习瑜伽的最佳时间。傍晚或是其他时间也可练习。不同时间要练习不同的内容，例如，早晨主要练习体位法，中午和晚上多练习冥想等。练习者应该选择对自己最为方便的时间，争取每天都在同一时间内练习，一周保证锻炼 3 ~ 4 次。

练习瑜伽时，身体保持正常和安静状态。如果此时身体有不适的地方或是病状，尽量不要练习过于强烈的姿势，也可以完全不进行练习。绝不可以超过身体的能力。

（二）最佳练习地点

练习瑜伽要选择安静、清洁、空气新鲜的地方，在房间或者选择露天的自然地均可。在房间中要注意保持空气的流通，养成经常开窗透风的习惯，这对于调息练习尤其重要。练习瑜伽时可以在旁边摆放绿色植物，地上则要铺上瑜伽垫。

（三）所需用品

1. 一块柔软、薄厚适中的瑜伽垫，应具有良好的防滑性和弹性。

2. 身着宽松、轻便、舒适的服装。女性的内衣不宜过紧，以免呼吸系统和循环系统受损。最好赤脚练习，或者穿着棉袜，不能穿丝袜、戴首饰等。

3. 初学者或者关节比较脆弱者，可在体育用品店买瑜伽砖、瑜伽铺巾等专业辅助用品。

4. 毛巾、水杯也是练习的必需品：毛巾可用于擦汗，保持身体的洁净。通常在练习结束后，应静坐下来喝 1 ~ 2 杯水，补充身体流失的水分。

（四）身体状况

下列情况下，请不要练习瑜伽：

1. 持久背脊疼痛（风湿性腰痛、劳损性椎间盘疼痛）。

2. 脖子疼痛。

3. 各种炎症（因练习可能会加重）。

4. 血压剧烈升高时（因为力量练习会使血压升高）。

5. 手术后不久（伤口因练习可能会裂开）。

（五）饮食

营养、健康、自然的食品能排出体内毒素，保持身体清洁、柔软，使人身心纯净，瑜伽主张吃蔬菜、水果、坚果、谷物、豆类及豆制品、奶及乳制品等食物，在烹饪时不倡导使用调味料，因为过多地加入食用香料和调料会使食物味道过于强烈，长此以往，会对感觉器官造成伤害。在认真选择食物的同时，也很强调细嚼慢咽的重要性，使口腔分泌足够唾液与食物完全混合，帮助肠道消化吸收。

应保证空腹或完全消化后练习瑜伽，即使喝入流质食物也要在练习前一个小时；练习完毕半小时后再进餐，切不可狼吞虎咽。

习题

1. 简述"骆驼式"基本功效。

2. 简述"叭喇狗式"基本功效。

3. 练习瑜伽应注意些什么？

第十七章 武术

中国武术是指以中国文化为基础的、停止(止)战斗(戈)的技术,是消停战事、维护和平的技术,是物质文明的保障和导向。中国武术有着悠久的历史,最早可以追溯到商周时期;同时具有极其广泛的群众基础,是中国劳动人民在长期的社会实践中不断积累和丰富起来的一项宝贵的文化遗产,是中华民族的优秀文化遗产之一。中国武术是修习一门制止侵袭的高度自保技术。它在切实解决安全问题的基础上,使我们的头脑得到应变能力的训练,简便易行;能够轻松提升人的精神和身体素质,防卫健身,精进卓越,快乐通融。

第一节 武术运动简述

一、武术的起源与发展

春秋战国时期,武术称"技击"。民国时期,称为"国术"。新中国成立后沿用"武术"一词。随着历史的变迁,武术的内涵与外延发生着变化。发展到今天,武术是以中华文化为理论基础,以技击方法为基本内容,以套路、对抗等为主要运动形式的传统体育。

武术的主要内容是技击,由踢、打、摔、拿等动作按一定运动规律组成。武术具有攻防格斗性,在运动形式上,有套路与散打之分,演练方法注重内外结合、形神兼备。武术是一种文化,在传统哲学、医学、兵法学、养生学等文化基础上沉浸而来。武术文化内涵丰富,博大精深,是民族传统体育花园里的一朵奇葩。武术具有体育属性,武术的健身性与竞赛性日渐显现出来,科学的训练方法与手段揭开了武术神秘的面纱。

按武术的发展历程划分,武术分为古代武术、近代武术与当代武术。古代武术,是从人类产生到明清时期的武术。武术源于生产劳动,频繁的战争加速了武术形成的步伐。明清时期,大量拳种的出现,标志着武术的真正成熟。近代武术,是明清时期以后至鸦片战争伊始,这一时期的武术呈现出百花争鸣的局面,枝叶繁茂,社会习武土壤肥沃。当代武术,主要是鸦片战争以后,西方文化、西方体育价值观汹涌而来,武术深受奥林匹克体育文化的影响,武术的体育化、竞赛化成为武术发展的航标。

二、武术的特点

武术作为我国民族传统体育特有的项目,有着自身的特点,即武术的整体技击性、民族文化性、体育性与广泛性特点,同时武术具有独特的作用。

（一）武术的整体技击性

武术作为古代军事训练手段之一，其技击特性是显而易见。在实际应用中，武术常以最有效的技击方法，制服别人，降服别人。武术的技击寓于搏斗运动与套路运动之中。搏斗运动主要体现了武术攻防格斗的特点，在技术上与实用技击基本上是一致的，强调武术的整体技击观：声东击西、打上防下。套路运动是中国武术的一种重要表现形式，每个动作具有攻防性，通过拆招、对打的形式展现出来。武术的踢、打、摔、拿、击、刺等攻防技击性是通过一招一式来表现的，武术技法多变，讲究整体。

（二）武术的民族文化性

武术追求形神兼备、内外合一。武术注重形体规范，更注重精神传意，进而达到内外合一的整体观。武术的"内"指精、气、神，"外"指手、眼、身、法、步。武术"内外合一，形神兼备"的特点是武术文化的标志。"内练精气神，外练筋骨皮"是各家各派练功的准则，如太极拳讲究"以心行气，以气运身"，形意拳则讲究"内三合，外三合"，少林拳追求精、力、气、骨、神内外兼修。武术的这一特点是倍受中国古代哲学、医学、美学等方面的影响，所以武术当之无愧为中华文化一颗灿烂的明珠。

（三）武术的体育性与广泛性

随着历史的发展，武术的健身性与竞赛性凸显出来，科学的健身、规范的竞赛，彰显着武术的体育性。武术的广泛性主要指武术的运动内容较多，适合任何人群的练习；武术对场地要求不高，只要有空余闲地即可练习武术；武术受时间、季节的影响较小：春夏秋冬，常年可练。武术在广大民间历代传承，延绵不断，与武术的广泛性有着重要的关系。

三、武术的作用

（一）武术的教化作用

俗话说，武术讲究"冬练三九、夏练三伏"，在练习过程中，培养了武术人的良好品德。"未曾习武先学礼，未曾习武先习德"，武术讲究武德，人们把武德列为习武教武的先决条件。武术在中国几千年绵延的历史中，一向重礼仪，讲道德：习武者应尊师爱友，不欺负别人。习武之人应互教互学，以武会友，切磋技艺，讲礼守信，见义勇为，不凌弱逞强。武术人追求的最高境界，是一种道德的修养，是人文情操的陶冶与熏陶。

（二）武术的健身作用

人们通过躯体的活动来参与武术。武术的运动特点是人体各部位几乎都要参与其中。科学有效的训练，可以促进习武之人身心健康。同时，系统地进行武术训练，能有效地改善身体素质。人体各部位"一动无有不动"，进而使人的身心得到全面锻炼。实践证明，练习武术对外能利关节、强筋骨、壮体魄，对内理脏腑、疏经脉、调精神。武术运动讲究调息行气和意念活动，调节内环境，利养气血，可改善人体机能。

（三）武术的防身作用

武术的本质为技击，攻防格斗是武术的一大特点。保家卫国、看家护院，是古代习武人的追求。练习武术不仅能提高身体素质，更能增强人们的实战能力。武术对抗形式主要有散打，即使演练较强的武术套路，也具有攻防技击性。习武利于提高反应速度与心理素质，在搏斗过程中占据着一定优势。

第二节 武术基本技术教学理论与方法

武术基本功是初练武术者入门的基础，武术基本功主要包括基本手型手法、基本步型步法和基本腿法。

一、武术的基本手型手法

（一）拳：四指并拢卷握，大拇指紧扣并压于食指和中指的第二指关节处，腕要直。拳包括平拳和立拳，平拳是指拳面朝上，拳心朝下。（图17-2-1）立拳是指拳眼朝上，拳面朝前。（图17-2-2）

图 17-2-1 平拳　　　　　　图 17-2-2 立拳

（二）掌：四指并拢立直，大拇指内扣于虎口处，腕微屈。推掌——两脚左右并立，与肩同宽，两掌抱于腰间，掌心向上。掌从腰间猛力冲出，转腰。顺肩时关节过腰后前臂内旋，力达掌根；臂要伸直，与肩同高。（图17-2-3）

（三）勾：五指第一指关节捏拢在一起，屈腕。勾手包括正勾手和反勾手。正勾手是指勾尖朝下，反勾手是指勾尖朝上。（图17-2-4）

图 17-2-3 掌　　　　　　图 17-2-4 反勾手

组合练习：右冲拳＋左推掌＋左勾手。（图 17-2-5）

（a）左冲拳

（b）右推掌

（c）左勾手

图 17-2-5

二、武术的基本步型步法

（一）弓步：左脚向前迈一大步，脚尖微内扣；左大腿水平，膝与脚尖垂直；右腿伸直，脚尖内扣，全脚掌着地。眼目视前方，两手收于腰间。（图 17-2-6）

要点：前大腿水平，后腿绷直，挺胸，沉髋，头向上顶，眼平视。

（二）马步：两脚平行开立（长约本人三脚之间间距），脚尖正朝前。屈膝半蹲，大腿呈水平，膝部不超脚尖，全脚着地。两拳收于腰间，拳心朝上。（图 17-2-7）

要点：挺胸，立腰，两脚尖朝前，膝关节外展，大腿水平。

（三）仆步：两脚左右开立，右腿屈蹲，大腿和小腿紧靠。右脚全脚着地，脚尖和膝关节微外展。左腿伸直，全脚着地，脚尖内扣。两手抱拳于腰间，眼向左方平视。（图 17-2-8）

要点：挺胸，立腰，屈蹲腿全蹲，眼目视左方。

图 17-2-6 弓步

图 17-2-7 马步

图 17-2-8 仆步

（四）虚步：两脚前后开立，右脚尖外展45°，屈膝半蹲于水平。左脚尖点地，脚后跟提起，成虚点地面，膝微屈。两手抱拳于腰间，拳心朝上。眼向前平视。（图 17-2-9）

要点：挺胸，立腰，屈蹲腿水平，眼目视前方。

（五）歇步：两腿交叉靠拢，左脚全脚着地，脚尖外展。右脚脚掌着地，膝部贴于左大腿外侧。臀部坐于右小腿处，两手抱拳于腰间，眼左前方平视。（图 17-2-10）

要点：挺胸，塌腰，两腿紧扣，眼平视。

图 17-2-9 虚步　　　　　　　图 17-2-10 歇步

五步拳练习：弓步冲拳 + 马步架打 + 歇步冲拳 + 仆步穿掌 + 虚步挑掌。（图 17-2-11）

（a）弓步冲拳　　　　（b）马步架打　　　　（c）歇步冲拳

（d）仆步穿掌　　　　　　　　（e）虚步跳掌

图 17-2-11

三、武术的基本腿法

（一）正踢腿：两脚并立，两臂侧平举与肩同高，两掌立掌，上小半步左腿支撑，右脚勾踢头部，身体直立，两眼目视前方。（图 17-2-12）

要点：腰直，腿直，肩直，过胸加速，眼睛直视前方。

（二）外摆腿：两脚并立，两臂侧平举与肩同高，两掌立掌，上小半步左腿支撑，右脚向左踢过肩后向右上方弧形摆动，两眼平视。（图 17-2-13）

要点：腰直，腿直，肩直，摆幅应大，眼睛目视前方。

图 17-2-12　正踢腿　　　　图 17-2-13　外摆腿

（三）里合腿：两脚并立，两臂侧平举与肩同高，两掌立掌，上小半步左腿支撑，右脚微向右踢过肩后向左上方弧形摆动，两眼平视。（图 17-2-14）

要点：腰直，腿直，肩直，摆幅应大，过胸加速，眼睛目视前方。

（四）弹腿：两脚并立、一手收腰间，一手冲拳。左腿上小半步。右腿屈膝提起，高与腰平，提膝接近水平时挺腰向前平踢，绷脚尖。两眼平视。（图 17-2-15）

要点：挺胸，直腰，脚面绷直，有寸劲。

图 17-2-14　里合腿　　　　图 17-2-15　弹腿

（五）后扫腿：左腿屈蹲成左弓步，身体下俯，两手扶地，左腿支撑。右腿扫转一周，右腿伸直，脚面绷直。（图 17-2-16）

要点：扫转腿伸直并扫转 360°，脚掌紧贴地面。

图 17-2-16　后扫腿

第三节 初级长拳

初级三十二式长拳,简称"初级长拳",共有32个动作,分为4段。初级长拳动作简单,易学易练。学习初级长拳,有利于提高学生对武术套路的基本认识,全面培养学生学习武术的兴趣,还可提高学生基本功,发展学生专项身体素质,培养学生自学、自练、自评的能力。

初级长拳动作名称及要点:

(一)预备式动作

1.虚步亮掌(图 17-3-1)

要点:屈蹲腿水平,虚实分明。

2.并步对拳(图 17-3-2)

要点:上步要快,两拳收于腹前。

图 17-3-1 虚步亮掌   图 17-3-2 并步对拳

(二)第一段

1.左弓步冲拳(图 17-3-3)

要点:弓步后蹬腿伸直,冲拳微高于肩。

2.弹腿冲拳

要点:屈身明显,弹腿有寸劲。

3.马步冲拳(图 17-3-4)

要点:屈蹲腿水平,两脚尖朝前。

图 17-3-3 左弓步冲拳   图 17-3-4 马步冲拳

4. 右弓步冲拳（图 17-3-5）

要点：转身蹬腿要快，冲拳有力。

5. 弹腿冲拳（图 17-3-6）

要点：屈伸明显，冲拳平于肩。

图 17-3-5　右弓步冲拳　　　　图 17-3-6　弹腿冲拳

6. 大跃步前穿（图 17-3-7）

要点：跃步跳起，仆步下稳。

（a）下按掌　　　　　　（b）跃步　　　　　　（c）仆步

图 17-3-7

7. 弓步击掌（图 17-3-8）

要点：变化要快，击掌有力。

8. 马步架打（图 17-3-9）

要点：架掌于头正上方。

图 17-3-8　弓步击掌　　　　图 17-3-9　马步架打

（三）第二段

1. 虚步栽拳（图 17-3-10）

要点：虚实分明，架拳于正头上。

2. 提膝穿掌（图 17-3-11）

要点：提膝于水平，穿掌迅速。

图 17-3-10　虚步栽拳　　　图 17-3-11　提膝穿掌

3. 仆步穿掌（图 17-3-12）

要点：屈蹲腿彼此贴近，全脚掌着地。

4. 虚步双挑掌 （图 17-3-13）

图 17-3-12　仆步穿掌　　　图 17-3-13　虚步双挑掌

要点：虚实分明，挑掌有力。

5. 马步击掌（图 17-3-14）

要点：屈蹲腿水平，出掌要快。

6. 叉步双摆掌（图 17-3-15）

要点：叉步与摆掌协调一致。

图 17-3-14　马步击掌　　　图 17-3-15　叉步双摆掌

7. 弓步击掌（图 17-3-16）

要点：击掌协调、有力。

8. 转身踢腿（图 17-3-17）

要点：转身迅速，踢腿过肩。

9. 马步盘肘（图 17-3-18）

要点：力发于肘前。

图 17-3-16 弓步击掌　　图 17-3-17 转身踢腿　　图 17-3-18 马步盘肘

（四）第三段

1. 歇步抡砸拳（图 17-3-19）

要点：歇步两腿并拢，下砸拳与腹同高。

2. 仆步亮拳（图 17-3-20）

要点：后勾手上举，仆步全蹲。

3. 弓步劈拳（图 17-3-21）

要点：劈拳由上向下砸劈。

图 17-3-19 歇步抡砸拳　　图 17-3-20 仆步亮掌　　图 17-3-21 弓步劈拳

4. 跳换步冲拳（图 17-3-22）

要点：跳换迅速、协调，蹬腿、冲拳协调。

5. 马步冲拳（图 17-3-23）

要点：马步转换迅速，膝关节外展。

图 17-3-22　跳换步冲拳

图 17-3-23　马步冲拳

6. 弓步下冲拳（图 17-3-24）

要点：下冲拳的角度为 45°，有寸劲。

7. 叉步侧踹腿（图 17-3-25）

要点：踹腿由屈到伸。

8. 虚步挑拳（图 17-3-26）

要点：挑拳由下向上，与下颚同高。

图 17-3-24　弓步下冲拳

图 17-3-25　叉步侧踹腿

图 17-3-26　虚步挑拳

（五）第四段

1. 弓步顶肘（图 17-3-27）

要点：顶肘迅速、有力，左为拳，右为掌。

2. 左拍脚（图 17-3-28）

要点：左拍脚过肩，右手击拍，左手收于腰间。

3. 右拍脚（图 17-3-29）

要点：右拍脚过肩，左手击拍，右手收于腰间。

图 17-3-27　弓步顶肘

图 17-3-28　左拍脚

图 17-3-29　右拍脚

4. 腾空飞脚（图 17-3-30）

要点：跳起，掌击响脚后过肩。

5. 歇步下冲拳（图 17-3-31）

要点：下冲拳为 45°，平拳。

6. 仆步抢劈拳（图 17-3-32）

要点：转身斜 45°，抢劈为弧形。

图 17-3-30 腾空飞脚　　图 17-3-31 歇步下冲拳　　图 17-3-32 仆步抢劈拳

7. 提膝挑拳（图 17-3-33）

要点：提膝 90°，挑掌心朝左方向。

8. 提膝劈拳（图 17-3-34）

要点：提膝高于 90°，脚尖绷直。

9. 弓步冲拳（图 17-3-35）

要点：拳为立拳。

图 17-3-33 提膝挑掌　　图 17-3-34 提膝劈掌　　图 17-3-35 弓步冲拳

（六）结束动作

1. 虚步亮掌（图 17-3-36）

要点：同起始相同。

2. 并步对拳（图 17-3-37）

图 17-3-36 虚步亮掌

图 17-3-37 并步对拳

第四节 武术欣赏

俗话说："内行看门道，外行看热闹"。武术是一种艺术，兼具审美性与观赏性。武舞是武术套路艺术化的一种载体，是在武术技击本质特性上的一种艺术升华。武术的独特美表现在形式美、技击美、节奏美、劲力美、服装美与技艺美上。学会欣赏武术，是一种传统文化的熏陶，更是对传统文化的一种内在体悟。我们对武术的欣赏应从视觉与拳理上进行认识，明拳理，重体悟，享欣赏。

一、形式美

套路运动的动作蕴含着浓厚的东方文化气息，汇集着传统武术的各种技法。整体的协调性、技法的多变性、仿生的逼真性，深刻诠释着武术的外在美。

二、技击美

武术的本质是技击，技击寓于套路动作之中。武术的每个动作都具有格斗性，甚至具有杀伤性。所谓技击就是一攻一防，因此，武术的动作展现充分展示了进攻与防守的价值。在观赏武术时，武术动作的震慑，具有强烈的感化性与认同感。

三、节奏美

武术是动作与动作串联出来的，最后以整套的形式再现出来。武术的节奏性分别表现在单个动作、动作与动作的连接以及段落上。单个动作的节奏、重点动作起止点及路线上面、动作的衔接都是一种快慢的处理，段落重在快慢变化上。欣赏武术，就类似于享受音乐的过程，要跟着节奏走。

四、劲力美

武术外重手眼身法，内重精气神。武术的劲力讲究寸劲，即爆发力。武术在完成动作时，常常有一种劲内涵其中，快速并短促，给人一种震撼感。武术的另一种劲为柔劲。行云流水般的太极，充分展示出了柔劲的魅力。

五、服装美

武术的服装汇集着东方人的智慧。武术人表演与竞赛时，通常穿的是一种特制的东方服饰。柔软的服质，东方特色的颜色，加上雕刻的龙饰，充分展现着东方文化之美。

六、技艺美

武术的技艺美，是通过人体动作的点、面、线的变化，外练筋骨皮，内练一口气，诠释着一种技艺的升华。当今的竞技武术更是朝着技艺方向发展，赋予了其故事情节。故事情节的融入，丰富了武术技艺的内涵。

习题

1. 什么是武术？
2. 武术基本功包括哪些内容？
3. 弹腿的易犯错误有哪些？如何纠正？

新兴体育发展篇

第十八章　跆拳道

跆拳道是朝鲜半岛上较为普遍流行的一项传统武术（类似中国的传统武术），是一项以使用脚踩踏、踢对方为主，用手击打为辅的进行格斗的朝鲜民族体育项目。它是由套路（品势或特尔）、对抗、击破、特技等部分的技击内容组成的，因而具有较高的防身自卫及强壮体魄的实用价值。它通过竞技、套路和功力检测等运动形式使练习者增强体质、掌握技术，并培养坚韧不拔的意志品质。由于世界跆拳道联盟（WTF）和国际跆拳道联盟（ITF）这两大组织跆拳道文化的不同而形成了世界上两大体系的跆拳道分支。其中，奥运会中的跆拳道是 WTF 体系的跆拳道。除此之外，还有其他一些民间组织。

第一节　跆拳道简述

一、跆拳道运动起源与发展

跆拳道早在 1500 年前就流行于朝鲜半岛，是在朝鲜民间技艺"花郎道"的基础上发展而来的。跆拳道是一项以手脚技术为主要进攻的格斗术，其内容包括基本技术、品势和实战。跆拳道分为传统跆拳道和现代跆拳道，其中传统跆拳道包括套路、器械、擒拿、自卫术和其他功夫内容。竞技跆拳道就是现代流行较广的跆拳道技术，简单、易学、易练，是奥运竞赛项目之一。

三国时代至朝鲜李氏王朝之前，跆拳道广泛流传于军队、民间，尤其在军队训练中的"手搏"和"跆跟"是跆拳道的内容之一。公元 1392 年，朝鲜李氏王朝重文轻武，"手搏"和"跆跟"渐渐扎根于民间，并有了文字记载。

1910—1955 年为近代跆拳道时期。1910 年，日本正式吞并朝鲜半岛，并禁令朝鲜文化活动，跆拳道成为禁止的项目。但流浪于中国和日本的跆拳道艺人却没隔断跆拳道姻缘，而是把中国的武术和日本的武道与跆拳道融合于一体，充实了跆拳道的内容。朝鲜半岛独立后，这些跆拳道艺人，把跆拳道的技术与武术、武道更加完善与发展，逐渐形成了近代跆拳道的运动体系。

现代跆拳道，主要指 1955 年之后的朝鲜武艺，这阶段的朝鲜武艺统称为跆拳道。1961 年，韩国成立跆拳道协会，跆拳道成为全国正式竞赛项目。1966 年，国际跆拳道联盟成立。1973 年，世界跆拳道联盟成立。1986 年，跆拳道被列为亚运会正式比赛项目。1994 年，国际奥委会批准跆拳道成为 2000 年悉尼奥运会正式比赛项目。现代跆拳道主要指的是竞技跆拳道，以竞技为主，品势练习为辅。

二、跆拳道的特点

跆拳道风靡世界，有着自身的独特之处：简单易学，以腿法为主，重在礼节，技术规范。

（一）易学易练，简单时尚

跆拳道动作单一、路线简单，人们易学易练，学习效果明显，练习兴趣较高。跆拳道的服饰、动作、发声代表着一种潮流，预示着一种时尚潮流。

（二）手脚并用，以腿为主

跆拳道是以腿法为主的技击术，其中腿法占 70% 以上。在技击战术中，手法主要为防守技术。跆拳道的腿法注重攻击效果，直线进攻，追求直来直往的技术。

（三）技术规范，方法独特

跆拳道技术等级划分明确，不同技术水平有相应的技术等级称号。在跆拳道训练、表演中，常有一种功力检测，即踢打木板、砖瓦等。这逐渐成为跆拳道的特点。

三、跆拳道的作用

（一）贵在礼节，教化育人

跆拳道注重礼节的培养与熏陶，推崇"以礼开始，以礼结束"的精神。通过跆拳道的训练，可培养爱国、尊重对手的高尚品德，可锻炼意志，培养勇敢、谦虚、懂得容忍的品行。跆拳道的运动宗旨为"礼义廉耻，忍耐克己，百折不挠"。进行跆拳道训练，可教化育人，提高人们的道德修养与思想品德。

（二）身心参与，强身防身

跆拳道练习是通过身心参与的。练习跆拳道可调节内脏机理，提高神经系统的灵活性；可促进血液循环，调节精神。跆拳道对抗性较强，实战过程中，可提高人们的对抗意识与攻防能力。跆拳道注重腿法。腿法攻击性较强，利于防身。

（三）技术特色，观赏较强

跆拳道技术体系完整，具有腿法练习、套路练习与实战运动形式。跆拳道表演中，注重击打木板效果，具有很强的表演价值。跆拳道对抗中，较技较力，善于斗智，具有极高的观赏价值。

第二节 跆拳道基本技术教学理论与方法

一、实战姿势

　　跆拳道实战姿势分为左实战势和右实战势。左脚在前为左实战势，右脚在前为右实战势。两脚前后开立略与肩同宽，前脚尖向右前方斜 45°，后脚跟抬起；膝关节微屈，重心压在两脚尖之间，自然直立；双手握拳，拳心相对，两臂弯曲且高于胸前；目视正前方。（图 18-2-1）

二、跆拳道的拳法

　　手刀简称空手毁，四指并拢伸直，拇指弯曲并靠于食指，脚法为三七开步。手刀主要用于掌外沿攻击，可防守。（图 18-2-2）

三、跆拳道的基本步法

　　1. 前滑步：准备姿势为实战姿势，两脚同时向前滑行。（图 18-2-3）
　　要点：重点平稳，步法灵活。

图 18-2-1　实战姿势　　　　　图 18-2-2　手刀　　　　　图 18-2-3　前滑步

　　2. 后滑步：准备姿势为实战姿势，两脚同时向后滑退。
　　要点：同前滑步。
　　3. 上步：左实战势开始，右脚向前上步成右实战势。
　　要点：上步灵活，重心平稳。
　　4. 退步：左实战势开始，右脚向后退步成右实战势。
　　要点：后退步，目视前方，步法灵活。
　　5. 垫步：左实战势左开始，右脚向左脚位置跟进，左脚向前进步。
　　要点：步法协调一致，重心稳定。
　　6. 交叉步：左实战势开始，右脚向前进步后左脚再向前。

要点：左右脚向前连贯，步法灵活，重心稳定。

四、跆拳道的基本腿法

1. 前踢：准备势为实战姿势，左腿支撑，右腿提膝，送髋、顶髋，小腿快速向前踢出，迅速放松弹回，脚落下成实战势。（图18-2-4）

要点：提膝快，直线弹踢，下落迅速。

2. 横踢：准备姿势为实战姿势，左腿支撑，右腿提膝，翻髋摆脚，顶髋送腿，小腿快速向侧方踢出，迅速放松弹回，脚落下成实战势。（图18-2-5）

要点：提膝要快，送髋前顶，摆腿发力。

3. 侧踹：准备姿势为实战姿势，左腿支撑，右腿快速向胸前提膝，膝关节靠至胸前翻脚，向正前方踹出。（图18-2-6）

要点：伸屈分明，快速有力。

　　图18-2-4　前踢　　　　　　图18-2-5　横踢　　　　　　　图18-2-6　侧踹

4. 后踢：准备姿势为实战姿势，左腿支撑，右腿屈膝提起，两手握于胸前，右脚自左大腿内侧向后方直线踢出，力达脚跟。（图18-2-7）

要点：动作连贯，屈膝摆头快速，力点明确。

5. 摆踢：准备姿势为实战姿势，左腿支撑，右腿屈膝，两拳握于体侧，左脚掌外转180°，右腿屈膝外摆。（图18-2-8）

要点：动作连贯，摆速有力，屈伸明显。

　　图18-2-7　后踢　　　　　　　　图18-2-8　摆踢

五、跆拳道的基本防守技术

1. 下格挡：准备姿势开始，前臂内旋向侧下方发力，拳心朝下，目的是阻挡对方的下段进攻。（图 18-2-9）

要点：动作迅速，格挡有力、准确。

2. 中格挡：准备姿势开始，前臂外旋向身体中线发力，拳心朝内，目的是阻挡对方的中段进攻。（图 18-2-10）

要点：动作迅速，手臂高于胸前，目视前方。

3. 上格挡：准备姿势开始，前臂内旋向头上发力，拳心朝上，目的是阻挡对方的上段进攻。（图 18-2-11）

要点：动作迅速，格挡有力。

图 18-2-9　下格挡　　　　图 18-2-10　中格挡　　　　图 18-2-11　上格档

习题

1. 跆拳道运动有哪些特点？

2. 跆拳道的腰带颜色分为几种？各代表什么级别？

3. 跆拳道的段位与级别如何区分？

4. 跆拳道的场地有多大？

第十九章　轮滑

第一节　轮滑运动概述

一、轮滑运动的起源和发展

轮滑也叫"滚轴溜冰""溜旱冰",是穿着带轮子的鞋在坚实、平坦的地板或水磨石地上进行的运动。

轮滑运动是从滑冰运动过渡而来的。据有关资料记载,轮滑在 18 世纪由一个不知名的荷兰人发明。他为了在不结冰的季节继续进行滑冰训练,尝试把木线轴安在皮鞋下,在平坦的地面上滑行。从此,轮滑运动在欧洲诞生、兴起并得到了较快的发展。

现代轮滑是由美国的詹姆斯·普利姆普顿于 1863 年发明的。他用金属轮子代替木质轮子,他的发明推动了各国轮滑运动的发展。1892 年,国际轮滑联盟在瑞士成立,轮滑运动进一步向正规化、国际化的方向发展。以后,轮滑运动逐渐演化为花样轮滑、速度轮滑和滑轮冰球等几种不同形式的运动项目。1936 年,在德国的斯图加特举行了首届世界滑轮冰球锦标赛。1937 年,在意大利蒙扎正式举办了首届世界速度轮滑锦标赛。5 年后,第 1 届世界花样轮滑和花样舞蹈锦标赛在美国华盛顿举行。1940 年,在罗马举行的第 43 届国际奥林匹克运动委员会会议上正式承认了轮滑项目的国际联合会。这个决定使轮滑运动很快地从欧洲传到北美洲、南美洲、非洲、大洋洲等地,各洲也相继开展了轮滑锦标赛。在经过第二次世界大战的停顿后,于 1947 年又恢复了轮滑运动的世界锦标赛,并由战前的 3 年一届改为每年一届。目前,美国、德国、意大利是世界轮滑的强国。

二、轮滑运动的分类

（一）速度轮滑

速度轮滑的比赛分为两种:一种是在一个椭圆形、呈盘子形状的场地上进行的比赛,称为场地速度轮滑比赛;另一种是在公路上进行的比赛,称为公路速度轮滑比赛。

场地和公路速度轮滑正式比赛距离为:300 米、500 米、1000 米、1500 米、2000米、3000 米、5000 米、10000 米、15000 米、20000 米、21000 米、30000 米、42000 米、50000 米。

全国场地速度轮滑锦标赛比赛项目有:男子 300 米、500 米、1500 米、50000 米、100000 米。

全国公路速度轮滑锦标赛比赛项目有：男子 300 米、500 米、1500 米、2000 米和 42 公里马拉松；女子 300 米、500 米、1500 米、2000 米和 21 公里马拉松。

场地比赛一般以 300 米和 500 米为短距离，均采用单人滑跑的方式，用秒表计时来决定名次；其他项目，采用先分组集体滑跑，淘汰部分以后再分组滑跑的预赛、复赛、决赛方式。公路比赛一般采用群体滑跑，人太多时按年龄分组或采用其他方式分组进行后群体滑跑。

（二）花样轮滑

有男、女单人滑、双人滑（一男一女）等。规定图形有 17 类，共 61 种滑法。根据运动员所做动作的准确性、难度、造型优美的程度来评分。

（三）滑轮冰球

滑轮冰球的比赛规则、打法、裁判法及使用的器材与冰球类似。比赛双方各 5 人上场竞技。所不同的是，全场共分两局进行，每局各 20 分钟。两局中间，双方交换场地。滑轮冰球运动量大，场面精彩火爆，很受年轻人的喜爱。

第二节　轮滑基本技术教学理论与方法

一、轮滑基本姿势练习

目的：掌握轮滑的基本姿势。

方法：两脚两腿并拢，两手在背后互握成蹲屈姿势。大小腿的夹角成 110°，上体与地面的夹角为 15°，小腿尽力前弓，头微抬起，眼视前方 5 米处。每次下蹲要静蹲 2～3 秒再站起，站起后要挺胸。如此反复，一组练习 5 个，最好做 3～5 组。每组练习后，休息 1 分钟，做放松走步练习。

二、蹬冰收腿练习

目的：练习蹬冰方向和收腿方法。在蹲屈姿势的基础上，做左右脚轮流侧出和收腿的练习，脚侧出时脚内沿擦地，两脚平行，两脚尖在一条线上，侧出腿向后收到后位，大腿、小腿与脚各成 90°，接着收回后位腿，至两脚并拢，换另一条腿重复上述动作。一组左右脚各做 5 次，可做 3～5 组。（图 19-2-1）

图 19-2-1　蹬冰收腿练习

三、轮滑练习

初学轮滑者一定要有耐心，请记住以下禁忌：滑行前不做准备活动，不戴护具，滑行后立即喝水。初学时一定要注意培养正确姿势：滑行时腰、膝、踝关节保持弯曲，降低身体重心，身体失去平衡时要向下蹲。以下是高手总结出的口诀，不妨看看：滑需团身，弯曲求稳，重心稍后，欲进先侧，先蹬后落，斜中求正，先倾后蹬，先蹬后落，胯部摆动，三点对齐。

平衡是掌握轮滑的基础。由于轮滑鞋与地面接触面积小，加之滑轮与地面摩擦后的滚动，所以就不易掌握平衡。练习平衡是非常重要的，具体的做法是：

1. 原地踏步练习平衡，熟悉轮滑的性能。

2. 用互助法和扶助法练习平衡：两个人相互扶助或双手扶住身边的其他物体，前后左右移动，练习平衡技术。

3. 借助外力练习平衡，比如可以通过对静止物体的反作用力使自己滑动；或让别人用力将自己推动；也可以抓住正在移动的人或其他物体，使自己前进或后退。

四、移动重心的练习

（一）原地站立与踏步

穿好轮滑鞋，两脚平行站立与肩同宽，两腿微屈，上体稍前倾，两臂自然下垂。身体重心移至左腿，右腿稍抬起、放下。然后身体重心移至右腿，左腿稍抬起后放下。反复进行练习，逐渐加快速度。

（二）单脚支撑平衡

在掌握原地踏步的基础上，保持原来姿势，手扶栏杆或同伴，将重心移至一条腿上，另一腿向侧伸出再收回成开始姿势，换腿重复以上动作。

（三）模仿滑行姿势的蹲起练习

速度轮滑的滑跑姿势直接关系到滑行速度的快慢。正确的滑跑姿势是上体前倾接近水平，肩背稍高于臀部，腿部弯曲，上体与地面成 $15° \sim 20°$ 角，大腿和小腿成 $90° \sim 110°$ 角，踝关节成 $50° \sim 70°$ 角，两手互握放于背后或在体侧自然摆动，头部自然抬起，眼向前看 $5 \sim 10$ 米。

（四）"八"字行走练习

两脚成外"八"字站立，保持好站立的姿势，重心在左腿上。右脚向前迈一小步，重心随之移至右腿上，然后抬左脚向前迈一步，重心随着移至左腿上，然后抬左脚向前迈一步，重心随着移至右腿上。重复上述练习。

（五）交叉步行走

原地站立，先将重心置于左腿上，收右腿并使之向左腿前外侧迈步，成交叉姿势，重心随之移至右腿上。接着，收左腿并使之向左侧跨一步，成开始姿势，反复练习。

五、直道滑行

（一）单脚蹬地双脚滑行练习

右脚用内刃蹬地，将重心推送至向前滑行的左腿上。右脚蹬地后，迅速与左脚并拢成两脚滑行。接着用左脚蹬地，将重心推送至向前滑行的右腿上。左脚蹬地后，迅速与右腿并拢两脚滑行。

（二）单脚蹬地单脚滑行练习

上体前倾，两臂自然下垂，两脚稍分开并成外"八"字站立，重心移至右腿上，用右脚内刃蹬地，左脚用力向前滑出。随着蹬地动作结束，把重心推送至左腿上，左腿成半蹲并支撑惯性滑行。接着收右腿，同时左脚蹬地。随左腿蹬地动作结束，把重心推送至成半蹲并支撑惯性滑行的右腿上。反复进行。

（三）初步体会直道滑行方法

上体前倾，肩背稍高于臀部，两手互握放于背后或自然摆动，腿部弯曲，上体与地面成 $15° \sim 20°$ 角，膝关节成 $90° \sim 110°$ 角，踝关节成 $50° \sim 70°$ 角。保持这种姿势做单脚蹬地、单脚支撑惯性滑行练习。

（四）直道滑行的摆臂动作

有力的摆臂是顺着身体纵轴前后加速摆动。当两臂向上摆动时，可增加蹬地腿的蹬地力量。同时，两臂摆动越快，身体重心的移动也越快。所以要提高滑动的频率，就必须减小摆臂的幅度，加快摆臂的频率。

六、弯道滑行

弯道滑行技术和直道滑行技术有明显的区别。弯道滑行技术的特点在于练习者用交叉步滑行。由于向心力的作用，上体不仅前倾，而且还要向左倾。

（一）左脚支撑、右脚连续蹬地的滑行

从站立姿势开始，左脚用外刃蹬地后迅速与右脚并拢，接着右脚再做一次蹬地动作，左脚继续做前外曲线滑行。

（二）在圆弧做不连贯的交叉步滑行

在圆弧上用直线滑行步法，中间插入弯道交叉步。当左脚有稳定的平衡时，右脚向左脚左侧前方迈一小步。只要右脚有短暂的滑行之后，左脚就迅速从右腿后方收回；同时右脚蹬，左脚直线滑进。重复上述动作。

七、停止法

在滑行中，有时需要及时停止滑行，所以在初步掌握滑行基本动作的同时，就要学

会停止滑行的方法。常用的停止法有"T"形停止法和双脚急停法。

（一）"T"形停止法

在向前滑行中，将重心放在右脚上，右膝弯曲，同时抬起左脚横放在右脚后成"T"形，然后以左脚四轮的侧面摩擦地面，减缓滑行速度，直到停止滑行。

（二）双脚急停法

在向前滑行中，两脚并拢，两脚同时向逆时针方向（或顺时针方向）转体90°，右脚以内侧轮、左脚以外侧轮压紧地面，同时屈膝后坐，上体前倾，身体向左（右）倾倒，两臂前伸，两脚用力压紧地面，就会停止滑行。

第三节　现代轮滑项目介绍

现代轮滑运动分为速度轮滑、花样轮滑和滑轮冰球等。轮滑1986年首次被列入比赛项目，2010年进入了广州亚运会比赛项目。

轮滑运动的特点

（一）娱乐性

比较大众化的轮滑鞋可分为速滑鞋、平滑鞋、极限鞋、速降鞋、休闲鞋、越野鞋等，它们都有很强的娱乐性，从速度或技术上来讲都很有趣，并且既可以个人单独练习也可以群体游戏。所以无论是平时休闲运动抑或朋友、同学之间举行的小型比赛，通过轮滑这项运动，可使人们从平时紧张、繁重的学习和工作中解脱出来，从而达到身心放松的目的。

（二）环保性

轮滑运动本身不会产生任何污染，倡导了健康的环保理念，是一项时尚的健康运动。

（三）健身性

轮滑是一项全身性运动，它能促进心脑血管系统和呼吸系统机能的改善和代谢作用的加强，例如促进心脑血管系统和呼吸系统机能的改善和代谢，能增强臂、腿、腰、腹等各处肌肉的力量和身体各个关节的灵活性，特别是对人平衡能力的掌握上有很大的帮助和协调。同时，轮滑也是一项健康的有氧运动：一般来说轮滑的最大氧气消耗量（测量运动强度的基准）是跑步的90%，对保持有氧运动的最佳强度很有效果。研究发现，保持23千米/小时的速度滑轮滑时测量的心跳数是最大心跳数的74%，这属于典型的有氧运动，可以达到强化心血管和燃烧脂肪的效果。所以，也有越来越多女孩子把轮滑作为一项改善体形、减肥塑身的运动。

（四）工具性

除了上述的特性外，轮滑还具有很多体育项目所不具备的一个特性，就是它可以当作交通工具。一般情况下，在平整的路面上，轮滑都可以代步成为交通工具。当然抓地性会因路况的不同而有所不同，但基本上是没有问题的。在交通越来越拥挤的今天，轮滑已经成为一种流行和时髦的交通工具。当然，还是要提醒大家：滑着轮滑穿梭于车来人往的大街上时，一定要注意交通安全。

（五）安全性

作为一种非常受欢迎的运动，轮滑除了拥有极限运动的娱乐性和刺激性外，非常重要的一个原因就是轮滑有着较强的安全性。美国麻省大学最近的研究报告提出了一项惊人的发现：轮滑运动对关节所造成的冲击力较跑步对关节的冲击力低约50%。这主要是因为滑轮滑与跑步不一样，轮滑踏步的时候引起轮子的转动，采用聚氨酯制成的轮子的弹性对关节冲击很小，因此老年人和小孩子也适合这项运动，但是要戴上头盔和护具，否则摔倒后受伤的危险性很大。

（六）经济性

作为一项简单经济的运动，大家在玩轮滑的时候除了初学时需要贮备的轮滑鞋和护具外，几乎不用再花费其他费用这些运动器材的使用寿命也很长，无须一直更换。而且轮滑不像游泳、网球等运动那样，需要特定的运动场所，需要花费一笔价格不菲的会员费去办理会员卡进入专业场地练习等。

（七）方便性

如前所述，轮滑不需要特定的运动场地，甚至专门有在公路上举办的轮滑公路赛等赛事，这些都展现出了轮滑这项运动的方便快捷性。所以玩轮滑基本没有什么顾虑。只要你想玩，就没有什么可犹豫的，找到一块平整的路面就可以享受轮滑带给你的乐趣了。

（八）刺激性

虽然轮滑是危险系数相对较低的一项极限运动，但这其实仅限于业余休闲的玩家，例如极限轮滑仍是一项非常具有挑战与刺激的运动。极限轮滑主要分为街式极限轮滑和专业场地极限轮滑，而专业场地的比赛又可以分为道具赛和半管赛。这些比赛主要是做些危险动作，比如下梯、跳台、空中动作。评委根据动作的难度和完成情况来评分，在观众大饱眼福的同时也绝对能让你体会到轮滑无与伦比的刺激性。

（九）观赏性

花样轮滑最初的出现是为了进行花样滑冰的训练，所以二者的观赏性也几近相当。当然由于花样轮滑动作目前尚没有达到花样滑冰的难度，抓地性比花样滑冰差一些，这会使得花样轮滑的观赏性在实践中较花样滑冰略有逊色。可轮滑的魅力依然很大，平地花式轮滑同样极具观赏性。从事平地花式轮滑时，运动员穿轮滑鞋灵活，运用各种灵活多变的步法绕过放置在地上的障碍物，动作敏捷、灵巧，往往让观众惊叹不已，掌声不断。而速度轮滑则与跑步类似，更多注重的是速度，以至于在轮滑的三个单项中是观赏性相对较差的一项；但由于运动的高速度和高难度，使得速度轮滑看起来仍然非常精彩。

第四节　轮滑装备介绍

一、轮滑鞋

（一）鞋身：轮滑鞋的外壳可以防止外力的冲击，具有保护脚部的作用。一般用有鞋扣的鞋身较方便穿脱；绑鞋带的会较贴脚，但穿脱较麻烦。一般比较好的单排轮滑鞋都是绑带加一个扣的设计。一般的单排轮滑鞋都有一个内靴，可以缓冲足部和鞋壳之间的摩擦，以保护足部，使皮肤不易擦伤和起水泡。好的鞋身应该要够坚固，海绵要够厚，密度也要够大。（图 19-4-1）

图 19-4-1　鞋身

（二）底架：底架为连接轮子及鞋壳之结构体。底架系统的坚韧性，是决定轮滑鞋寿命的一大因素。通常底架的设计都有不同的类型：有的较厚，有的较薄。底架一般装有 4 个轮子，但也有装置 3 个轮子的小底架，以及可以装置 5 个轮子的速度鞋。铝合金的底架比较好，因为铝合金的底架较坚硬，不容易变形，但价钱较贵。

（三）轮子：轮子必须是高弹性轮，绝不能是塑料轮子。最好选聚酯材料制成的，即胶轮，它适用于各种场地和状况。胶轮比较软，弹性较好；塑料轮子则是硬硬的。试敲地面听听声音来感觉一下，会发现塑料轮子的声音要尖锐许多，容易打滑。有些轮滑鞋会配置六角扳手，用以拧紧轮子。（图 19-4-2）

（四）大小：除了注意鞋子的各部分质量以外，还要注意尺码。专家建议，就买平时穿的尺码，一定要自己穿过，绝对不能太大，只要不觉得紧不顶脚就可以了。一般系好鞋带、小腿和地面垂直时，脚的最前端和鞋内套的距离是半个大拇指（手）那么多就好，太大的鞋不安全。

（五）专业级轮滑鞋和非专业轮滑鞋的区别

专业级轮滑鞋和非专业轮滑鞋主要有四大区别。一是鞋底部的轮。非专业轮滑鞋的轮子是空心的，轴部可见规则小孔，轮底常是圆形。专业级则相反，轮子实心，轮底是平的，这样可以承受较大的冲击，完成很多高难度的跳跃动作。二是鞋底中部是否有一个凹槽。这个凹槽是滑杆时与铁杆嵌合时用的，专业级的滑轮一定要有凹槽。三是鞋底的"梁"。"梁"粗壮厚实的是专业级滑轮鞋。"梁"薄弱的是非专业级滑轮鞋，穿这种鞋要注意不能做跳跃，否则鞋会断裂。四是鞋的重量。专业级轮滑鞋由于很多部位是实心，又采用十分坚固的材料制成，所以分量都比较重。

二、护具

护具是最容易被忽视但又很重要的一项装备，包括头盔、护肘、护腕和护膝。很多人出于怕被认为娇气或者嫌麻烦的心理不愿戴护具，但几乎所有长期练习轮滑的人都认为，戴护具不仅能保护自己，还能保持良好的练习心态。（图 19-4-3）

图 19-4-2　轮子

图 19-4-3　护具

习题

1. 轮滑运动有哪几类？
2. 简述轮滑的基本姿势该如何练习。
3. 轮滑运动有哪些特点？

第二十章 定向运动

定向运动是一项处在发展和变化中的综合性运动。它作为一种新兴的、利用地形图和指北针导航的运动，现在正吸引着越来越多人参与并为之狂热。它既是一种户外休闲、娱乐运动，又是一种竞技运动。本章主要介绍定向运动的定义、起源、发展、技术、规则、损伤等内容。

第一节 定向运动概述

一、定向运动定义

国际定向运动联合会（International Orienteering Federation，IOF）（以下简称"国际定联"）将定向运动定义为一项参赛者借助地图和指北针，按规定的顺序在最短的时间内独立寻找若干个被分别描绘在地图上的地面检查点的运动。

按照运动模式，国际定联将定向运动项目划分为徒步定向、接力定向、滑雪定向、山地车定向和轮椅定向。徒步定向也被称为定向越野，其标志如图 20-1-1 所示。

二、定向运动的起源与发展

图 20-1-1 徒步定向标志

定向运动源于瑞典，最初只是一项军事体育活动。"定向"二字于 1886 年首次使用，意思是在地图和指北针的帮助下越过不被人所知的地带，距今已有百年历史。定向运动本身作为一种体育项目开展是从 20 世纪的西北欧开始的。瑞典一位名叫吉兰特的童子军领袖组织了一项名叫"寻宝游戏"的活动，以训练童子军的野外技能与体质。这次活动引起了参加者的极大兴趣，这便是定向运动的雏形。到 20 世纪 30 年代，它已在芬兰、挪威、瑞典、丹麦立足。1932 年举行了第一次世界定向运动比赛。1961年国际定联（IOF）在丹麦哥本哈根成立，现有成员国 50 个。国际定联是世界定向运动的行政实体，是国际体育联合会会员之一。

在我国，开展定向运动最早的是香港特别行政区。1979 年 3 月，香港定向运动爱好者在各界人士的支持下成立了"香港野外定向会"。1982 年，香港野外定向会与驻港英军及皇家警察定向会联合发起成立了"香港野外定向总会"，该会规定每年的 12月都要举行"香港野外定向锦标大赛"。定向运动传入我国内地是在 1983 年。在当年 3 月，解放军体育学院在广州白云山组织了"定向野外试验比赛"。自此，全国很多地区都组织了类似的比赛。

三、定向运动的形式

定向运动的主要形式有点对点定向、积分定向、微型定向和团队定向。点对点定向是传统和最基本的定向形式，积分定向在休闲、娱乐性定向中较常见，微型定向是一种不同于传统形式的点对点定向，团队定向是一种强调团队协作的定向形式。

第二节　定向地图、指北针及器材使用

一、定向地图

（一）定向地图定义

地图是先于文字形成的用图解语言表达事物的工具。定向地图是一种专用地图，是一种附加了地面阻碍或妨碍通行信息，用磁北方向线定向的详细地形图。（图 20-2-1）

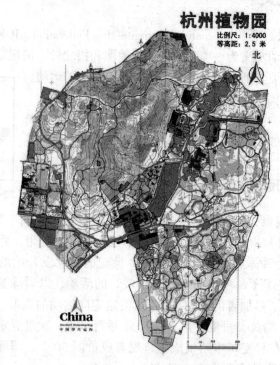

图 20-2-1　定向地图

（二）定向地图七要素

1. 定向地图比例尺

地图比例尺是指地图上的线段长度和实地相应的线段的水平长度之比。

比例尺 = 图上距离 / 实地长度

地图比例尺可以采用不同的表示形式：数字式、文字说明式、图解式［如直线比例尺（图 20-2-2）］。比例尺一般取决于项目类型、参赛者的年龄和使用地域。

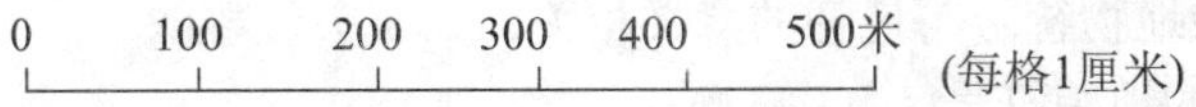
0
100
200
300
400
500米
(每格1厘米)

图 20-2-2 直线比例尺

等高距：相邻两条等高线之间的距离在地图上用等高距表示，通常为 2.5 或 5 米。不同地图，等高距不同。同一幅图上只采用同一等高距。

2. 定向地图颜色

棕色：表示地貌和人工铺筑的地表。

黑色：表示岩石和石头等微小地貌、人造地物（包括磁北线和套印标记在内）的技术符号。

灰色：表示露岩地等微小地貌与底下可以通过的建筑物。

白色：表示开阔、容易通过的林区。

蓝色：表示任何水域。

绿色：表示浓密、不易通过的森林区，颜色越深代表越难通过。

黄色：表示开阔地，如田野、牧场或空旷区。

黄绿色：表示私家住宅或禁止入内的区域。

紫红色：表示磁北方向线、南北线及比赛路线。

3. 定向地图上的地物符号（图 20-2-3）

在定向地图上用来表示实地某种物体的图形和注记的叫地物符号。按符号所代表的事物情况，地图上的地物符号一般分为：

（1）点状符号：用来表示实地上很小但是有特别意义的一些地物，如独立树、山洞。

（2）线状符号：用来表示实地中线状特征，如电线、道路。

（3）面状符号：用来表示实地中面积较大的区域，如建筑物、田野。

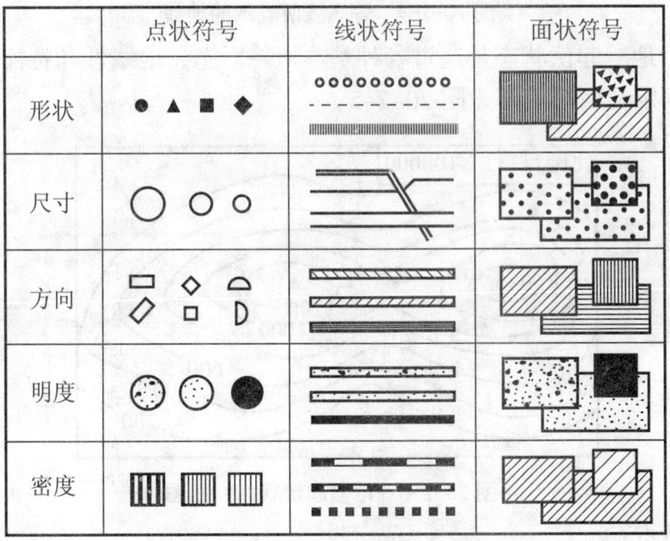
点状符号
线状符号
面状符号
形状
尺寸
方向
明度
密度

图 20-2-3 地图地物符号的分类

这些符号有以下特点：

（1）地图上的地物符号与地物的平面形状相似，如公路、湖泊。

（2）地图上的地物符号与地物的侧面形状相近，如突出树、烟囱。

（3）地图上的地物符号与地物的意义相关，如石头、雕像。

4.定向地图上的地貌符号

在定向地图上用等高线来表示地球表面起伏不平地貌的形状及起伏状态。等高线是地图上地面高程相等的各相邻点所连成的曲线。

等高线所表示的地貌形态主要有山顶、山脚、山背、山谷、鞍部、凹地、斜面山等。（图20-2-4）

地形	山峰	盆地	山脊	山谷	鞍部	陡崖
表示方法	闭合曲线外低内高	闭合曲线外高内低	等高线凸向山脊连线低处	等高线凸向山谷连线高处	由一对山谷等高线组成	多条等高线汇合重叠在一起
示意图	 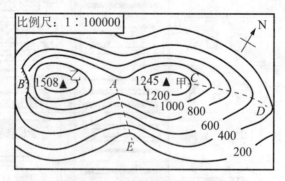					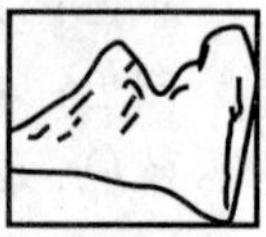
等高线图			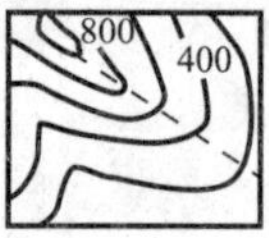	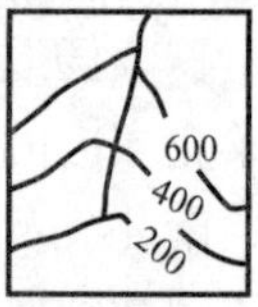		
地形特征	四周低中部高	四周高中部低	从山顶到山麓凸起部分	从山顶到山麓低凹部分	相邻两个山顶之间相对较低处，呈马鞍形	近于垂直的山坡，称峭壁。峭壁上部突出处，称悬崖或陡崖
说明	示坡线画在等高线外侧，坡度向外侧降	示坡线画在等高线内侧，坡度向内侧降	山脊线也叫分水线	山谷线也叫集水线	鞍部是山谷线最高处、山脊线最低处	

图 20-2-4 等高线所表示的地貌

等高线表示地貌起伏状态是通过各种基本地貌形态、地线性和特征点及它们与行进路线的关系来判定地面起伏。（图20-2-5）

图 20-2-5 地面起伏状态判断图

等高线的特点：

（1）同一条等高线上，各点的高度相等，并各自闭合。

（2）在同一幅地图上，等高线多，山就高；等高线少，山就低。

（3）在同一幅地图上，等高线间隔小，实地坡度陡；反之，则相反。

（4）等高线的弯曲形状与相应实地的地貌形态相似。

5. 定向地图方位与磁北方向线

定向地图的方位是上北下南、左西右东。图上绘有若干条相等距离的、平行的、北端带有箭头的红色线条，这就是磁北方向线。磁北方向线所指的方向是地图的北方。

6. 定向地图上图例注记

定向地图应有图例说明、检查点说明以及图名和出版单位说明等。图例说明可以帮助理解地图所表示的事物。根据国际定联《定向运动地图制图规范》，定向地图上的语言符号分为地貌、岩石与石块、水系与淤泥地、植被、人工地物、技术符号、线路符号 7 个类别。

在地图的一侧，我们还可以看到一个以符号表形式出现的《检查点说明》（图2-1-6），可以帮助你迅速找到检查点。

检查点说明

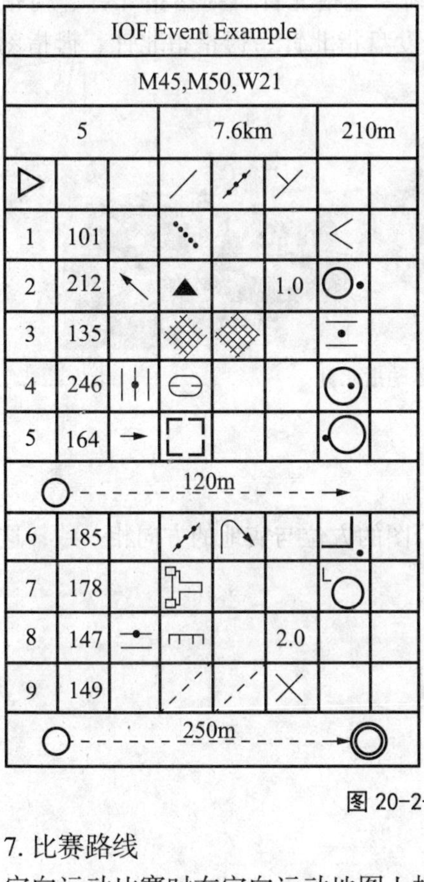

IOF Event Example				国际定联检查点说明示例		
M45,M50,W21				组别M45，M50，W21		
5		7.6km	210m	线路序号5	距离7.6km	爬高量210m
▷		/ // \		起点	大路与围墙的交汇处	
1	101	⋰	<	1	101	窄沼泽，拐弯
2	212	↗ ▲	1.0 ◉	2	212	西北的大石头，高1m，东侧
3	135	▨ ▨	⊡	3	135	两个灌木丛之间
4	246	┆ ⬭	◉	4	246	中间的洼地，东侧
5	164	→ ⸃⸃	• ○	5	164	东边的废墟，西侧
○ --------120m--------→				沿120m彩带离开检查点		
6	185	// ↰	⌐	6	185	倒下围墙的东南拐角（外面）
7	178	⊢ ⊏	⌐○	7	178	山凸的西北脚下
8	147	•▬ ⊓	2.0	8	147	上面的陡崖，高2m
9	149	⁄⁄ ⁄⁄ ×		9	149	小路与小路的交叉点
○ --------250m--------→ ◎				从最后一个检查点沿250m彩带到终点		

图 20-2-6　检查点说明

7. 比赛路线

定向运动比赛时在定向运动地图上标绘的路线称为定向比赛路线，它包括一个起点（用三角表示）、一个终点（用双圆圈表示）和一系列的点标（用单圆圈表示）。（图20-2-7）

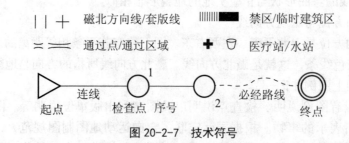

图 20-2-7　技术符号

二、指北针

（一）指北针类型

常见的定向运动指北针包括 3 种类型：刻度盘指北针、拇指指北针、拇指刻度盘指北针。图 20-2-8 中，从左往右分别是刻度盘指北针、拇指指北针、拇指刻度盘指北针。

图 20-2-8　定向运动指北针

（二）指北针使用方法及注意事项

1. 指北针使用方法

（1）标定地图。标定地图就是为了使越野图的方位与实地的方向相一致，这是使用越野图的最重要的前提。

（2）确定前进方向。

2. 注意事项

（1）使用时要将指北针水平放置。

（2）不要靠近铁、磁性物质。

（3）不要将指北针的 S 和 N 混淆。

（4）使用前应检查磁针是否灵敏。

（5）存放指北针时应注意存放位置。

三、比赛器材

定向比赛由于类型、等级不同，所需要的物质也有所不同。但地图、指北针、检查点点标、打卡器、号码布是任何定向比赛都不可缺少的。

（一）检查点点标

实地检查点位于地图检查点圆圈圆心处的地形特征上，用一个橘黄和白色相间的点标旗作为标记（图 20-2-9）。点标旗的长、宽尺寸都为 30 厘米。

图 20-2-9　点标旗

（二）打卡器

每个检查点都有一个或多个带有一样编码的打卡器。打卡器是与检查点点标配合运用的，它给运动员提供一个到达未知的凭据。它主要有两种形式：一种是传统的钳式打卡器；另一种是新型的电子打卡计时系统，又称为点签。

钳式打卡器装有钢针，每个打卡器上的钢针都不同，运动员可在记录卡上打孔。（图 20-2-10）

随着定向运动的不断发展，目前大型定向赛事都采用电子打卡计时系统。它由纸卡、点签和终端打印机组成。（图 20-2-11）

图 20-2-10　钳式打卡器　　　图 20-2-11　电子打卡计时系统

第三节　定向运动基本技术

定向运动技术是指参赛者完成定向运动所运用的各种方法，科学合理地运用各种定向技术是参赛者取得比赛胜利的基础。

根据国际定联的规定，定向运动技能表现为精确阅读地图、进行路线选择的评估、指北针导航、压力下集中注意力、果断决策、越野跑的能力。从技术应用的对象和训练学角度分析，定向运动技术内容应包括读图技术、指北针技术、距离判断、路线选择、重新确定站立点、检查点捕捉、越野跑 7 个方面。

一、读图技术

读图是将二维的平面地图通过心理过程在大脑中视觉化后形成立体的三维实际地形，并与实地进行对照的认知过程。在定向运动中，迅速准确地读图非常重要。

读图技术可以分为动作技术和认知技术两个方面。读图技术从运动技术角度来看，包括标定地图、确定前进方向、折叠地图和拇指行进；从认知技术角度来看，包括简化地图、超前读图、精确读图和概略读图。

（一）读图动作技术

1. 标定地图，使地图与实地保持一致。（图 20-3-1）

2. 确定前进方向，利用地图信息和指北针确定下一个目标的方位。

3. 折叠地图是指在拿到地图后将地图折叠成方便持图的大小，能更方便地读图。

4. 拇指行进是指在行进时将自己在实地中的位置与拇指在地图上的位置保持同步的方法。

图 20-3-1　标定地图

（二）读图认知技术

1. 简化地图是指忽略地图上小的或次要的特征，仅选择大的或对寻找检查点有用的特征。（图 20-3-2）

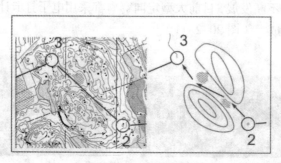

图 20-3-2　简化地图

2. 超前读图是指在定向运动比赛中通过读图预先明确将有什么地形、地貌出现。（图 20-3-3）

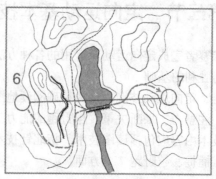

图 20-3-3　超前读图

3. 精确读图是指在短距离的路段或长距离路段的最后部分，借助指北针或在地图已被标定的情况下仔细瞄准方向和判读小目标前进的技术。

4. 概略读图是指通过对图上的地物、地貌进行简化处理，忽略细碎的不重要的地物、地貌，留下一些突出的大的对定向有用的地物、地貌特征，尽量减少读图和智能活动，一般在距离较长的路段上使用。

一般练习读图技术的程序是：确定站立点—标定地图（或标定地图—确立站立点）—确定前进方位—提前判读点前方、左右侧即将出现的特征—前进中对照实地地形。

二、指北针技术

指北针作为一种辅助工具，用来帮助读图与导航。指北针标定：使指北针磁针的北方向与地图磁北方向（或一般地图的极北方向）保持一致，标定地图。

在定向运动中，指北针的使用要点有：

1. 指北针的主要作用是标定地图和确定前进方向。

2. 使用指北针时应确保指北针呈水平位，并在磁针稳定后再进行。

3. 使用地图进行导航时，尽量不要使用指北针，因为有可能会降低行进速度。

4. 读图技术差需要掌握好方向才能使用指北针沿正确路线行进。

5. 在标志物很少、植被浓密、天气能见度低的情况出现时，应通过使用指北针来辅助读图。

三、距离判断

距离判断是指利用所遇到的特征、步测技术、时间判断技术、比例尺和目测技术判断实际行进的距离的技术。

四、路线选择

路线选择是指在两个检查点间选择最优路线的策略。路线选择技术主要分为：攻击点技术、偏向瞄准技术（图20-3-4）、等高线技术。

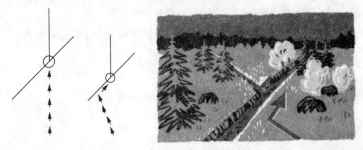

图 20-3-4 偏向瞄准技术

五、重新确定站立点

重新确定站立点是指在丢失站立点后，利用标定地图、路线回忆、安全方位和重新定位特征来重新定位的技术。

六、检查点捕捉

检查点捕捉是指利用检查点附近大的地物、地貌，再根据检查点说明表上所指示的检查点的具体位置来捕捉检查点的方法。

七、越野跑

定向运动是一项与自然地理环境紧密相连的运动项目，运动员在奔跑中要随时应对各种未知的、复杂的地理条件。定向跑的路面崎岖不平，跑动中有跳有跨有攀登，且常需披荆斩棘，才能穿越灌木丛林，运动员在比赛中奔跑的距离远远超过实际比赛规定的距离。同时，在自然地理条件下的奔跑的技术难度大，体力所消耗的能量多，因此对运动员的运动素质要求极高：在长时间激烈的奔跑中要不断地完成跨越、跳跃、攀爬等动作，需要一定的爆发力、加速能力和协调能力，尤其是长时间的持续奔跑对力量耐力、速度耐力、心血管系统、呼吸系统要求甚高。

第四节　定向运动竞赛规则

竞赛规则是运动技术发展的指导性法则，为组织、裁判、欣赏体育比赛提供客观、统一的依据。更好地了解和掌握定向运动的竞赛规则有助于定向运动水平的提高。

一、下列情况给予警告处罚

（一）代表队成员擅自出入预备区，但未造成后果者。
（二）在出发区提前取图和抢先出发者。
（三）接受他人帮助者。
（四）为他人提供帮助者。
（五）为从对手的技术中获利，故意在比赛中与对手同跑或跟跑者。
（六）不按规定佩戴号码布者。

二、下列情况判运动员成绩无效

（一）冒名顶替参加竞赛者。
（二）竞赛中使用交通工具者。
（三）有证据表明在竞赛前勘察过路线者。

（四）未通过全部检查点者。

（五）竞赛结束（指终点关闭）前未返回终点者。

三、下列情况取消比赛资格

（一）弄虚作假者。

（二）有意妨碍他人者。

（三）蓄意破坏点标、打卡器和其他竞赛设施者。

（四）通过技术和不正当手段伪造成绩者。

（五）未佩戴大会颁发的号码布者。

（六）丢失检查卡者。

四、其他处理

（一）运动员途中因伤病不能继续完成竞赛时，以退赛论处。退赛后应尽快向就近裁判员报告。

（二）出发前运动员因故退赛，领队或教练员应向起点裁判说明情况。

（三）运动员在竞赛中损害群众利益，视情节给予处罚，影响竞赛由本人负责，造成的后果及经济损失由本队负责。

第五节　定向运动损伤

由于定向运动的场地错综复杂，线路变化多端，运动员要在陌生的野外不断地奔跑，并及时判断信息选择路线，所以定向运动中存在着一定的危险性和运动伤害的风险。加之在我国，定向运动刚刚起步，训练的规范化和科学化程度较低，对该项运动的伤害的预防就更为重要。

一、定向运动中的损伤

由于定向运动通常在野外进行，要完成穿越丛林、跨越河沟、翻越山岭等实践活动，不可预知的安全问题和运动损伤会经常发生，常见的有：关节扭伤、肌肉痉挛、摔伤、中暑、野生动物伤害。

（一）关节扭伤

在定向运动中，运动员要穿越不同的地形，道路崎岖不平，地面湿滑，乱石、杂草、树枝纵横交错，而且定向运动强度较大，行进速度快，最容易出现关节扭伤。定向运动中以踝、膝关节损伤最为常见。

（二）小腿肌肉痉挛

在复杂的场地和路线上快速跑动，参与者体能消耗比较大，尤其是小腿部位一直处于运动状态。因此，在定向运动中最容易出现小腿肌肉痉挛，俗称抽筋。引起小腿肌肉痉挛的原因很多，常起因于肌肉运动时间过长，长时间重复一个动作，引起肌肉过度疲劳，或是肌肉受到冷刺激，或是在运动前没有足够热身动作而是突然剧烈运动。当中暑引起大量出汗导致体内丢失钠盐过多，也常引起小腿肌肉痉挛。

（三）摔伤

除扭伤外，定向运动中的摔伤也很常见，有一般摔伤和严重性摔伤之分。前者主要是身体表皮或软组织受伤以及开放性伤口；而后者主要有深度开放性伤口、骨折、内部脏器损伤。

（四）中暑

在闷热的夏季，在山区或密林中开展定向运动很容易引起中暑。对于中暑的表现，按病情轻重可分为先兆中暑、轻度中暑及重度中暑。

（五）野生动物伤害

存在山地场所的定向运动中，最常见的野生动物伤害是昆虫叮咬、蛇咬伤和野蜂蜇伤。如：所选择的场所要经过蛇类栖息的草丛、石缝、枯木、竹林、溪畔或其他比较阴暗潮湿处，往往容易出现被蛇咬伤的情况。

此外，定向运动中的伤害还包括：因长时间跑步引起的脚底水泡；因跌倒撞在岩石或树上引起的擦伤、挫伤或撞伤；因树枝或藤条等刮在脸上引起的眼部戳伤、皮肤磨损、割伤或擦伤；等等。

习题

1. 学习定向地图后，在比赛中拿到定向地图后首先应该做什么？
2. 指北针的使用要点有哪些？
3. 在比赛中丢失站立点怎么办？
4. 在比赛中出现身体不舒服怎么办？
5. 在进行定向运动之前应准备哪些东西？

第二十一章　登山

登山运动既可饱览山地秀色，又可以愉悦身心，是一项挑战大自然的运动。本章主要介绍登山运动的基本简介、起源、发展、设备、技术等内容。

第一节　登山运动概述

一、基本简介

登山是指在特定要求下，运动员徒手或使用专门装备，从低海拔地形向高海拔山峰进行攀登的一项体育活动。广义的登山运动可分为登山探险运动（也称高山探险）、竞技攀登运动（包括攀岩、攀冰等）和登山健身运动等。

二、起源与发展

登山运动始于 18 世纪 80 年代。1786 年 8 月 8 日，法国医生巴卡罗与石匠巴尔玛结伴第一次登上阿尔卑斯山最高峰勃朗峰（海拔 4807 米）。1787 年，由青年科学家德·索修尔率领的 19 人登山队再度登上勃朗峰，世界登山运动从此诞生。因此项运动首先从阿尔卑斯山区开始，故也称为"阿尔卑斯运动"。

1786 年至 1865 年，阿尔卑斯山海拔 3000 米以上的高峰，相继为登山运动员登上，国际登山史上称这一时期为"阿尔卑斯的黄金时代"。

19 世纪 80 年代以后，使用各种攀登工具和技术的技术登山日渐推广，其活动地区也从阿尔卑斯低山区转向喜马拉雅高山区。1950 年至 1964 年，世界 14 座 8000 米以上的高峰，包括世界最高峰珠穆朗玛峰在内，相继为中、英、美、意、日等十多个国家的登山运动员所征服，国际登山史上称这一时期为"喜马拉雅的黄金时代"。

1964 年后，许多登山"禁区"被突破，开始进入从来无人使用过的难险路线攀登 7000 ~ 8000 米以上高峰的新时期。1978 年，在喜马拉雅高山区出现了不用氧气登上高峰的阿尔卑斯式登山。

中国此项运动始于 20 世纪 50 年代：1955 年出现第一批登山运动员，1956 年建立第一支登山队。1960 年和 1975 年先后两次从北坡登上珠穆朗玛峰，并于 1975 年将一个特制金属测绘觇标竖立在珠峰顶上，准确测出该峰的高度为 8848.13 米。这是国际登山史上首次对世界最高峰高程的确切测量。1964 年登上最后一座从未有过人迹的 8000 米以上的希夏邦马峰。在多次登山活动中，登山运动员与科学工作者密切配合，进行了各种高山考察活动。

第二节 登山基本技术教学理论与方法

一、登山设备

登山设备要适应登山运动的环境条件，在设计、选材、用料、制作上要尽量使其轻便、坚固、高效，并能一物多用。运动员在高山上的活动，无论是技术的运用还是战术的实施，都是在特定的装备器材的辅助下进行的。高山装备大体分为露营装备、技术装备和个人装备。

（一）露营装备

露营装备包括帐篷、炊具、寝具、照明灯具和各种燃料等。

（二）技术装备

技术装备包括登山绳、氧气装备、测量仪器、高度计、干湿度计、钢锥、登山铁锁、升降器、挂梯、滑车、雪铲等。

（三）个人装备

个人装备包括背包、背包套、登山服装、登山鞋、高山靴、登山毛袜、头盔、电筒、头灯、手套、防护眼镜、帽子、GPS、瑞士刀、绑腿或雪套、雨衣裤或冲锋衣裤、保暖衣物等。其特点是：轻便易携、坚固耐用、一物多用。

二、登山技术

徒步穿越是户外运动的一种形式。在地形复杂多样、人迹罕至的地方，没有现成的路可走，没有明确的路标指示方向。这时，我们要依靠地图、指南针，再加上自己的头脑和双脚阅读每一寸土地，在清丽脱俗或古老沧桑的地方留下自己的足迹，在沉郁安静或灵动跳跃中观察和学习到各种有益的知识，这是一种满足。而徒步穿越活动离不开路，路况的好坏直接关系到我们是否能够成功穿越，路面条件太差有时会使我们受到伤害。

（一）青石板路

路面特点：主要就是古路，是由大小不等的青石板人工铺设而成。由于年代久远，走的人比较多，这种青石板路的路面已经变得非常光滑。一旦遇到雨雪，容易发生事故：轻则跌跤、崴脚，重则骨折、重伤。

行走经验：雨后，上山时除了穿防滑的鞋以外，心情还要放松。行走时重心不要太靠前，重心方向要和地面的石板垂直，尽量使用登山杖。背大包时包的重心应该是中部偏下，手尽量扶着岩壁或树木。下山时一定要用登山杖，重心略微前倾。脚的落点尽量踩在石板之间的缝隙或者路旁的草木上。两个人之间一定要拉开距离，避免一个人跌倒后铲倒好几个人。雪后，最好用四齿的冰爪。如果不用冰爪，脚一定要落在路旁树根或草木上。登山杖必不可少。

（二）跳石

路面特点：所谓的"跳石"就是没有明显的路，所谓的"路"主要由山谷沟壑经雨水长期冲刷或在山洪暴发后形成。在这种路面上行走，需要在石头上跳来跳去前进，细沙、小溪、巨石参差交错，"杀机"四伏。

行走经验：克服对跳石的恐惧心理是最主要的，这就要求注意力集中。雨季，大雨来临之前、大雨刚过时不要去峡谷跳石，小心山洪暴发。准备好一双底厚一点儿硬一点儿的登山鞋，在跳石之前要先检查鞋带是否松动，然后要把背包肩带和腰带拉紧，让背包紧贴背部，以免跳跃时因背包晃动、重心不稳而导致失足。跳石时眼睛要注意观察前方的情况，准确判断下一个落脚点，注意观察某些石头上留下的长期作为落脚点的暗痕。

（三）土路

路面特点：这种路面很常见，主要是由石头风化和没有植被覆盖的山皮经过人们长时间的踩踏形成的。也许你觉得这是最好走的路，没有什么可注意的。这样的想法大错特错。雨季时这种路面就是传说中的烂泥路，非常容易跌倒后伤到膝盖。

行走经验：大雨后，经过太阳的曝晒，土路表面已经被晒干，但实际上已经吸足了水分。这个时候，上下山时很容易出现危险。走这种路面时鞋底一定要抓地，要充分利用登山杖作为支点，以免不注意一脚踩进很深的烂泥里。另外，春秋两季昼夜温差大，雨雪天后土路路面非常容易结冰，危险系数比较高。遇到这种情况，上下山时要充分利用登山杖和可以攀扶的东西。注意攀扶物体时要先确保该支点是牢固的，这一点非常重要。

（四）灌木丛

路面特点：灌木丛包括很多种，大致可以划分为自然灌木丛和人造灌木丛。自然灌木丛主要分布于茂密丛林中，灌木种类较多且较为低矮，一般土质湿滑松软，可能会有沼泽，危险性较大。人工灌木丛主要分布在气候较为干燥的山麓坡地，是人为栽种防风固土用的，所在地一般土质干燥，含沙土较多，貌似坚硬，其实一踩就滑，部分区域存在流沙的情况。

行走经验：走灌木丛要戴上眼镜、帽子，拉上冲锋衣的拉锁。队员之间至少要保持 1.5 米的距离，防止前面的队友带倒的树枝反弹回来伤到后面的队友。时刻提醒后面的队友注意：距离过远容易迷路。徒步经过自然灌木丛时最好有辅助设备及经验丰富的领队或当地向导探路先行，要注意灌木多带短刺、蚊虫较多，建议穿高帮防滑鞋底、纹路大且凹凸较深的丛林靴，要穿长袖、长裤，注意脸部的保护。人造灌木丛较自然灌木丛灌木高且多刺，建议准备手套（最好皮质）、长袖高领防刮衣裤和防滑抓地能力好的登山鞋，在徒步穿越此类灌木丛时尽量走土质不滑、较宽的路，最好扶着枝干新鲜且可以支撑手力的活树枝，换手扶枝要牢固，落脚要稳要慢。

三、登山注意事项

1. 凡攀登超过 1000 米的山，需要有周密的计划，包括路程、食宿、天气、脚力、所带装备、预计时间等，切忌贪多与存有侥幸心理，否则极有可能被困在半山腰，上天无路，入地无门。至少要有两套计划，并考虑到最坏的不可抗拒因素，如暴雨、酷晒、大雪、动物等。

2. 登山需结伴而行，至少 3 人以上。否则遇到困难，会击溃你的生理、心理防线。

3. 登山要赶早不赶晚，否则赶路到中午可能会遇到暴晒。又或经过一上午的阳光照射，山中水汽凝结，而高山又以气候变化多端著称，容易在下午下雨。而早上天气较为稳定，适宜登山。

4. 在登山的前一天要休息好，不能大摆"龙门阵"（聊天）；要洗个澡，因为山上可能没有洗澡的地方。

5. 出发前不可进食过多，否则肠胃出状况在山上短时间内是解决不了的。

6. 出发前要订好酒店，以便住宿且使旅途更有目标性和时间意识。

7. 看天气预报。

8. 有人会选择先坐车到山顶再走下来的方案。经验告诉我们"上山容易下山难"：下山时小腿肌肉和膝关节两侧承受的负荷是上山时的数倍，且远没有上山越走越凉快、越来越有成就感的感觉。

9. 选择登山伴侣，不论男女，最好选择精壮、结实、独立且有一定团队意识的互相熟知的朋友。要不然，过胖、过瘦或体弱多病者对登山队都是一个打击，很有可能会前功尽弃或使时间拖延 2 ~ 3 倍。

第三节　登山常见的损伤及预防

一、登山常见的损伤

1. 急性运动损伤

急性运动损伤包括开放性损伤和闭合性损伤。开放性损伤有植物伤害、擦伤、割伤、刺伤、撕裂、手脚起泡、蚊虫叮咬、开放性骨折、冻伤等；闭合性损伤有肌肉拉伤、韧带扭伤、挫伤、关节脱臼等。

2. 慢性运动损伤

慢性运动损伤是指人体运动系统长期负荷过大、恢复不彻底等原因造成的积累性损伤。初期损伤症状不明显。它包括习惯性损伤、关节炎症、滑囊炎等。

3. 其他损伤

其他损伤有雪盲、日照性皮炎、高原反应、重力休克、肌肉痉挛、中暑、运动性免疫抑制等。

二、登山损伤的预防

1. 多了解有关登山的信息，加强对运动损伤的预防及知识普及，能尽早了解造成损伤的原因和发生规律，掌握预防运动损伤的方法。

2. 登山前应对登山的环境、路况、季节天气进行了解，以避免外在因素造成的损伤。

3. 登山装备应准备齐全。

4. 应多学习野外生存知识。

习题

1. 登山运动起源于哪年？其含义是什么？

2. 登山之前应准备哪些设备？在山中没有火怎么办？

3. 在进行登山运动之前应注意什么？

第二十二章 野外生存

野外生存是指个人或小集体远离居民区到人烟稀少的地方进行生存的一种运动。它可以提高人们的生活质量，可以探险，还可以学习野外生活常识和技能。本章主要介绍了野外生存的起源、发展、定义、基本装备、野外生存技能、野外生存时常遇到的损伤。

第一节 野外生存运动简述

一、野外生存的起源与发展

人类的野外生存活动从有人类开始就一直没有停止过，我们祖先的原始生活就是一种标准的野外生存。他们生活在原始森林里，茹毛饮血，钻木取火。

现在所开展的野外生存训练课程的许多训练科目是我们祖先早已用过的生存手段和求生方法。从某种意义上讲，野外生存的训练就是人类原始生活技能的一种回归。

现代的野外生存起源于国外特种部队的一种特殊训练科目，目的在于使部队在各种困难、复杂的条件下保存战斗力，把非战斗减员降到最低限度。随着社会经济的高速发展，生活环境的日益优越，如英、法、美、日等发达国家的人们开始向往户外把自己与大自然融为一体的生活：在近于原始的恶劣条件下，锻炼自己的适应力和生存能力。于是有人借助诸如"野外生存"等特殊的训练方法和手段，开发成了一系列的全新户外活动项目，如远足、极限运动、登山等体育项目。一些国家的教育部门注意到这种活动在青少年素质培养过程中具有特殊意义，便把这些户外活动作为培养青少年素质的一种手段而大力倡导和推广开来。

我国在 1990 年经国务院批准的《学校体育工作条例》中明确提出"学校可根据条件有计划地组织学生远足、野营和举办夏（冬）令营等多种形式的体育活动"。1994 年，原国家教委、原国家体委和共青团中央联合发出《关于开展"到阳光下，到操场上，到大自然中去陶冶心身"活动的通知》。《通知》要求：各地有关部门针对大、中、小学生的身心现状和年龄特点，结合春游、夏令营、冬令营以及共青团、少先队的团队活动，组织中小学校学生到野外进行郊游、远足、行军、野营等多种多样的户外活动，以达到强健体魄、磨炼身心、培养吃苦耐劳精神和提升野外活动生存能力的目的。

二、野外生存分类

野外生存可以理解为：人类在非生活环境下，最大限度地维持生命力的行为。

根据野外生存行为的发生，可以分为主动性和被动性两种。被动性的野外生存往往是一些意外所致，如迷路、自然灾害、战争、交通工具的失事等。这种情况虽然不常见，但不能完全避免。谁也不能断言自己不会有意外发生，所以，学习并掌握一些有关野外生存的知识和技能是很有必要的。

主动性的野外生存是指一些爱好者有准备、有计划地开展这项活动。在国外，很早就有许多这样的爱好者。背起背包就走，饿了就找东西吃，困了就找地方睡是他们的显著特征。

野外生存活动可以达到锻炼身体、磨炼意志、陶冶情操、放松自己、充实生活的目的。一旦陷入绝境，平时造就的坚强意志和过硬的本领将会使你成为一个伟大的幸存者。

三、野外生存训练

野外生存训练是指在远离居民点的山区、林区、荒漠、高原、孤岛等野外环境中，在不完全依靠外部提供生存、生活的物质条件的情况下，依靠个人、集体努力保存生命、维持健康的生活能力的训练。它以挑战性、冒险性、趣味性和实用性等特点引起人们高度的兴趣。目前它作为一种崭新的体育课程模式，被引入高校体育课程体系之中。

第二节　野外生存基本装备

一、野外生存基本装备

（一）着装装备

由于野外生活环境条件的特殊性，对个人的着装装备也有一定的要求：主要包括衣服、鞋子、袜子、雨衣、背包、帽子等。

（二）宿营装备

1. 帐篷

在野外，帐篷的主要功能是防风、御寒，避免昆虫及小动物滋扰，保证使用者能够得到良好充分的睡眠，对保持使用者的体力起着至关重要的作用。野外帐篷常见的有"人"字形、圆顶形等多种款式。使用者应按所要前往地区的季节和气候等情况选择适用的类型，并要在出发前学会怎样搭建。图 22-2-1 是一顶圆顶型双层双人帐篷，防风、防潮、防蚊，四季适用。

2. 睡袋

睡袋通过内里填充材料的不同，以达到不同的保温效果。使用者应根据所要到达地区的气温来选择不同保温效果的睡袋。野外生存用的睡袋至少要达到防潮、保温、透气、质量轻、体积小的基本功能要求。（图 22-2-2）

图 22-2-1　帐篷

图 22-2-2　睡袋

3. 防潮垫

防潮垫主要用于在野外环境中将潮湿、冰凉的地面与人体隔离，避免受潮。

（三）其他装备

1. 生火工具

在野外，生火的方法有很多，比如把望远镜的凸透镜卸下，在阳光明媚的郊外，可以用它轻易地点燃报纸。野外用的生火工具主要还是火柴或打火机。野外出行，防风打火机以其结构简单、性能可靠的特点深受大家喜爱。

2. 水壶

一个普通人，在断粮的情况下大约可以存活 30 天；而在同时断水的情况下最多只可以存活 7 天，足见水对于野外生存者的重要性。一个普通人每天至少要消耗掉 2 升的饮用水，这也是野外活动准备饮用水的基本依据。

3. 备用食品

野外活动的食品，应根据个人口味和具体行程制订好食品携带计划。这些食品不但要能果腹，还要提供野外活动所必需的热量，因为在野外随时可能会发生许多意想不到的情况。为防万一，备用食品是必不可少的，可选择压缩干粮、白砂糖、精炼油、葡萄糖粉、奶粉、精盐等。

以上就是野外生存活动常用的一些装备，其他还有寸具、急救包绳索、通信器材、地形图等物品。

二、野外生存基本装备准备注意事项

（一）在准备时需要的物品一定不能少带，如帐篷、工具等。野外条件简陋，没有准备的装备在野外很难进行寻找。

（二）一般野外生存是短期的，因而决定了野外主体装备具有很强的简易性和目的性。能在野外解决的装备尽量不带。

（三）在进行野外生存装备准备时注意带轻便、灵活、携带方便但功能多样的物资。在保障热量、营养的前提下，尽可能地携带方便食品、半成品。

第三节 野外生存技能

一、野外生存基本生活条件的获取

（一）野外取水

1. 寻找水源

（1）根据地形地势（地理环境），判断地下水位的高低。如山脚下往往会有地下水，低洼处、雨水集中处以及水库的下游等地下水位均高。

（2）根据植物生长情况寻找水源。

（3）根据动物寻找水源。

（4）根据天气变化寻找水源。

2. 野外制水

一般来说，除泉水和井水（地下深井水）可直接饮用外，不管是河水、湖水、溪水、雪水、雨水、露水，还是通过渗透、过滤、沉淀而得到的水，最好进行消毒处理后再饮用。一般处理水有以下几种办法：

（1）将净水药片放入水容器中，搅拌摇晃，静置几分钟，即可饮用，可灌入壶中存储备用。一般情况下，一片净水药片可对1升的水进行消毒。如果遇到水质较混浊，可用几片净水药片进行消毒。

（2）如果没有净水药片，可以用随身携带的医用碘酒代替净水药片对水进行消毒。

（3）利用亚氯酸盐（即漂白剂），也可以起到消毒的作用。

（4）如果以上的消毒药物均没有，正巧随身携带有野炊时用的食醋（白醋也行），也可以对水进行消毒。

（5）在海拔高度不太高（海拔3000米以下）且有火种的情况下，把水煮沸5分钟，也是对水进行消毒的很好的方法。

（二）寻找食物

人体需要食物提供热能和营养：无论生长、生殖还是伤病治愈，都需要食物所提供的、经消化系统消化吸收的生成新组织的原料。

1. 采集野生植物

可食野生植物包括可食的野果、野菜、藻类、地衣、蘑菇等。常见的可食野果有：山葡萄、笃斯、黑瞎子果、茅莓、沙棘、火把果、桃金娘、胡颓子、乌饭果、余甘子等，特别是野栗子、椰子、木瓜更容易识别，是应急求生的上好食物。常见的野菜有苦菜、蒲公英、鱼腥草、马齿苋、刺儿草、荠菜、野苋菜、扫帚菜、菱、莲、芦苇、青苔等。野菜可生食、炒食、煮食或通过煮浸食用。通常将采集到的植物割开一个小口子，放进一小撮盐，然后仔细观察是否改变原来的颜色。变色的植物通常不能食用。

2. 猎捕野生动物

世界上人们在食用的昆虫有蜗牛、蚯蚓、蚂蚁、知了、蟑螂、蟋蟀、蝴蝶、蝗虫子、蚱蜢、湖蝇、蜘蛛、螳螂等，要煮熟或烤透，以免昆虫体内的寄生虫进入人体，导致中毒或得病。

3. 捕捉淡水区域的鱼虾

一般在瀑布岩石下或溪流中，都可以捕捉鱼虾进行食用。

二、方向辨别

1. 利用指北针测方向

将指北针水平放置，待磁针静止后，标有"N"的方向是北方。

2. 利用自然特征判定方向

在没有指北针和地形图的情况下就要使用自然特征判定方向。夜间天气晴朗的情况下，可以利用北极星判定方向。北斗星由 7 颗星组成，合起来就像一把勺子一样。当找到北斗星后，沿着勺边 A、B 两颗星的连线，向勺口方向延伸约为 A、B 两星间隔的 5 倍处一颗较明亮的星就是北极星。北极星指示的方向就是北方。

3. 利用地物特征判断方向

一般独立的树通常南面枝叶茂盛，树皮光滑。树桩上的年轮线通常是南面稀、北面密。农村的房屋门窗和庙宇的正门通常朝南开。建筑物、土堆、田埂、高地的积雪通常是南面融化得快，北面融化得慢。大岩石、土堆、大树南面草木茂密，而北面则易生青苔。

4. 利用太阳判定方向

可以用一根标杆（直杆），使其与地面垂直，把一块石子放在标杆影子的顶点 A 处。约 10 分钟后，当标杆影子的顶点移动到 B 处时，再放一块石子。将 A、B 两点连成一条直线，这条直线的指向就是东西方向。与 AB 连线垂直的方向则是南北方向，向太阳的一端是南方。

还可以利用指针式手表对太阳的方法判定方向。方法是：手表水平放置，将时针指示的（24 小时制）时间数减半后的位置朝向太阳，表盘上 12 时刻度所指示的方向就是北方。假如现在时间是 16 时，则手表 8 时的刻度指向太阳，12 时刻度所指的就是北方。

三、野外穿越行走技能

（一）在山地行进，为避免迷失方向，节省体力，提高行进速度，应力求有道路不穿林翻山，有大路不走小路。如没有道路，可选择在纵向的山梁、山脊、山腰、河流与小溪边缘以及树高林稀、空隙大、草丛低疏的地形上行进。要求走梁不走沟，走纵不走横。行进时，能大步走就不小步走。这样几十公里下来，可以少走许多步。疲劳时，应用放松的慢步来休息，而不能停下来。

（二）攀登岩石时，应对岩石进行细致的观察，慎重地识别岩石的质量和风化程度，确定攀登的方向和路线。

攀登岩石的基本方法是"三点固定"法，即两手一脚或两脚一手固定后再移动剩余的一手或一脚，使身体重心上移。手脚要很好地配合，避免两点同时移动，一定要稳、轻、快，根据自己的情况选择最合适的距离和最稳固的支点，不要跨大步和抓、蹬过远的点。

攀登30°以下的山坡可沿直线上升。攀登时，身体稍向前倾，全脚掌着地，两膝弯曲，两脚呈外八字形，迈步不要过大过快。坡度大于30°时，一般采取"之"字形攀登路线。攀登时，腿微屈，上体前倾，内侧脚尖向前，全脚掌着地，外侧脚尖稍向外撇。在行进中不小心滑倒时，应立即面向山坡，张开两臂，伸直两腿，脚尖翘起，使身体尽量上移，以降低滑行的速度。这样，就可设法在滑行中寻找攀引和支撑物。千万不要面朝外坐，因为那样不但会滑得更快，而且在较陡的斜坡上还容易翻滚。

（三）河流是山区和平原地区经常遇到的障碍。遇到河流不要草率入水，要仔细地观察之后再确定渡河的地点和方法。山区河流通常水流湍急，水温低，河床坎坷不平。涉渡时，为了保持身体平衡，应当用一根长杆支撑在水的上游方向，或者手执重达15～20千克的石头。集体涉渡时，可3人或4人一排，彼此环抱肩部，身体最强壮的位于上游方向。

第四节　野外生存的损伤

一、昆虫叮咬的防治

在野外为了防止昆虫的叮咬，人员应穿长袖衣裤，扎紧袖口、领口，皮肤暴露部位涂搽防蚊药。不要在潮湿的树荫和草地上坐卧。宿营时，烧点艾叶、青蒿、柏树叶、野菊花等驱赶昆虫。被昆虫叮咬后，可用氨水、肥皂水、盐水、小苏打水、氧化锌软膏涂抹患处止痒消毒。

二、昏厥

野外昏厥多是由于摔伤、疲劳过度、饥饿过度等造成的。主要表现为脸色突然苍白，脉搏微弱而缓慢，失去知觉。遇到这种情况，不必惊慌，一般过一会儿便会苏醒。醒来后，应喝些热水，并注意休息。

三、中毒

中毒症状主要表现为恶心、呕吐、腹泻、胃疼、心脏衰弱等。遇到这种情况，首先要洗胃：快速喝大量的水，用指触咽部引起呕吐。然后吃蓖麻油等泻药清肠，再吃活性炭等解毒药及其他镇静药，多喝水，以加速排泄。为保证心脏正常跳动，应喝些糖水、浓茶，暖暖脚，并立即送医院救治。

四、中暑

中暑症状主要表现为突然头晕、恶心、昏迷、无汗或湿冷、瞳孔放大、发高烧。发病前，常感口渴头晕，浑身无力，眼前阵阵发黑。此时，应立即在阴凉通风处平躺，解开衣裤带，使全身放松，再服十滴水、仁丹等药。发烧时，可用凉水浇头，或冷敷散热。如昏迷不醒，可掐人中穴、合谷穴使其苏醒。

五、冻伤

如发现皮肤有发红、发白、发凉、发硬等现象，应用手或干燥的绒布摩擦伤处，促进血液循环，减轻冻伤。轻度冻伤用辣椒泡酒涂擦便可见效。如发生身体冻僵的情况，不要立即将伤者抬进温暖的室内，应先摩擦肢体，做人工呼吸。待伤者恢复知觉后，再到较温暖的地方抢救。

六、蜇伤

被蝎子、蜈蚣、黄蜂等毒虫蜇伤，伤口红肿、疼痒，并伴有恶心、呕吐、头晕等症状。要先挤出毒液，然后用肥皂水、氨水、烟油、醋等涂抹伤口，或用马齿苋捣碎，汁冲服，渣打外敷。也可将蜗牛洗净后捣碎再涂在伤口上。此外，蒜汁对蜈蚣咬伤有疗效。

习题

1. 可以在哪些地方进行野外生存？
2. 野外生存的必要装备有哪些？
3. 如果在野外迷失方向怎么办？
4. 在野外同伴受伤了怎么办？

第二十三章　攀岩

　　1988 年 6 月，国际竞技攀登比赛在美国举行。1989 年，首届世界杯分阶段在法国、英国、西班牙、意大利、保加利亚和苏联举行。运动员参加各地比赛，最后累计总成绩，进行排名。世界杯攀登比赛每年举行一次。随着攀岩运动的蓬勃发展，国际攀联在各大洲成立委员会，组织洲内地区性大赛。"亚洲攀委会"于 1991 年 1 月 2 日在香港成立，第一届亚锦赛于 1991 年 12 月在香港举行。1993 年 12 月在我国长春举行了第二届亚锦赛。1987 年中国登协主办了第一届全国攀岩比赛。1993 年，攀岩比赛被原国家体委列入正式比赛项目，此后每年都举行一次全国锦标赛。

第一节　攀岩运动的概述

一、攀岩运动的概念

　　攀岩运动是从登山运动中衍生出来的竞技运动项目。20 世纪 50 年代起源于苏联，在军队中作为一项军事训练项目而存在。1974 年被列入世界比赛项目。进入 20 世纪 80 年代，以难度攀登的现代竞技攀登比赛开始兴起并引起人们广泛的兴趣，1985 年在意大利举行了第一次难度攀登比赛。

　　攀岩运动是指运用熟练的攀登技术和各种技术装备，专门攀登由岩石组成的峭壁、海蚀崖突石或人工制作的岩壁的登山活动。攀登对象主要是岩石峭壁（图 23-1-1）或人造岩墙（图 23-1-2）。

图 23-1-1　岩石峭壁　　　　　图 23-1-2　人造岩墙

二、攀岩运动的分类

（一）按地点分类

1. 自然岩壁攀登

定义：在野外攀爬天然生成的岩壁；一般是开发和清理过的抱石路线。

优点：可以接近自然，充分体会攀岩的乐趣；岩壁角度、石质的多样性带来攀登路线的千变万化；由于岩壁固定，路线公开且可长期保留，所以自然岩壁定级时，可将多人检测的结果对比后所得结论作为攀岩定级的主要依据。

缺点：野外岩场地处偏僻，交通不便，时间和金钱花费都较大；路线开发也比较费力；路线开发时间长后会老化，不利于人们长时间参与。

2. 人工岩壁攀登

定义：在人工制造的攀岩墙上攀登，包括室内攀岩馆和室外人工岩壁。

优点：对攀岩者安全性较高；交通方便，省时省力；不可预见因素少，可以定期训练或进行专项训练；人员密集，便于交流切磋；另外，人工岩壁可以对路线进行保密性设置，从而成为攀岩比赛的主要形式。

缺点：缺少特殊地形，创意性少，自由发挥余地小；支点的可调性使得人工岩壁路线经常改变，定级主观性更强、准确度偏低；相对自然岩壁，线路问题会比较尖锐——人工线路难度越大，对力量要求越高。

（二）按攀登形式分类

1. 自由攀登（亦称"徒手攀登"）

定义：器械（主绳、快挂、铁锁等）只作为保护的力量而靠自身力量攀爬。

特点：此种攀登形式在我国占主导地位，较符合体育的含义范畴，能够考验和激发人体潜能。

2. 器械攀登

定义：借助器械的力量进行的攀登。

特点：在大岩壁攀登中较为常用。对于难度超过攀登者能力范围的路线，有时经常借助器械通过。这可使我们对自己的意志力有全新的认识，帮助我们超越自我的极限，从而培养良好的意志力。

3. 顶绳攀登

定义：在岩壁上端预先设置好保护点，主绳通过保护点进行保护，攀登者在攀登过程中不需进行器械操作。

特点：安全，脱落时无冲坠力，适合初学者使用；但对岩壁的要求苛刻：必须高度合适（8～20米），且路线横向跨度不大。由于需要绕到顶部进行预先操作，架设和回撤保护点的工作都比较烦琐。有时为方便初学者，可在先锋攀登的路线上架设顶绳。

4. 先锋攀登

定义：路线预先打上数个膨胀钉和挂片，攀登过程中将快挂扣进挂片成为保护点，并且扣入主绳保护自己。攀登者需要边攀登边进行上述操作。

特点：在欧洲尤其法国最为盛行，它比传统攀登安全性高，可以降低心理恐惧对攀爬的影响，从而全力以赴突破生理极限，挑战最高难度。另外，在角度较大或横向跨度较大的路线中，先锋攀登方式比顶绳保护有更大的便利，可以让攀登者脱落后很容易地重新回到脱落处，对难点进行反复练习。由于这种方式使攀岩由冒险的刺激运动变成安全的体育训练，所以先锋攀登称为 sport climbing。

（三）按比赛形式分类

1. 难度攀岩

难度攀岩是以攀岩路线的难度来区分选手成绩优劣的攀岩比赛。难度攀岩的比赛结果是以在规定时间里选手到达的岩壁高度来判定的。在比赛中，队员下方系绳保护，带绳向上攀登并按照比赛规定有次序地挂上中间保护挂索。比赛岩壁高度一般为 15 米，线路由定线员根据参赛选手水平设定，通常屋檐类型难度较大。

2. 速度攀岩

如同田径比赛里的百米比赛充满韵律感和跃动感，按照指定的路线，以时间区分优劣。

3. 抱石比赛

线路短小，难度较大，需要较好的爆发力和柔韧性。比赛设置结束点和得分点。抓住得分点并做出一个有效动作得分，双手抱住结束点 3 秒得分。比赛一般包括 4 到 6 条线路，一条线路 5 分钟时间。判定名次首先看结束点的多少。如果结束点同样多，看得分点数量，最后看攀爬次数。

4. 自然岩壁

自然界的岩石峭壁是多种多样千变万化的，没有一定规律。从理论上讲，任何岩石峭壁都可作为攀岩场地进行攀登。

第二节　攀岩的相关技术

一、攀岩的相关知识

攀登岩石峭壁时身体要自然放松，以 3 个支点稳定身体重心，而重心要随攀登动作的转换而移动，这是攀岩稳定、平衡、省力的关键。要想身体放松，就要根据岩壁的陡缓程度，使身体和岩壁保持一定距离，避免影响观察攀岩路线和选择支点。在自然岩壁攀登时，上、下肢要协调舒展，要有节奏，上拉、下登要同时用力，身体重心一定要落在脚上，保持面向岩壁、三点固定支撑、直立于岩壁上的攀登姿势。

二、攀岩的技术要领

（一）手臂动作

攀岩是靠手脚和身体的平衡向上运动。手和手臂要根据支点的不同，采用各种用力方法。在人工岩壁攀登和自然岩壁攀登时情况不同：前者要求第一指关节用力抠紧支点的同时，手腕要紧张，手掌要贴在岩壁上，小臂也要随手掌紧贴岩壁而下垂；在引体时，手指（握点）有下压抬臂动作，其动作规律是重心活动轨迹变化不大，节奏更为明显。但攀登自然岩壁时其动作就变化很大：要根据支点不同采用各种用力方法，如抓、握、挂、抠、扒、捏、拉、推、张等。

抓：用手抓住岩石的凸起部分。

抠：用手抠住岩石的棱角、缝隙和边缘。

拉：在抓住前上方牢固支点的前提下，小臂贴于岩壁，抠住石缝隙或其他地形，以手臂和小臂使身体向上或向左右移动。

推：利用侧面、下面的岩体或物体，以手臂的力量使身体移动。

张：将手伸进缝隙里，用手掌或手指屈曲张开，以此抓住岩石的缝隙作为支点，移动身体。

（二）脚的动作

一个优秀攀岩运动员的攀登技术发挥得好坏，关键是两腿的力量是否能充分利用。只靠手臂力量攀登是不可能持久的。脚的动作要领是：两腿外旋，大脚趾内侧贴近岩面，两腿微屈，以脚踩支点维持身体重心，在自然岩壁支点大小不一和方向不同的情况下，要灵活运用。但要切记，膝部不要接触岩石面，否则会影响到脚的支撑和身体平衡，甚至会造成滑脱而使膝部受伤。另外，在用脚踩支点时，切忌用力过猛，并要掌握用力的方向。一般的脚法有蹬、跨、挂、踏等。

蹬：用前脚掌内侧或脚趾的蹬力把身体支撑起来，减轻上肢的负担。

跨：利用自身的柔韧性，避开难点，以寻求有利的支撑点。

挂：用脚尖或脚跟挂住岩石来维持身体平衡，使身体移动。

踏：利用脚前部下踏较大的支点，减轻上肢的负担，移动身体。

（三）手脚配合

凡优秀攀岩运动员，上、下肢力量是协调运用的。对初学者或技术还不熟练的运动员来说，上肢力量显得更为重要。攀登时往往是上肢引体，下肢蹬压抬腿而移动身体。如果上肢力量差，攀登时就容易疲劳，表现为手臂无力、酸疼麻木、逐渐失去抓握能力。失去抓握能力后，即使有好的下肢力量，也难以继续维持身体平衡。所以学习攀岩，首先要练好上肢力量，上肢又要以手指、手腕和手臂力量为主，再配合以脚腕、脚趾以及腿部的力量，使身体重心随着用力方向的不同而协调地移动，手脚动作的配合也就自如了。

第三节　攀岩的装备及结绳技术

一、攀岩运动装备

攀岩的装备器材是攀岩运动的一部分，是攀岩者的安全保证。攀岩装备一般分为个人装备和攀登装备。

（一）个人装备

个人装备主要包括安全带、下降器、安全铁锁、绳套、安全头盔、攀岩鞋、镁粉和粉袋等。

安全带：能够为攀登者提供一种舒适、安全的固定，并把坠落带来的冲击力分散到

腰部和腿部。（图 23-3-1）

下降器：在下降过程中用于控制速度、稳定重心。（图 23-3-2）

图 23-3-1 安全带　　　　图 23-3-2 下降器

铁锁和绳套：供攀登过程中休息或进行其他操作时自我保护使用。

安全头盔：保护头部，防止落石对人体造成伤害。（图 23-3-3）

攀岩鞋：是一种摩擦力很大的专用鞋，用于节省体力。（图 23-3-4）

镁粉和粉袋：帮助攀岩者更牢地抓住支点，加强摩擦力。

图 23-3-3 安全头盔　　　　图 23-3-4 攀岩鞋

（二）攀登装备

攀登装备主要包括绳子、岩石锥、岩石锤、岩石楔，有时还要准备悬挂式帐篷。

绳子：攀岩一般使用直径 9 ~ 11 毫米的主绳，最好是 11 毫米的主绳。（图 23-3-5）

岩石锥：固定于岩壁上的各种锥状、钉状、板状金属材料做成的保护器械。可根据裂缝的不同而使用不同形状的岩石锥。（图 23-3-6）

岩石锤：钉岩石锥时使用的工具。（图 23-3-7）

岩石楔：与岩石锥的作用相同，但可以随时放取的固定保护工具。

悬挂式帐篷：当准备在岩壁上过夜时使用的夜间休息帐篷，需通过固定点，用绳子固定保护起来悬挂于岩壁。

其他装备包括背包、睡具、炊具、炉具、小刀、打火机等用具，根据活动规模、时间的长短和个人需要携带。

图 23-3-5　主绳　　　　图 23-3-6　岩石锥　　　　图 23-3-7　岩石锤

二、攀岩结绳技术

（一）在安全吊带上系上绳索

绑在安全吊带上的登山绳可以使用双重 8 字结、称人结或变形称人结的其中之一来完成即可。双重 8 字结的结目结实，不必担心松脱，不过缺点是不易解开。称人结虽然没有这个缺点，但是如果不在末端稍加处理，使用时可能会自动松脱。而变形称人结不仅不会松脱，而且容易拆解，所以受到许多攀岩人士的喜爱。不论使用哪一种结，攀登前绝对不要忘记细心检查结目。

1. 8 字结（图 23-3-8）

在绳索中间部分打个 8 字结，然后绕过腰部，将绳头从反方向逆着穿过结目。打法简单、易记。

用途：可作为一条绳上的一个临时或简单中止制动点。

特征：即使两端拉得很紧，依然可以轻松解开。

图 23-3-8　8 字结

2. 称人结（图 23-3-9）

结目接紧后，再打一个半扣结固定。正统的打法是在绳索的中间打一个绳环，将绳头穿过绳环的中间，绕过主绳，再次穿过绳环，将打结处拉紧便完成。

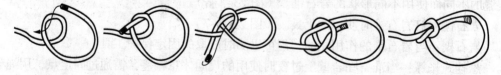

图 23-3-9　称人结

3. 变形称人结（图 23-3-10）

先打称人结，之后将绳头再绕一圈穿过绳圈内，拉紧完成，即在称人结加上一个单结。称人结经过长时间吊挂在岩壁上仍有松开的可能，这是一个称人结的变形：先打一个双称人结后，再加上两圈，就免除了松开的可能。

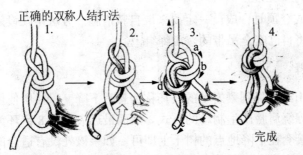

正确的双称人结打法

1. 2. 3. 4.

完成

图 23-3-10 变形称人结

4. 意大利半结（图 23-3-11）

这个结可以用来做确保，尤其是当遗失确保装备或没带装备时。最好不要用意大利半结来下降，否则绳子很容易纠结。意大利半结加上一条绳圈和一个大嘴巴有锁钩环，就等于是一个简易的吊带与下降器，是一个登山者每次爬山最好的必备器材。

5. 止索结（图 23-3-12）

止索结其实就是半个渔人结，它常打在绳子的末端以防绳队攀登时下降发生意外，止索结一般都会卡在下降器中，8字环除外。

图 23-3-11 意大利半结　　　图 23-3-12 止索结

（二）制作绳圈

将一条绳子的两头绑在一起即成了绳圈，其又分为绳圈与带圈两种。绳圈制作简单，自己动手就可以将身边的绳子或带子做成各种大小不同的绳圈与带圈。自己制作时，可以使用水结做成带圈，而绳圈则运用渔人结来做成。

绳圈是攀岩的保护措施，是为制造确保安全的支撑点而不可或缺的东西。此外，它也可以在许多意外场合中发挥作用，所以在攀岩时最好能加以准备，以备不时之需。

（三）采取确保措施

攀登者不慎坠落时，牵制并使其不再继续下落的技术称为确保措施，这是避免自己从岩上滑落的自救措施。由领队所设让坠落距离达到最低程度的连线确保等，每一个都是颇有特色的确保方法。确保仅需要利用双套结和套结两种绳结，不过它要求的是有组织性的登山绳操作技巧，所以必须真正学会。

1. 做成支撑点

确保攀登者自救措施的支撑点可以利用攀岩钉、树干或螺钉之类的东西做成，最普遍的做成方法是利用套结将绳绑在支撑物上。若支撑点来自两个以上地方的话，绳圈做成必须注意使每个支撑点均等受力。

2. 自救措施

进行确保工作或登顶时，成员一定要采取自救措施。方法是在设定支撑点的攀岩铁环上，利用双套结将自己安全吊带的登山绳绑上。

（四）悬直下降

沿着固定的登山绳下降到攀岩场的技巧称为悬直下降。以往所使用的方法叫作"绑肩"，是将登山绳缠绕肩膀产生制动的方式。然而最近大多以 8 字环为主流，固定登山绳时只要将绳索直接套在下降地点的树干上即可。如果该处没有适合的树木，那么可以利用攀岩钉为支撑点来设定绳圈并套上登山绳，不过此时务必要检查下降的支撑点是否牢固万全。通常登山绳是对折使用，但是若下降距离太长，可以结合两条绳索使用，而且别忘了在绳头部分做固定处理。

（五）制止坠落与重新攀登

在绳索尚未到达底下的情况下中途停止或重新攀登时，可以在绳索上打个绳梯结做成绳圈，然后将绳圈设定在安全吊带。普鲁士结一旦使力，结目就会变紧，固定在绳索上；不使力时，结目可以自由调整。

习题

1. 在攀岩过程中，主绳的尺寸要求是什么？
2. 简述攀岩运动的概念及分类。

第二十四章　跳绳

跳绳是一种非常有效的有氧运动。它除了拥有运动的一般益处外，更有很多独特的优点。跳绳每半小时可消耗热量 400 卡。跳绳是一项健美运动，对心肺系统等各种脏器、协调性、姿态、减肥等都有相当大的帮助，是一项老少皆宜的运动。

第一节　跳绳运动简述

一、跳绳运动的起源与分类

（一）起源

跳绳在中国具有悠久的历史，自南宋以来，每逢佳节都要跳绳，称为"跳白索"，原属于庭院游戏类，后发展成民间竞技运动。

跳绳是一种在环摆的绳索中做各种跳跃动作的体育游戏。明人刘侗、于奕正《帝京景物略》称跳绳为"跳白索"。《松风阁诗抄》有诗记载："白光如轮舞索童，一童舞索一童唱，一童跳入白光中。"这种加伴唱的跳绳游戏，娱乐性很强。跳绳有单脚跳、单脚换跳、双脚并跳、双脚空中前后与左右分跳等多种方法。跳时，摆绳与踏跃动作要合拍，可一摇一跳，也可一摇两跳乃至一摇三跳。摇绳的方向可前可后。用长绳可两人同时摇动，集体轮流跳或同时跳。跳跃时还可按不同情况编排各种动作花样，也可用节奏与旋律适宜的歌谣伴唱。除花样跳绳外，也可按一定距离，边摇绳边跑向终点，比赛速度。

（二）分类

跳绳分四大类，即速度、体力、行进、花样。速度类以双踏锣为主，训练跳绳的姿势、跳法和速度。体力类，以"双飞"为代表，即跳一次绳从脚下过两次。行进类包括跳绳跑步和抡绳走步。花样类可分为十二大类，数十套绳路，几百种跳法。十二大类为：绳操、绳舞、绳拳、绳技、绳阵、趣味跳、跳长绳、跳双绳、多绳交叉跳、跳绳的行进动作、跳绳接力和跳绳接力竞赛。

跳绳按人数来分可分为一人跳、双人跳、多人跳。

跳绳按绳子的长短来分可分为跳短绳、跳长绳两大类。跳短绳可分为单人跳短绳和双人跳短绳。跳长绳可分为普通跳长绳和花样跳长绳。普通跳长绳的跳法有单人跳和多人跳两种。花样跳长绳是在普通跳长绳和单人跳短绳基础上演变出来的一些跳法，如长绳内跳短绳和跳双绳等跳法。

第二节　跳绳运动的作用

一、跳绳运动对人生理的影响

（一）促进青少年的生长发育。青少年正处于生长发育的关键时期，体育锻炼是促进身体良好发育的关键所在。青少年坚持跳绳，能不断刺激上下肢骨两端的软骨，不间断的刺激能推迟软骨钙化的年龄，使骨头的生长期变长，骨骼坚韧、发育匀称，从而促进身高增长。

（二）跳绳运动是很好的健脑运动。跳绳与跑步运动的最大区别是：跑对于大脑来说，大致是一种水平运动。而跳绳则使大脑在不断地上下运动，加速了脑部血管的血液循环，使大脑的细胞活力增强；同时手握绳头不断旋转，可刺激拇指穴位对脑下垂体产生作用，进而使大脑不断运动，增加脑细胞的活力。同时，儿童、少年跳绳时自跳自数，有助于他们把抽象记忆转化为形象记忆，促进大脑的发展。

（三）促进新陈代谢，增强心肺功能。跳绳时，人体对氧气和养料的需要量加大，这就要求加强心脏收缩，加快血液循环，以保证机体活动的需要。因此，经常进行跳绳运动，可使心脏肌肉发达，收缩力加强，心跳搏动有力，功能增强，从而胜任较大运动量以及较重的体力劳动。

（四）全面提高人的身体素质。跳绳不是简单的体力活动，需要手脑结合，上下协调配合，打破常规的动作习惯，才能做出令人眼花缭乱的各种花式。因此，跳绳运动是大脑协调指挥手、脚、腰、腹、各肌肉、关节等部位的综合运动，对传送信息的神经系统是一种很好的锻炼。经常跳绳，就会提高神经系统的灵敏和反应速度，提高手、脚等各肢体器官的协调配合能力，从而达到锻炼神经系统的目的。

（五）刺激脏器，预防疾病。跳绳能增强人体心血管、呼吸道和神经系统的功能，可以预防诸如糖尿病、关节炎、骨质疏松、高血压、肌肉萎缩、高血脂、失眠症、抑郁症、更年期综合征等多种疾病。

（六）跳绳是一项非常耗能的运动。在适当的强度下，跳绳 1 小时就可以燃烧掉 600 ~ 1000 卡的热量，是一项耗能的有氧运动。它可结实全身肌肉，消除手臂、臀部和大腿上的多余脂肪，使形体不断健美，使动作更敏捷，使身体重心更平稳。

二、跳绳运动对人的心理健康的作用

跳绳是一项简单易学且易进步的运动项目。在学习过程中，可以培养勇敢、果断、勇于克服困难的精神，不断提高人的自信心和兴趣，而这种自信心和兴趣反过来又会促进练习者进一步去练习，使他们在增长体能的同时，也可以心理健康。群体性的跳绳还可以培养人的团结协作精神、集体主义观以及组织纪律性，这些对人的心理发展都有很好的促进作用。

第三节 跳绳运动的动作技巧

一、单脚屈膝跳

右腿屈膝，向前抬起，踮起脚尖，单脚跳 10 ~ 15 次，换左腿重复上述动作。休息 30 秒钟，每侧各做 2 轮。

二、分腿合腿跳

先做跳绳准备运动，然后跳绳。跳跃时双脚叉开，着地时双脚并拢，重复动作 15 次。

三、双臂交叉跳

先做跳绳准备运动，然后双臂交叉跳绳。当绳子在空中时，交叉双臂。当跳过交叉的绳子之后，双臂反向恢复原状。

四、侧身斜跳

这个动作能训练耐久力，增强外展肌和内收肌。两人一前一后站在跳绳的左右两侧，先侧身单脚跃绳向前跳，然后斜身跳回原位。跳跃时应注意用力摆动双臂。跳 1 分钟之后休息 10 秒钟，重复练习 2 次。

五、双人跳绳

1. 采取并排站立的姿势，每人用外侧的一只手握住绳柄，先开始练习简易跳绳法，两人同时用双脚跳绳，然后练习同时用单脚跳绳。

2. 采取一前一后的站立姿势，身高者站在后面，并挥动跳绳。

六、绕旋跳

两人跳绳练习：一人叉开两腿蹲下，甩动绳子使跳绳在地上画弧线，另一人则不断地从甩动的绳子上跳过去。速度由慢逐渐加快，1 分钟后两人交替。

七、侧脚跳

先从简易跳绳法开始，然后用双手手腕挥动跳绳，右脚跳绳，不着地的左脚则斜向一侧，跳 15 次，换另一只脚跳 15 次。非初学者可练习快速跳绳，即绳子从脚下滑过时连跳 2 次。练习时，应注意脚不要抬得过高、过慢，否则容易被绳子绊住。

第四节　跳绳运动的注意事项

跳绳运动是一项极其安全的运动，很少有运动伤害的发生。即使在跳跃失败或停顿时，也不会有坠落、跌倒、冲突或被用具所伤的危险。而且参与者又能根据自身的身体状况自由地调节跳绳强度和运动负荷，所以可以放心地进行练习。以下几点是参与跳绳时的要求和注意事项。

一、正确选择跳绳

两手分别握住两端的把手。通常情况下，以一脚踩住绳子中间、两臂屈肘将小臂抬平时绳子被拉直为适合的长度。

二、跳绳的基本动作

两手分别握住两端的把柄，身体放松，眼睛看前方 15 米处，呼吸均匀。向前摇时，用前脚掌跳。跳起时成自然弯曲，大臂靠近身体两侧，肘稍外展，小臂近似水平，用手腕发力，做外展内旋运动，使两手在体侧做画圆动作。

三、跳绳的时间

一般不受任何限制，但饭前和饭后 1 小时内不要跳绳，并且跳绳前不可大量饮水。

四、跳绳的场地、服装要求

跳绳时应穿着运动鞋、运动服，在软硬适中的草坪、木质地板或泥土地的场地上进行。忌在水泥地跳，否则易损伤关节和引起头昏。

五、跳绳前的准备活动

跳绳是一项激烈的运动，跳之前一定要做好充分的准备活动，特别要注意肩膀、手臂、手腕、脚踝等部位的准备活动，防止受伤。

六、跳绳运动要做到循序渐进

法国健身专家专门为初学者设计了一种"跳绳渐进计划"。初学时，仅在原地跳 1 分钟，3 天后即可连续跳 3 分钟，3 个月后可连续跳 10 分钟，半年后每天可实行"系列跳"（如每次连跳 3 分钟，共 5 次），直到一次连续跳半小时。

七、跳绳后的拉伸运动

跳完绳之后，人的手臂和大腿肌肉群都比较疲劳了，做一下拉伸有利于缓解疲劳和体力的恢复，可按以下方法做拉伸运动：

（一）身体直立，一条腿尽量往后踏一步，后脚跟着地。身后的那条腿保持笔直，前腿弯曲，身体垂直，双臂尽力往后拉。坚持 20 ~ 30 秒，换腿再做一次。

（二）身体直立，一条腿保持笔直，一只手握住另一条抬起弯曲的腿靠近臀部，身体微微向前伸。坚持 20 ~ 30 秒，换腿再做一次。

（三）身体直立，跷起一条腿，用手抓住鞋子，尽量靠近臀部。保持臀部平衡，直立腿微微弯曲。如有保持平衡的困难，可以扶住墙或椅子。坚持 20 ~ 30 秒，换腿再做一次。

跳绳运动是一项具有非常大的锻炼价值的运动项目。在跳绳运动过程中按照科学的健身方式健身，能更好地促进锻炼者的身心健康。

习题

1. 跳绳运动的作用是什么？
2. 跳绳运动的注意事项有哪些？
3. 跳绳过程中如何避免损伤？

第二十五章　游泳运动

　　游泳运动作为现今流行的时尚休闲运动，吸引着男女老少积极参与。这项运动不但能够强身健体，也可以锻炼意志，是一项有意义的活动。本章主要介绍游泳运动的起源、发展、分类、水上救护及游泳时应注意的安全要点等。

第一节　游泳运动简介

一、游泳运动概述

　　游泳运动是在水上靠自力漂浮，借自身肢体和躯体的动作在水中运动前进的技能。游泳运动可分为竞技游泳和实用游泳，竞技游泳是奥林匹克运动会中的第二大项目，它包括蝶泳、仰泳、蛙泳和爬泳（自由泳）四种泳姿的竞速项目以及花样游泳等。

二、游泳运动的起源与发展

　　古代原始人为了生存而蹚河涉水，为了生活而栖息水边，熟知水性便成了基本的技能。从早期的图画浮雕和雕塑作品可以确定，人类游泳历史至少已有 2000 年的时间。

　　游泳运动在历史的发展过程中，从原始的生产生活技能，发展到成为体育运动的重要项目，成为人们锻炼身体的重要手段，备受群众特别是青少年的喜爱，已成为人类社会生活中不可缺少的一个组成部分。

　　19 世纪中期和 20 世纪初，现代游泳运动在英国和澳大利亚等国出现。1896 年在希腊雅典举行的第 1 届现代奥运会上，游泳就是竞赛项目之一。1908 年在英国伦敦举办第 4 届奥运会时，成立了国际业余游泳联合会，制定了国际游泳比赛项目。1912 年在瑞典斯德哥尔摩举行的第 5 届奥运会上，正式设立了女子游泳比赛项目。

第二节　游泳基本技术教学理论与方法

一、熟悉水性

　　游泳运动与其他项目相比较，有着不同的活动环境和运动方式、方法。熟悉水性是学习游泳的重要阶段，它可以让初学者了解水的特性，克服怕水的心理，掌握水中的移动、滑行，逐步适应水的环境，为进一步掌握水中技能和掌握各种游泳技术打好基础。

一般采用水中游戏、手拿浮板、同伴帮助等方法，可以消除对水的恐惧。

（一）水中行走

水中行走可以使初学者了解水环境中的浮力、阻力等特性。

练习要求：一般在齐腰深的水中进行，做各种方向的行走、跳跃练习。开始时动作不宜过大，速度不宜过快，要保持身体平衡。

练习方法：

1. 扶住池边，练习行走、跳跃。

2. 集体手拉手行走。

3. 水中行走。（图 25-2-1）

（二）呼吸练习

呼吸练习是游泳教学的难点，也是熟悉水性中的关键内容。该练习可使初学者基本掌握游泳的呼吸方法、呼吸过程、呼吸节奏。

图 25-2-1　水中行走

练习要求：练习前深吸一口气，然后憋气，慢慢把头浸入水中，停留片刻后出水，先用嘴和鼻子呼气后再吸气。

练习方法：

扶住池边、抓住同伴，把头浸入水中后在水中进行慢慢呼气，直至将气体排完，迅速出水，用嘴吸气。反复练习。

（三）水中漂浮

水中漂浮主要是让身体在水中进行漂浮，体会水的浮力，初步掌握人体在水中的平衡能力，这是各种游泳技术的基础。

练习要求：练习时应注意憋气和在水中放松身体。

练习方法：

1. 扶住池边团身、展体漂浮练习

两手在水中扶住池边，先深吸一口气，再把头浸入水中憋气，同时团身，放松身体，自然漂浮至水面，然后展体漂浮。待在水中呼气结束后，团身站立。

2. 抱膝漂浮练习

站立水中，深吸气后，浸入水中憋气，低头抱膝，大腿尽量靠近胸部，成抱团状，身体放松，自然漂浮。呼气后，两腿向下伸直踩成站立，伸头出水。

3. 展体漂浮练习

站立水中，深吸气后，浸入水中憋气，低头抱膝，身体自然漂浮后展开身体，两臂向前伸直，两腿向后伸直，身体放松呈流水线。呼气后，两腿向下伸直踩成站立，伸头出水。

（四）滑行

滑行是进一步体会浮力，掌握在水中运动时的身体平衡。

练习要求：滑行时，臂和腿自然伸直呈流线型，尽量延长闭气时间和滑行距离。

练习方法：

1. 蹬池壁滑行练习

背向池壁，双手伸直并拢、贴近双耳，一脚站立，另一脚触抵池壁，深吸气后低头，上体稍向前倾，支撑腿迅速屈膝上提并将脚贴在池壁上，双脚用力蹬壁，全身充分展体、放松并呈流线型向前滑行。

2. 蹬池底漂浮练习

站立水中，双手伸直并拢贴近双耳，双膝微屈，深吸气后低头，上体稍向前倾，两脚用力蹬底，向前漂浮。

二、蛙泳

蛙泳是一种模仿青蛙游泳动作的游泳姿势，也是一种最古老的泳姿。蛙泳时，游泳者可以方便观察前方是否有障碍物，避免撞上障碍物。

（一）腿部动作

动作要领：蛙泳的腿部动作是蛙泳前进的主要动力，主要分为收腿、翻脚、蹬夹、滑行4个环节。在动作节奏上，强调收腿、翻脚要慢，蹬夹时必须快速、连贯、有力。（图25-2-2）

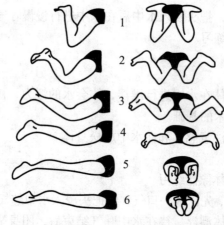

图25-2-2　蛙泳腿

1. 收腿

开始收腿时，两腿随着吸气的动作自然放下，同时两膝自然逐渐分开，小腿向前回收。回收时两脚放松，脚跟向臀部靠拢，边收边分。收腿时力量要小。收腿结束后，大腿与躯干约成120°～140°角，两膝内侧大约与髋关节同宽。

2. 翻脚

翻脚动作直接影响到蹬夹水的效果。收腿即将结束时，脚仍向臀部靠近。这时膝关节内扣，同时两脚向外侧翻开，使脚和小腿内侧对好蹬夹水方向。这样能使对水面加大，并为大腿发挥更大力量做好积极准备。

3. 蹬夹

蹬夹水应由大腿发力，先伸髋关节，这样使小腿保持尽量垂直对水的有利部位，向后做蹬夹水的动作，其次是伸膝关节和踝关节。蹬夹水的动作是一个连续的完整动作：蹬水在先，夹水在后。蹬夹水的速度是从慢到快，力量是从小到大的。

4. 滑行

蹬夹水结束后，脚处于水平面的最低点。这时身体随着蹬夹水的动力向前滑行，腰部下压，双脚接近水面，准备做下一个循环动作。

练习方法：

1. 陆地练习蛙泳腿部动作

趴在陆地上，臂和腿自然伸直做水中漂的动作，然后进行蛙泳腿的练习，练习时要注意动作节奏。

2. 在水中抓住固定物做腿部动作

练习者扶住池边，两臂伸直，练习蛙泳腿的动作。

3. 滑行做腿部动作

练习者蹬池壁或池底，两臂伸直滑行时练习蛙泳腿部动作。

（二）手臂动作和手臂与呼吸配合

动作要领：蛙泳手臂划水动作主要可分为开始姿势、滑下、划水、收手和向前伸臂几个阶段。

1. 开始姿势

当蹬水动作结束时，两臂应保持一定的紧张，自然向前伸直，并与水面平行，掌心向下，手指自然并拢，使身体成一条直线，形成较好的流线型。

2. 滑下

从开始姿势起，手臂先前伸，并使重心向前，同时肩关节略内旋，两手掌心略转向外斜下方，并稍屈手腕，两手分开向侧斜下方压水。当手掌和前臂感到有压力时，就开始划水。

3. 划水

当两手做好滑下动作，两臂与身体分别成大约 40° ~ 45° 角时，手腕开始逐渐弯曲。这时，两臂、两手逐渐积极地做向侧、下、后方的屈臂划水动作。

4. 收手

收手时，收的运动方向为向内、向上、向前。手的迎角大致为 45° 角。由于前臂外旋，掌心逐渐转向内。

5. 向前伸臂

向前伸臂是由伸直肘关节、肩关节来完成的，掌心由开始的向上逐渐转向内，双掌合在一起向前伸出并在最后结束前逐渐转向下方。

练习方法：

（1）陆地上练习手臂动作

两腿分开站立，上体前屈，两臂伸直，掌心向下，练习蛙泳手臂动作。

（2）水中练习手臂动作

两腿在水中分开站立，上体前屈、低头入水，两臂伸直，掌心向下，练习蛙泳手臂动作。

（3）水中练习手臂动作与呼吸配合

两腿在水中分开站立，吸气、上体前屈、低头入水并在水中吐气，两臂伸直滑下，掌心向下，划水收手时抬头吸气。反复练习。

（三）完整配合动作

动作要领：蛙泳完整的动作一般是1次划臂、1次蹬腿和1次呼吸，如图25-2-3所示。手臂滑下的同时，开始逐渐抬头，这时腿保持自然放松、伸直的姿势。手臂划水时，头抬至眼睛出水面，腿还是不动。只有收手时才开始收腿，并稍向前挺髋。这时，头抬至口出水面，并进行快速、有力地吸气。伸手臂的同时低头，用鼻或口鼻进行呼气，并且在手臂伸至将近1/2处时，进行蹬夹水的动作。之后，让身体伸展滑行一段距离，滑行速度降低时进行第二个周期的动作。

练习方法：在陆地上做完整的蛙泳动作配合。两腿站立，上体前倾，两臂伸直，用一条腿代替两条腿的动作，进行手脚呼吸的配合。

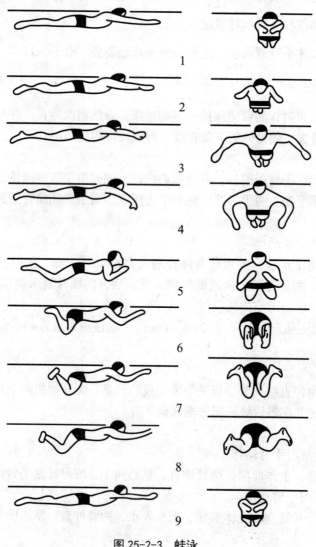

图25-2-3 蛙泳

三、自由泳（爬泳）

爬泳是身体俯卧水中，依靠两臂轮换由前向后划水和举出水面前伸，因其动作很像爬行，故称爬泳。爬泳是速度最快的一种游泳技术，在自由泳项目中一般都采用这种游泳技术，故也称自由泳。

（一）身体姿势

动作要领：自由泳时身体俯卧在水面成流线型，背部和臀部的肌肉保持适当的紧张度，在游进中保持头部平稳，躯干围绕身体纵轴有节奏地自然转动35°～45°。（图25-2-4）

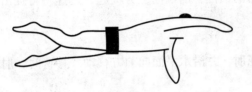

图 25-2-4　自由泳身体姿势

（二）腿部动作

动作要领：自由泳腿部动作虽有一定的推进力，但主要起平衡作用，保持身体的稳定和协调双臂有力地划水。要求两腿自然并拢，脚稍内旋，踝关节放松，以髋关节为轴，由大腿带动小腿和脚掌，两腿交替做鞭打动作，两脚尖上下最大幅度约30～40厘米，膝关节最大屈度约160°。

练习方法：

1. 在陆地练习自由泳腿部动作：坐在池边或地上，上体稍后倒，两手撑在体后，两腿伸直并做上下交替动作。

2. 在水中扶边练习自由泳腿部动作：在水中抓住池边漂起来后，两腿伸直并上下交替打水。

3. 在水中滑行练习自由泳腿部动作：在水中滑行后，两腿伸直并上下交替打水。

（三）手臂动作

动作要领：在自由泳中，臂的动作是推动身体前进的主要动力。两臂动作基本一样。目前在自由泳技术中大都采用屈臂高肘划水的技术。臂的动作是由入水、抱水、划水、出水、移臂等5个部分组成。每个部分是互相紧接连贯地进行的。

1. 入水

完成空中移臂后，手在控制下自然放松入水。手的入水点一般在身体纵轴和肩关节的前后延长线之间。入水时手指自然伸直并拢，手臂内旋使肘关节处于最高点，手掌斜向外下方，使手指首先触水，然后是小臂，最后是大臂自然插入水中。

2. 抱水

臂入水后，在积极向下方插入的过程中，手掌从向斜外下方转向斜内后方并开始屈腕、屈肘，使肘高于手，以便能迅速过渡到较好的划水位置。抱水结束，手掌已经接近水面，肘关节屈至150°左右，整个手臂像抱着一个大圆球似的为划水做准备。

3. 划水

划水是发挥最大推进作用的主要阶段，其动作过程可分为拉水和推水两个部分。接抱水阶段，进入拉水，这时要保持抬肘，并使大臂内旋。同时继续屈肘，使手的动作迅速赶上身体的前进速度，造成合理的动作方向和路线。拉水至肩的垂直平面后，即进入推水部分，这时肘的屈度约100°左右。大臂再保持内旋姿势，带动小臂，用力向后推水。同时，使肩部后移，以加长有效的划水路线。向后推水有一个从屈臂到伸臂的加速过程。整个划水动作，手的轨迹始于肩前，继之到腹下，最后到大腿旁，呈S形。

4. 出水

划水结束后，借助手推水后的惯性，肘部向上方提起，迅速将臂提出水面。这时，臂和手腕应尽量放松。

5. 移臂

臂出水后，以肩带动臂。屈肘，并沿水平面向前方移动。移臂时，肘部始终保持比肩高的位置。

练习方法：

1. 在陆地进行自由泳手臂动作练习：在陆地站立，两臂伸直成漂状，练习自由泳手臂动作。

2. 在水中利用浮板进行自由泳手臂动作练习：在水中，两腿夹住浮板，漂浮后进行自由泳手臂动作练习。

（四）手臂动作、腿部动作与呼吸的配合

自由泳的配合动作有3种：一种是两腿打水6次、两臂划水各3次、呼吸1次的配合游法；一种是两腿打水4次，两臂划水各1次、呼吸1次的配合游法；还有一种是两腿打水各1次，两臂划水各1次、呼吸1次的配合游法。

四、仰泳

仰泳指游泳时仰卧水面，背朝水底，因姿势形似仰卧得名，包括反蛙泳和反爬泳。（图25-2-5）

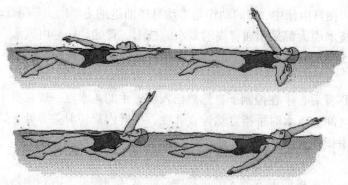

图 25-2-5　仰泳

（一）身体姿势

动作要领：游仰泳时，身体要自然伸展，仰卧在水面，头和肩部稍高，腰部和腿部保持水平，身体纵轴在水平面上构成的迎角约为 10° 角，腰部和两腿均处在水面下。

（二）腿部动作

动作要领：在仰泳技术中，腿部动作是保持身体处于较好角度、水平姿势的因素之一；并且踢水动作不但可以控制身体的摆动，而且能产生一定的推进力。仰泳的腿部动作由下压动作和上踢动作组成。

（三）手臂动作

动作要领：仰泳手臂划水动作是产生推动身体前进的主要因素。一个完整的手臂动作分为入水、抱水、划水、出水和空中移臂等几个阶段。

1. 入水

臂入水时，应借助于移臂动作的惯性。臂部自然放松，入水点应在身体纵轴与肩的延长线之间或在肩的延长线上。过宽和过窄都会影响速度。臂入水时应保持直臂，肘部不要弯曲。入水时小指向下，拇指向上，掌心向侧后方。手掌与小臂约成 150° ~ 160° 角。

2. 抱水

抱水是为划水创造有利的条件。臂入水后要利用移臂时所产生的动量积极下滑到一定的深度，手掌向下、向侧移动，通过伸肩、屈肘、上臂内旋和屈腕的动作，配合身体的滚动，使手掌和前臂对准水并有压力的感觉。当完成抱水动作时，肘部微屈约成 150° ~ 160° 角，手掌距水面约 30 ~ 40 厘米，肩保持较高的位置。

3. 划水

仰泳的划水动作是推动身体前进的主要动力。整个动作是由屈臂抱水开始，以肩为中心，划至大腿外侧下方为止。划水动作包含拉水和推水两个阶段。拉水是在臂前伸抱水的基础上进行的。开始时前臂内旋，手掌上移，肘部下降，使屈肘程度加大，手掌和小臂要保持与前进方向垂直。当手掌划到肩侧时，屈臂程度最大，约为 70° ~ 110° 角，手掌接近水面。推水是在手臂划过肩侧时开始的，这时肘关节和大臂应逐渐向身体靠近，同时用力向脚的方向推水。当推水即将结束时，小臂内旋做加速转腕下压的动作，掌心由向后转向向下。

4. 出水

推水结束后，借助于手掌压水的反弹力迅速提臂出水。

5. 空中移臂

提臂出水后，手应迅速从大腿外侧垂直于水面移至肩前。当手臂移至肩上方时，手掌要内旋，使掌心向外翻转（采用小拇指先出水技术的无此动作）。空中移臂时，臂要伸直放松。移臂的后阶段要注意肩关节充分伸展，为入水和划水做好准备。

（四）腿部动作、手臂动作与呼吸的配合

两臂配合技术：仰泳两臂的配合是"连接式"的，即当一臂划水结束时，另一臂已入水并开始划水；一臂处于划水的中部，另一臂正处于移臂的一半。在整个臂的动作过程中，两臂几乎都处在完全相反的位置。仰泳的呼吸相对来说比较简单，一般是两次划水、一次呼吸，即一臂移臂时开始吸气，然后做短暂的憋气，当另一臂移臂时进行呼气。在高速游进时也有一次划水、一次呼吸的技术，但是呼吸不能过于频繁，否则会引起呼吸不充分，造成动作紊乱。臂在划水过程中，腿的上踢、下压动作要避免身体的过分转动，以保持身体的平衡、协调为原则。

五、蝶泳

蝶泳技术是在蛙泳技术动作基础上演变而来的。当蛙泳技术发展到第二阶段时，有些运动员采用两臂划水再提出水面经空中前摆入水的技术，从外形看，好像蝴蝶展翅飞舞，所以人们称它为"蝶泳"。

（一）腿部动作

动作要领：蝶泳打水的腿部动作和自由泳一样，自由泳是交替打水，蝶泳是同时打水。同时打水的效果也就形成了腿部的海豚泳，蝶泳打水完全可以这样去理解。不过，蝶泳腿部动作要结合腰部力量配合进行。

（二）手臂动作

动作要领：蝶泳手臂的划臂动作是和自由泳一样的，自由泳是交替划水，蝶泳是同时划水，划水线路都一样。（图25-2-6）

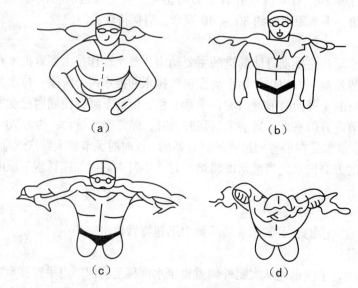

（a）　　　　　　　　　（b）

（c）　　　　　　　　　（d）

图 25-2-6　蝶泳手臂动作

1.蝶泳的手的入水点在两肩的延长线上，以大拇指领先，斜插入水。

2.入水后，肩、肘前伸，两手沿曲线向外、后、下方抓水。两手分开到肩宽时，屈肘，加速划水。

3. 两手分开到达到最大宽度后，手臂转为向内、向上和向后划水，手臂上抬时保持高肘屈臂。两手在胸下或腹下时，手之间的距离最近。

4. 呼吸与划水的配合也是蝶泳技术的关键。手臂结束向内划水时，头露出水面吸气，移臂时头还原入水。记住两个"之前"，即头在手出水之前出水，在手入水之前入水。

5. 双手划水至距离接近最近时，手臂划水的方向再一次改变，转为向外、向上和向后划水，直至出水。

6. 划水出水后，手臂在肩的带动下经空中向前移臂，准备入水。移臂一般以低、平、放松的姿势从两侧前移。

（三）腿部动作、手臂动作和呼吸的配合

蝶泳配合练习也是以腿部为主，正常配合比例为2：1：1，即打水2次，划水1次，换气1次。但在初级练习时，可以多打水，少划水，少换气。每次打水稳定后，再划水换气，保证每次动作都有完整的配合，避免手忙脚乱、顾脚不顾头。

第三节　游泳运动安全

一、游泳运动安全要点

（一）要做好下水前的准备，先活动活动身体，如水温太低应先在浅水处用水淋洗身体，待适应水温后再下水游泳。

（二）要清楚自己的身体健康状况，平时四肢就容易抽筋者不宜参加游泳或不要到深水区游泳。

（三）在游泳中如果突然觉得身体不舒服，如眩晕、恶心、心慌、气短等，要立即上岸休息或呼救。

（四）患有心脏病、高血压、皮肤病、传染病、中耳炎和精神病的患者不宜进行游泳锻炼。

二、游泳运动水上救护及心肺复苏

（一）游泳时易发生的问题及自救

游泳时的自救通常有：

1. 呛水

游泳者呛水后应立即踩水，头出水面，调整好呼吸动作即可防止继续呛水。

2. 腿部抽筋

游泳者腿部抽筋后应立即用手划水，用力将脚掌勾起并反复蹬直腿（脚掌始终勾起）。

3. 腹部抽筋

游泳者腹部抽筋后应立即用手划水，身体反复向后弯腰。

4. 耳朵进水

当游泳者耳朵进水可在水中站立，用吸引法，即头偏向有水的一侧，用手掌紧压同侧耳朵的耳孔外部，屏住呼吸，然后迅速拉开手掌，水就吸出来了。如水没有出来，可以上岸，采用单腿跳动法，如右耳进水可将头部偏向右侧，用右腿单腿跳就会将水排出。

（二）游泳救护中的他救

当发生溺水情况时可以使用带人法在水中拖带，拖带时应视溺水者当时的情况，常用的方法有 5 种：

1. 抓衣式

当溺水者溺水时救护者让溺水者成仰漂，然后抓住溺水者的衣领或肩部衣服用侧泳拖带上岸。

2. 抱胸式

（1）上抱法

当溺水者溺水后救护者让溺水者成仰漂，将溺水者右（左）肩置于救护者右（左）腋下夹紧，右（左）手臂沿溺水者的胸部，抱住其左（右）侧胸肋部，用侧泳携带。如溺水者有慌乱现象，可用双手互扣扼紧溺水者。

（2）下抱法

这种方法仅适合 12 米之内带人。救护者用右（左）手从溺者腋下穿过，抱住溺水者胸腹部，用侧泳在水中拖带。

3. 抓腕式

抓腕带人，适合近距离使用。当溺水者已丧失意识时，救援者在正面接近，抓住溺水者手腕之后，直接将其拖带至岸边。

4. 托腋法

救护者以单手或双手（掌心向内、虎口向上）由腋下托住溺水者，直接将其拖带至岸边。

5. 疲乏式

当游泳者因体力丧失无法独立游回岸边（毫无慌乱意识）而请求救援时，救护者用语言及肢体动作使其镇定、放松，教导其成俯泳或仰泳姿势。救护者位于其身体侧面，用手握住溺水者的上臂，协力游回岸边。有两位救援者时，可使溺水者成仰漂姿势，两人分别在其身体两侧握住其两上臂，拖带溺水者回岸。

（三）心肺复苏

当发生溺水情况时，可按以下步骤对溺水者进行急救：

1. 判断意识

双手拍打患者双肩并呼叫病人，观察有无反应。

2. 呼救帮助

立即呼叫其他人员帮助抢救。

3. 判断心跳、呼吸

解开外衣，触摸颈动脉，同时观察胸廓起伏，判断心跳、呼吸情况。如心跳、呼吸停止，立即进行心肺复苏，并记录抢救开始时间。

4. 胸外按压

（1）准备：迅速使溺水者平卧。

（2）胸外按压 30 次（17 秒完成）：①部位——两乳头连线的中点或剑突上两横指。②手法——采用双手叠扣法，腕肘关节伸直，利用身体重力，用力垂直向下按压。③深度——胸骨下陷大于或等于 5 厘米。④频率：大于或等于 100 次 / 分。

5. 开放气道

（1）清理呼吸道：将溺水者头侧向一方，用右手食指清理其口腔内异物。

（2）开放气道：开放气道方法为仰面抬颏法、托颌法。常用仰面抬颏法，方法为抢救者将左手小鱼际置于溺水者前额，手掌用力向后压使其头部后仰，右手中指、食指剪刀式分开放在病人颏下并向上托起，使气道伸直。颈部损伤者禁用此法，以免损伤脊髓。

6. 人工呼吸

通气 2 次，每次呼吸约 1 秒，通气约 0.5 升，可见胸部起伏。

7. 持续心肺复苏

胸外按压与人工呼吸比为 15：1，以此法周而复始进行，直至复苏。

8. 观察心肺复苏有效指征

（1）观察心跳、呼吸：触摸颈动脉（10 秒），观察呼吸情况。

（2）观察意识：观察瞳孔变化、压眶反应、对光反射。

（3）观察循环：观察颜面、口唇。

（4）判断复苏成功：继续给予高级生命支持。

第四节　游泳运动损伤及恢复

一、游泳运动损伤

急性损伤是由于运动员在训练或比赛中做某一技术动作时，因错误或过猛发力等导致的损伤。慢性损伤多为训练安排不当，局部训练过度或者是肌肉劳损和急性损伤发生后，处理不及时或未痊愈就进行训练，使得伤病积年累月作用于人体所导致的损伤。慢性损伤的过程是循序渐进的结果。

游泳运动的损伤一般是由急性损伤转化为慢性损伤，损伤随着游泳者的年龄而变化。不同游泳姿势的主要损伤部位不同，蛙泳主要是膝关节和腰部；自由泳主要是肩部、脚踝、腰部；仰泳主要是耳部、肩部、脚踝；蝶泳主要是腰部、肩部、脚踝。

二、游泳运动损伤的预防

（一）在进行游泳练习时，一定要注意游泳动作的准确性，错误的动作容易导致损伤。

（二）在进行游泳练习时，一定要注意适度原则。

（三）在进行游泳前，一定要进行热身活动。

习题

1. 学习游泳的益处有哪些？
2. 蛙泳腿部动作的要领是怎样的？
3. 学习自由泳腿部动作时应注意什么要领？
4. 学习者在学习游泳时呛水了怎么办？
5. 为预防游泳运动损伤，在游泳之前应注意什么？